Friedrich Gerstäcker

Inselwelt

Indische Skizzen

Friedrich Gerstäcker

Inselwelt
Indische Skizzen

ISBN/EAN: 9783742886002

Hergestellt in Europa, USA, Kanada, Australien, Japan

Cover: Foto ©Thomas Meinert / pixelio.de

Manufactured and distributed by brebook publishing software
(www.brebook.com)

Friedrich Gerstäcker

Inselwelt

INSELWELT: GESAMMELTE ERZÄHLUNGEN

Friedrich Gerstäcker

Inselwelt.

Gesammelte Erzählungen

von

Fr. Gerstäcker.

Erster Band.

Indische Skizzen.

Leipzig,
Arnoldische Buchhandlung.
1860.

Inselwelt.

Gesammelte Erzählungen

von

Friedrich Gerstäcker.

Erster Band.

Indische Skizzen.

Leipzig,
Arnoldische Buchhandlung.
1860.

I.

In der Südsee.

Der Wallfischfänger.

1.

In der weiten und bequemen Corallenbai von Monui, einer der Tonga-Inseln, ankerte im Januar des Jahres 18** ein englischer Wallfischfänger, die „Lucy Walker", Provisionen, Holz und Erfrischungen einzunehmen, und da sich die Eingeborenen ziemlich freundlich gezeigt, hatte die Mannschaft in Abtheilungen Tag nach Tag Erlaubniß bekommen, an Land zu gehen und mit den Eingebornen zu verkehren.

Der Capitain selber, ein junger Mann, der seine erste Reise als Führer eines Schiffes machte, war viel zu entzückt von dem wundervollen Land, das er betreten, seine Freiheit nicht ebenfalls soviel als möglich benützen zu sollen, und unter den freundlichen Menschen, von dem alten Häuptling selber auf das herzlichste aufgenommen, vergingen die Tage in Zauberschnelle. Er schien zuletzt zwar ganz vergessen zu

haben, daß er des Wallfischfanges wegen in diese
Breiten gekommen und selber gehen müßte die Fische
aufzusuchen, wenn er überhaupt deren fangen, und
sein Schiff voll Oel bekommen wollte

Die Scenerie allein trug aber nicht die Schuld.
Hua, Toanonga's liebliches Töchterlein, hatte sein
Herz mit einer Leidenschaft entflammt, der er sich
selber im Anfang nicht klar bewußt war, die aber mit
jedem Tage mehr Ueberhand gewann. Ja, je mehr
ihm Gelegenheit geboten wurde, sich dem Gegenstand
derselben zu nähern, und je weniger nah er doch demselben dadurch kam, vergaß er zuletzt selbst seine
Pflicht gegen sein Schiff sowohl, wie seine Mannschaft,
um noch immer kurze Zeit länger in der verführerischen Nähe des holden Mädchens zu weilen.

Hua*), nach ihrem heiteren, fröhlichen Wesen so
genannt, sah den fremden jungen Mann gern bei sich,
der ihr, der Tonga-Sprache vollkommen mächtig,
noch von früheren Reisen her, viel von fremden Ländern und Völkern erzählen, und mit dem sie lachen
und sich freuen konnte. An eine ernstere Neigung
dachte sie nicht, denn sie wußte recht gut, daß solche
Schiffe nur immer auf kurze Zeit an eine ihrer Inseln

*) Die Muntere.

anlegten und dann wieder fortfuhren, vielleicht nie mehr zurückzukehren — was hätte ihr seine Liebe genützt? Ueberdem war sie schon mit dem jungen Häuptling eines Nachbarstammes versprochen, der jeden Tag eintreffen konnte, sie abzuholen. Die Zeit bis dahin war ihr denn auch schon recht lang ge= worden, und etwas Erwünschteres hätte gar nicht kommen können, als das fremde Schiff mit den weißen, wunderlichen und doch so freundlichen Männern.

Toanonga befand sich am Besten dabei; der junge Engländer brachte, um ihn sich beliebt zu machen jeden Tag neue Geschenke, und er sah sich dadurch bald in den Besitz einer so bedeutenden Anzahl von Nägeln, Glasperlen, kleiner Spiegel, Messer, Beile, Kattun, und vor allem Andern Tabak, dessen Gebrauch er auch schon kennen gelernt, daß er schon anfing, sich als einen Capitalisten zu betrachten, der sich nun bald von seiner beschwerlichen Häuptlingsschaft werde in das Privatleben zurückziehen können, von seinen Renten zu leben.

So angenehm nun aber auch ein solches Leben der Mannschaft des Wallfischfängers war, der sich, nach dem beschwerlichen Dienst an Bord, ein förmliches Paradies hier öffnete, so bedenklich schüttelten die

1*

Offiziere — Harpuniere und Bootsteuerer — darüber
den Kopf. Eine Zeitlang hatten sich diese wohl mit
ruhigem Behagen dem Stillleben der Inseln hin=
gegeben; als dies aber immer noch kein Ende zu neh=
men schien, gedachten sie auch ihres eigenen Nutzens,
und wünschten ihr Geschäft wieder aufzunehmen,
wegen dem sie doch eigentlich an Bord gegangen wa=
ren: nämlich Geld durch den Fang der hier muth=
willig versäumten Fische zu verdienen.

Zuerst erinnerte der erste Harpunier den Capitain,
daß es später und später in der Jahreszeit würde, und
sie schon gar nicht mehr daran denken dürften, ihrer
ersten Absicht nach, Neuseeland anzulaufen. Die
Mahnung half aber weiter nichts, als daß der Capi=
tain noch einmal sechs Klaftern Holz bei den Einge=
bornen bestellte, zu denen diese, wie er recht gut
wußte, fast eben so viele Wochen brauchten, es zu
schlagen, und doch hatten die Leute an Bord schon
jetzt alle Winkel und Ecken davon vollgestaut, — doch
traten endlich die Officiere zusammen und erklärten
ihrem Vorgesetzten, daß sie ihm allerdings gehorchen
und so lange hier bleiben müßten, wie er es für gut
fände, daß sie aber bei ihrer Zurückkunft nach Liver=
pool jedenfalls Beschwerde oder vielmehr Klage auf
Schadenersatz für versäumte Zeit gegen ihn einreichen

würden, wenn er jetzt nicht bald wieder die Anker
lichte.

Capitain Silwitch, so zum Aeußersten getrieben
und sich seinen Leuten gegenüber auch im Unrecht
fühlend, beschloß nun einen entscheidenden Schritt zu
thun, und Toanonga selber um die Hand seiner Tochter zu bitten. Einer ihrer heidnischen Trauungs-
ceremonien konnte er sich, als höchst unbedeutender
Christ, leicht unterwerfen, und ehe er die Heimfahrt
antrat, was noch ein paar Jahr dauern mochte, fand
sich immer eine Gelegenheit, das Mädchen, wenn auch
nicht genau an diese, doch vielleicht an eine der
Nachbarinseln wieder abzusetzen — mit zu Hause
durfte er sie natürlich nicht nehmen.

Toanonga saß mit Hua auf einer großen, aus
langem Gras feingeflochtenen Matte, vor seiner
Hütte, im Schatten eines gewaltigen Toa-Baumes,
der mit dem Duft seiner Blüten die ganze Nachbarschaft erfüllte. Es war ein reizender Platz, gerade
an der Mündung eines kleinen, aus den Höhlen kühl
und plätschernd niedersprudelnden Bergbachs, der sich
die klare Bahn unter wehenden Palmen und über
moosiges Gestein brach und Blumen und Früchte als
Tribut dem Meere zuführte. Mächtige Cocospalmen
schüttelten ihre federartigen, rauschenden Kronen über

seiner Fluth und die hohen, stattlichen Mapebäume
mit ihren breiten, magnolienartigen Blättern und
wunderlich geformten Stämmen*) deckten und be=
schatteten niedere Haine fruchtbeladener Orangen und
Citronen und duftender Blütenbüsche, die durch sie
gegen die sengenden Strahlen der Sonne geschützt
wurden.

Das Haus des Häuptlings war nur wie das sei=
ner geringsten Unterthanen aus trockenen, gelben
Bambusstäben aufgerichtet, und mit Zuckerrohr=
blättern fest, aber doch luftig und vollkommen regen=

---

*) Die südseeländische Kastanie, tuscarpus edulis, ist ein
stattlicher, mächtiger Baum mit immer grünen Blättern und
der Kastanie ähnlichen, doch stachellosen Früchten, aber das
Eigenthümliche an ihm ist der Stamm, der etwa zehn oder
zwölf Fuß hoch aufsteigt, ehe er auszweigt, und bis zum 7.
oder 8. Jahre ziemlich glatt bleibt, dann sich aber auf eine
höchst wunderbare Weise vergrößert. An vier, fünf und mehr
Stellen desselben, von oben nach unten, von der Wurzel bis
zum Stamme laufend, erhebt sich die Rinde und wächst — der
Baum behält seine Stärke und diese Streifen heben sich mehr
und mehr, bis sie zuletzt förmlicher, mit grauer Rinde bedeck=
ten, nicht selten ganz regelmäßigen Planken gleichen, die, nur
wenige Zoll stark, oft zwei, drei, ja vier Fuß breit, wie die
Schaufeln eines Rades vom Baume abstehen. Je älter der
Baum dabei wird; desto knorriger wird er, durch kranke
Flecke ziehen sich diese bretartigen Auswüchse hie und da zu=
sammen und er sieht dann allem Andern ähnlicher, als einem
Baum.

dicht, gedeckt. Ein kleiner dabei angelegter und mit
dicht gesteckten dünnen Stangen umzäunter Garten
(eine Quantität wild herumlaufender Ferkel daraus
fern zu halten, denen der Besuch des Hauses jedoch
vollkommen frei zu stehen schien) enthielt Reihen gepflanzter Bananen und sogar einige Yams, und in
feuchten Gruben gezogene Taro = Pflanzen, während
dichtgesteckte Brodfruchtbäume, die jedoch auch überall
wild gediehen, die Hauptnahrung der Insel anzeigten
und ihre wohlthätigen Aepfel vor die Thür ihres
Eigenthümers niederschütteln.

Toanonga schwelgte in der Verdauung eines eben
genossenen vortrefflichen Frühstücks, eines mit heißen
Steinen gerösteten Ferkels und Me*), und dieser
gleichsam eine höhere Weihe zu verleihen, hatte er
einen Theil der erhaltenen Geschenke, besonders eine
Anzahl Nägel und Glasperlen, einige Uniformknöpfe
und vor allem Andern einen zerbrochenen Sporn, an
dem das Rädchen aber noch gut war und wirbelte,
vortrefflich vor sich ausgebreitet und betrachtete sie
mit augenscheinlicher Genugthuung und Freude.

Capitain Silwitch hätte wirklich keinen glücklicheren

---

*) Me, die Brotfrucht.

Moment für seine Werbung treffen — und keinen unglücklicheren Erfolg haben können.

Eine ganze Jagdtasche voll Geschenke für den König; Gegenstände, als ob ein Trödler seine Bude ausgeräumt und den Schutt zurückgeworfen, die Quantität vielleicht an den Eisenhändler zu verkaufen. Dazwischen fanden sich ein paar buntblitzende, blaue, großbeerige Glaskorallen, von enormem Gewicht; ein kleiner, gesprungener Rasirspiegel, eine unechte goldene Quaste von irgend einer Gardine, ein Argentan-Löffel und besonders eine plattirte Schuhschnalle bildeten aber die Hauptbestandtheile der Masse, die er, Hua dabei freundlich zulächelnd, vor dem erstaunten Hou — Häuptling der Insel — und auf die Matten zu den Knöpfen und Perlen schüttete.

„Tangaloa*) segne mich!" rief der würdige Toanonga, als er die unvermutheten Schätze aus dem ganz unscheinbaren Lederbeutel auf sich förmlich herabregnen sah, ohne in dem Augenblicke eine Ahnung zu haben, welchem glücklichen Ereignisse er diese fabelhafte Freigebigkeit des fremden weißen Mannes verdanke, — „der Fremde hat sein ganzes Canoe geplün-

---

*) Tangaloa ist einer ihrer Hauptgötter, der die Tonga-Inseln beim Fischen mit einem Haken aus dem Meere gezogen haben soll.

dert, die Augen seines Freundes mit seinen Schätzen
glücklich zu machen, Si=li=wi" — (eine natürliche
Verunstaltung des Namen Silwitch, da die Insulaner
nur sehr schwer zwei Consonanten hinter einander in
einer Silbe aussprechen können) „soll Brodfrucht
und Cocosnüsse, Bananen und Turo, Ferkel und Fische
haben, so viel er will auf sein Schiff. Si=li=wi ist
ein Ehrenmann und darf sich eine Gnade erbitten."

„Und gebe Gott, daß du sie erfüllst, würdiger
Greis," sagte der junge Mann halb lachend, halb
verlegen, „ich komme allerdings heute Morgen mit
einer großen Bitte an dich, oder eigentlich an — Hua
an deiner Seite, deren Erfüllung mich unendlich
glücklich machen würde."

„An mich?" fragte Hua erröthend, während sie
von ihrer Matte aufsprang und den Fremden über=
rascht ansah; „willst du noch mehr von den wunder=
lichen weiß= und rothgeflecten Corallen, die wir in der
Bai da drüben gesucht? oder soll ich dir Perlen holen
lassen, unten vom Grund herauf? Ich weiß auch —"

„Halt, halt, Mädchen, mach mich nicht toll mit
deinen freundlichen Worten!" bat der junge Mann
abwehrend. „Es ist mehr als alles Das, und nun,
Toanonga, soll es auch heraus, denn lange Reden bin
ich doch nicht im Stande zu machen. Hier sind die

Geschenke, du sollst noch mehr haben, Tabak, Feuer=
wasser, Messer, Beile, Kattun — auch ein Gewehr
hab' ich für dich bestimmt, das den Blitz und Donner
in sich trägt, und womit du deine Feinde besiegen und
dir unterthan machen kannst."

„Mea fanna fonnua *)?" rief Toanonga rasch,
der bei der Aussicht auf solchen Besitz alles Andere
in dem Augenblick vergaß. „Wäre nicht übel; Toa=
nonga möchte ungemein gern Mea fanna fonnua
haben."

„Und du giebst mir Hua?" rief der Engländer
rasch und freundlich.

„Hua?" sagte der alte Häuptling erstaunt, wäh=
rend das Mädchen bestürzt und erröthend dabei stand
und kein Wort zu erwidern wagte. „Hua gehört
nicht mein, kann ich nicht vergeben; gehört Tai
manavachi, ist Tai manavachis ohana."

„Ohana?" wiederholte der junge Mann bestürzt
und erschreckt, denn das Wort bedeutet in der Tonga=
sprache Braut sowohl als Frau. „Ohana? — seit
wann?"

„Bah, nicht so lange," sagte der Alte kopfschüttelnd
und die vor ihm ausgebreiteten Geschenke ein wenig

---

*) Mea fanna fonnua, auch Kanone, wörtlich eine Waffe,
die gegen das Land schießt.

mehr nach sich herüber schiebend, als ob er eine un=
gewisse Ahnung hätte, daß der Fremde, wenn er den
angebotenen Tausch n i ch t eingehen wolle, diese am
Ende auch wieder zurückziehen könne. „Muß heute
oder morgen kommen, sie zu holen."

„Holen? — wohin?"

„Nach Tongatabu — große Insel, großer Häupt=
ling," setzte der Alte mit einiger Selbstzufriedenheit
hinzu; „wird Ohana dort und bekommt große Strecke
Land."

„W i r d Ohana?" rief Silwitch aber, denn noch
ein Strahl von Hoffnung dämmerte, also i st sie noch
nicht seine Frau, und wenn mich Hua lieber hat, als
den braunen Burschen, da denk' ich, soll sie sich bei
mir so wohl befinden, wie bei Tai manavachi, —
Und was sagt Hua selber? — komm her Mädchen
und sag' deinem Vater, daß du mir gut bist und mich
zum Mann haben willst."

„Ich dich zum Mann haben?" lachte aber die
Schöne schelmisch, während ihr ein noch höheres Roth
Wangen und Nacken färbte, „und wer hat dir das ge=
sagt, Muli *) ?"

„Nenn' mich nicht fremd, denn ich bin es nicht

---

*) Frember.

mehr!" rief der Engländer bittend. „Wenn du es
mir auch noch nicht mit klaren Worten gesagt, hat es
doch jeder Zug deines Angesichts, selbst der Ton dei=
ner Stimme, der Blick deines Auges schon ge=
sprochen!"

„Und willst du hier bei uns bleiben auf der In=
sel, und dein Schiff verlassen?" frug der alte Häupt=
ling vorsichtig.

„Mein Schiff verlassen? — jetzt? — nein, das
geht nicht," sagte der Fremde rasch, ich muß nach
Norden hinauf und Fische fangen, aber im nächsten
Liha mua*) komme ich zurück mit Hua, wieder
bei Euch zu wohnen."

„Mit Hua?" rief der Alte erstaunt und mit
eigenthümlichen, halb ernsten, halb drolligen Zug um
die Lippen — der tolle Muli wär's im Stande. —
Wolltest du das Mädchen mitnehmen auf dein
Schiff?"

„Gewiß will ich," rief der Seemann rasch, „und
sie soll's gut haben bei mir, und die Welt sehen.
Toanonga, ich liebe deine Tochter so heiß und glühend,
wie ich dir es gar nicht beschreiben kann, und du
mußt sie mir zum Weibe geben."

---

*) Januar.

„Muß ich, so?" lachte der Alte gutmüthig;
Hua aber, noch mehr erröthend, sagte leise und vor=
sichtig unter den halbgesenkten Wimpern zu ihm auf=
schauend.

„Und wenn Hua nun nicht will?"

„Du nicht wollen, Mädchen, und weshalb?" rief
der junge Mann bittend.

„Und Tai manavachi?"

„Bah, Tai manavachi!" rief der Engländer
verächtlich, was schirt der mich — er soll kommen
und dich holen, wenn ich dich erst einmal habe."

„Er ist ein tapferer Krieger!" rief aber der Alte jetzt
rasch, „und hat seinen Namen danach bekommen. —
Schlimm für den Feind, dessen Fährte er folgt."

Silwitch schüttelte den Kopf ärgerlich.

„Damit kommen wir nicht weiter," rief er rasch;
„ich frage dich, Toanonga, ob du mir Hua zum Weibe
geben willst?"

„Warum frägst du nicht Hua selber, ob sie dich
haben will?" sagte der Alte mit seinem trocknen
Lachen.

„Weil ich ihrer Liebe gewiß bin," rief der Eng=
länder leidenschaftlich; „sie wird mit mir gehen,
wenn du ihr die Erlaubniß giebst!"

„Frag' sie," war Alles, was Toanonga erwiderte.

Der junge Engländer wandte sich rasch dem schönen Mädchen zu, und streckte den Arm nach ihr aus,
aber Hua wich ihm rasch und entschlossen aus und
rief:

„Nein — nein — ich bin die Braut eines Andern, fort mit dir, Pagalangi*), was willst du von
mir?"

„Hua!" rief aber der junge Seemann erschreckt.
„Hua, ich kann nicht leben ohne dich und muß dich
mein nennen, wende dich nicht ab von mir und sei
mein Weib."

„Du bist unser Freund gewesen," sagte das Mädchen ernst und fast traurig mit dem Kopf schüttelnd,
„und wir haben dich und die Deinen freundlich aufgenommen, was willst du mehr? Ich passe nicht zu
euch, zu euren Sitten, eurer Sprache, eurer Religion,
nicht zu den wilden Männern auf deinem Schiff.
Ich will auf diesen Inseln bleiben, die meine Heimat
sind."

„Meine Einwilligung hast du," lachte Toanonga
in seiner trockenen Weise; „ich hab' es dir vorher gesagt."

„Deine Einwilligung hab' ich, Toanonga?" rief

---

*) Engländer oder überhaupt Weißer.

Silwitch rasch und in furchtbarer Aufregung, durch den Spott vielleicht nur noch mehr gereizt.

„Ja, die haft du," nickte der Alte lachend, „aber Hua will nicht."

„Sei nicht so bös, weißer Mann," sagte aber das Mädchen jetzt freundlich, ihm die Hand entgegen= streckend, „sieh', was würde Tai manavachi sagen, wenn er käme und fände mich als das Weib eines Andern; bliebest du selbst bei uns auf der Insel, die ich nun einmal nicht verlassen kann und will. Hua sieht dich gern, aber sie kann dir nie an= gehören."

Silwitch nahm die Hand und drückte sie in hef= tiger Aufregung, barg dann die Augen kurze Zeit in seiner Linken, und Toanonga sah, wie er einen heftigen Kampf mit sich selber kämpfe; aber er bezwang sich und als er den Kopf wieder hob, sagte er ruhig und gefaßt:

„Es ist gut, Hua; wenn du mich nicht haben willst, kann ich dich nicht zwingen, aber — ich hatte es gut mit dir gemeint und — du haft mir weh — recht weh gethan. Das ist jetzt vorbei und ich werde nun wieder fortsegeln von hier, und wahrscheinlich nie — nie wieder zurückkehren, nach Monui— Wirst du noch manchmal meiner dann gedenken?"

„Wenn ich ein Segel am Horizonte sehe, werde ich wünschen, daß es das deine ist," sagte Hua in ihrer einfachen Herzlichkeit, ihm treu und kindlich dabei in's Auge schauend.

„Und wann willst du gehen, cowtangata *)?" frug der Alte jetzt, anscheinend gleichgiltig, aber vielleicht mit dem unbestimmten Wunsch, das Gespräch auf einen fernen Gegenstand zu bringen, und nicht auf die noch vor ihm ausgebreiteten Geschenke zurückzuführen, die er eines nach dem andern, vorsichtig und sorgfältig hinter sich und aus Sicht brachte.

„Ich weiß es noch nicht," erwiderte der Engländer ruhig; „ich habe noch Holz bei deinen Leuten bestellt, das ich zuerst an Bord nehmen möchte. Willst du mich los sein?"

„Nein, nein, bewahre!" rief der Häuptling rasch und erschreckt; „du bist willkommen, so lange auf der Insel zu bleiben, wie es dir gefällt — nachher kannst du gehen. — Und wollen die Pagalangis selber ihr Holz schlagen?"

„Nein, ich habe deine Leute schon dafür bezahlt," sagte der Engländer, „und glaube sie sind mitten in

---

*) Freund.

der Arbeit; bis morgen Abend soll ich es an Bord haben."

„Es ist gut — ich will es dir wünschen," erwiderte der Alte mit einem etwas zweideutigen Lächeln. Ob es Silwitch aber bemerkte oder nicht, er schaute einen Augenblick sinnend vor sich nieder, nickte dann mit einem kaum unterdrückten Seufzer Hua, etwas lebendiger ihrem Vater zu, und schritt mit verschränkten Armen und gebeugten Hauptes langsam dem Strande zu, wohin er sein Boot beordert hatte, ihn wieder an Bord zu rudern.

2.

Die Bootsmannschaft hatte sich indessen, auf ihren Capitain wartend, die Zeit bestmöglichst vertrieben, Coccosnüsse abgepflückt, Orangen ausgesogen, getrunken, und sich dann, in den Schatten eines engverwachsenen Pandanus-Dickichts auf den bröcklichen, fast pulverisirten Corallenboden niedergeworfen, sich von den Anstrengungen des Fruchtsammelns zu erholen.

Es waren lauter englische Matrosen, und nur ein Schotte unter ihnen, Namens Mac Kringo, scherzweise gewöhnlich Lord Douglas genannt. Das Gespräch drehte sich aber natürlich um das herrliche

Leben, das sie hier geführt und das, wie sie jetzt fast
fürchten mußten, bald ein Ende nehmen würde, wenn
sich der Capitain nicht, trotz den Officieren, noch ein=
mal anders besänne und doch am Lande bliebe.

„Hol's der Teufel, Jungen!" sagte der eine Ma=
trose, den die andern seiner ungemein großen Vorliebe
für Fische wegen und in einer sonderbaren Verwir=
rung der heiligen Schrift Jonas nannten, „wenn ich
Capitain der „Lucy Walker" wäre, ich wollte den
Teufel thun und ihr Kupfer so rasch wieder gegen
Eisschollen reiben, wo ich selber hier einen solchen
capitalen Hafen gefunden hätte. Der Böse mag sich
die Wallfische selbst fangen, wenn er sie haben will,
ich bin nicht eigennützig, und gönne ihm gern den Ver=
dienst."

„Das glaub' ich, daß du den Wallfischen das
Wort redest, Jonas," lachte Mac Kringo, ihn von der
Seite anblinzend, „bei dir ist's alte Anhänglichkeit."

„Ah bah, mein bonny scotsman," brummte
aber der Engländer, „wenn du nichts Besseres weißt,
so bleib mit deinen abgedroschenen Witzen zu Hause;
die sind auf meinem Namen schon lange stumpf ge=
worden. Gieb uns aus deinem allzeit fertigen Hirn
einen Rath, wie wir anständiger Weise hier bleiben
können, denn zum Weglaufen ist die Insel zu klein,

und ich will dir dann zugestehen, daß du wirklich
Grütze im Kopfe hast. Bis dahin aber laß mich zufrieden, mit dem was du glaubst oder nicht; sag'
uns, was du weißt."

„Guter Rath wäre da nicht das erstemal an Nar=
ren fortgeworfen," brummte der unhöfliche Schotte
ärgerlich in den Bart, „und wenn der liebe Gott
herunterkäme und euch sagte, wie ihr's machen solltet,
hättet ihr noch drei Bedenken und fünf Aber. Nein,
geht mir fort; mit euch ist nichts anzufangen, und
wenn ich das wüßte, ich behielt's für mich."

„Wenn er was wüßte," spottete ein Anderer,
„Legs" — „Beine" — von einem Paar etwas kur=
zer und eingebogener Extremitäten so genannt. „Lord
Douglas thut wahrhaftig, als ob er etwas im Hinter=
halt hätte und uns nun nicht für würdig hielt, die
Geschichte mit anzuhören. Das ist das billigste
Mittel jedenfalls, dick zu thun. Nein, Kinder, unsere
Zeit ist abgelaufen und ich müßte mich, nach allen
Vorbereitungen zu urtheilen, sehr irren, wenn wir
nicht schon morgen Abend um diese Zeit wieder un=
sere regelmäßige Wacht gehen und uns die Hälse ab=
drehen, nach den Schwarzkitteln auszuschauen. Was=
ser und Provisionen sind genug an Bord, und auf
das bestellte Holz kommts dann gerade auch nicht so

2 *

sehr an, ob wir das einwerfen oder nicht. Der Raum ist überdies so voll, daß wir's eine Zeitlang mitten auf Deck und im Weg lassen müßten, und der erste Harpunier würfe die verfluchten Scheite eigenhändig über Bord, wenn er sich ein einzigesmal die Schien= beine daran stieße."

„Ja, auf unsere Schienbeine würd' es da auch nicht besonders ankommen," knurrte ein Anderer, der den allerdings nicht empfehlenden Beinamen Lemon*) hatte, weil er fortwährend und selbst bei seinem aller= dings sehr seltenen Lachen genau solch ein Gesicht schnitt, als ob er ganz plötzlich aus Versehen in eine Citrone gebissen hätte. „Es ist eine verwünscht kuriose Einrichtung in der Welt, man mag's betrachten wie man will, und wir armen Matrosen ziehen immer den Kürzern. Schon beim Vertheilen, wir haben den hundertzwanzigsten, der Capitain hat den achtzehnten Theil, und wer fängt die Fische, wir oder er?"

„Nun, du nicht, Lemon, mit deinem ewigen Rai= sonniren," brummte der Schotte, „denn wenn dir nicht jedesmal beim Anrudern das Maul verboten würde, kämen wir auch jedesmal zu spät zum Zulangen."

„Zankt euch nicht noch den letzten Tag, den wir

---

*) Citrone.

vielleicht an Land sind," fiel Jonas hier rasch ein, als
er sah, daß Lemon boshaft darauf erwidern wollte;
„hier, mit festem Boden unter uns, sind wir doch
Alle gleich, und die vom Lande fragen nicht darnach,
ob wir an Bord den achtzehnten oder hundertachzigsten
Theil bekommen. Jungens, Jungens, mir bricht das
Herz ordentlich, wenn ich daran denke, daß wir hier
fort sollen."

„Herzbrechen?" knurrte Lemon, „das wäre der
Mühe werth; kommt auch gar nicht vor in der Welt,
daß Einem das Herz bricht, und ich weiß nur einen
einzigen Fall, wo wirklich einmal Jemand an ge-
brochenem Herzen gestorben ist."

„Aus deiner Bekanntschaft?" rief Jonas ungläubig.

„Aus meiner Bekanntschaft," erwiderte der
Matrose ruhig; „es war der „lange Tom", wie wir
ihn nannten, der hatte in Bristol, wo wir damals vor
Anker lagen, mit einem andern Kameraden, ich weiß
nicht mehr um was, gewettet, er wollte einen verdammt
schweren Wurfanker von seinem Dock bis zu dem, wo
unser Schiff lag, ohne abzusetzen, tragen — und er
trug ihn auch, aber — er lebte keine fünf Minuten
mehr — der Anker hatte ihm das Herz gebrochen."

Die Anderen lachten, der Schotte blinzte Jonas

aber heimlich und verstohlen mit den Augen an, und
sah nach den Busch hinüber, ein Zeichen, das dieser zu
verstehen schien, denn er warf erst einen flüchtigen
Blick auf seine Kameraden, ob ihn Niemand beobachte,
und nickte dann zurück, daß er kommen werde.

„Wenn man's so bedenkt," sagte Legs nach einer
kleinen Pause, die Augenbrauen fest zusammen=
gezogen, und mit kleinen Stücken Coralle, die er vor
sich aufnahm, nach einer noch unreifen, am Boden
liegenden Orange werfend, „wenn man's so bedenkt,
was wir da draußen in See für ein Hundeleben füh=
ren, Tag und Nacht in Arbeit und Gefahr, mit schlech=
ter, salziger Schiffskost und knappem Grog, kein
freundliches Gesicht zu sehen als Lemon's, am Tag
in einer Hundekälte zu rudern, daß Einem die Arme
mit den Wurzeln ausreißen möchten, und Nachts die
verdammten Stücken Blubber *) an Deck zu werfen
und auszukochen; einmal halberfroren, einmal halb
verbrannt, und wenn man nachher von einer drei=
jährigen Reise zurück kommt, vielleicht noch mit zehn
Pfund Sterling Schulden im Buch für Kleider und
Schuhwerk, das man haben mußte die Zeit über,
und dem Schiff zu bezahlen hat, als ob sie von Gold

---

*) Der Wallfischspeck.

und Seide gewesen wären, — nein, das soll verdammt
sein. Und dann dagegen hier die rothen Schufte,
was die für ein Götterleben in all ihren Bequemlich=
keiten führen; nicht rühren thun sie die faulen Kno=
chen, als vielleicht einmal auf einem Brodtfrucht=
oder Cocoŝnußbaum zu steigen, oder einen Fisch mit
der Holzharpune auŝ dem seichten Wasser zu holen,
die kleine Insel ist zum Ueberlaufen voll von hübschen
Mädchen und man kann den ganzen Tag in Hemds=
ärmeln gehn. — Hol'ŝ der Henker, der liebe Gott
hätte mir keinen größeren Gefallen thun können, als
mich ebenfalls braun anzustreichen — die Farbe hält
besser, und was spart man an Ueberzügen."

„Ich hätte auch nichts dagegen!" rief ein Anderer,
mit einer feinen, kreischenden Stimme dazwischen, der
eigentlich Roberts hieß, seines Organeŝ wegen aber
gewöhnlich „Pfeife" genannt wurde, „denn auf das
Bischen Couleur wird Einem doch nichts zu Gute ge=
than; was will aber der Mensch machen? Wir müs=
sen doch immer noch Gott danken, daß er nicht in den
ganz schwarzen Topf gegriffen, denn dann wären wir
geleimt gewesen, zeitlebens."

„Bah, was sind wir besser als Sclaven?"
brummte Legs; „die können doch wenigstens heirathen
und an Land bleiben, und was können wir? Hol der

Teufel das Seeleben; wenn man eine Weile draußen ist, gewöhnt man sich zuletzt daran, und es kommt Einem sogar manchmal ganz hübsch vor, wie man aber nur wieder den Fuß auf festes Land, und besonders auf solches Land setzt, ist auch der Teufel los und es zwickt und reißt Einen wieder, daß man sich ordentlich die Beine festhalten muß, nicht davon zu laufen."

Der Schotte war indessen aufgestanden und am Strande hin, nach den einzelnen Cocospalmen hinaufschauend, als ob er sich eine Nuß aussuchen wolle, langsam in den dichten Busch geschlendert, der den Corallenboden begrenzte, und Jonas erhob sich ebenfalls, zog sich den Bund seiner Segeltuchhose auf, spuckte sein Priemchen aus und biß ein frisches ab und setzte sich den auf der Erde verschobenen Hut wieder fester auf das in kleine, krause Löckchen gedrehte Haar.

„Nun, dir wird wohl die Zeit lang," sagte Pfeife, sich noch bequemer ausstreckend und ein Bündel Cocosnußbast unter den Kopf schiebend, weicher dar= auf zu liegen, „ich kann's abwarten — zum Henker, daß man nun nicht einmal das Glück hat, an irgend einer solchen Corallenbank hier — und Zeug ist genug da — ordentlich auf den Strand und fest zu kommen. Das wäre doch ein kapitaler Spaß, wenn wir nachher

eine Colonie gründeten und uns häuslich einrichteten .
— ich weiß auch, wen ich heirathete."

Ja, wenn wir einmal auf den Strand kommen,"
knurrte Lemon dazwischen, „so kannst du dich drauf
verlassen, daß es auch im Schnee und Eis und ohne
Fausthandschuh ist; unser Glück kenne ich; rennen
wir aber n i ch t auf, so magst du Gift darauf nehmen,
Kamerad, daß die „Luci Walker" droben noch drei
volle Jahreszeiten*) herumschwimmt, und nachher
immer noch nicht voll ist. Ich habe m e i n e Hoffnung
jetzt auch nur auf nächsten Winter gesetzt, da wird
„der Alte" schon dafür sorgen, daß wir wieder hier
anlaufen."

Jonas hatte sich indessen, ohne weiter Theil an
dem Gespräch zu nehmen, ebenfalls langsam und
scheinbar ohne besondern Zweck von der in dem
Pandanusschatten gelagerten Gruppe entfernt, und
hier an einem Busch schüttelnd, dort sich einen Zweig
niederbiegend und vielleicht abbrechend, kam er nach
und nach aus Sicht. Dann aber eine Richtung ein=
schlagend, die ihn näher dorthin brachte, wo Mac
Kringo vor ihm verschwunden war, traf er auch diesen
bald, seiner harrend, unter einer kleinen Gruppe von

---

*) Die Jahreszeit des Fischfangs, also volle Jahre.

Cocospalmen und Casuarinen, von wo aus er ihm winkte hinanzukommen.

„Was zum Teufel hast du denn nur, Douglas," sagte Jonas kopfschüttelnd, als er das geheimnißvolle Wesen des Kommenden sah. „Du willst doch nicht etwa auskneifen, mein Bursche? — das gib auf, denn du weißt nicht, wie dick der Capitain mit dem alten Häuptling ist, und wie er überhaupt nur auf eine anständige Entschuldigung wartete, noch länger hier liegen zu bleiben; der holte dich wieder und wenn er die ganze Jahreszeit darum versäumen sollte."

„Schrei doch nicht, als ob du ein Segel draußen bei einem steifen Nordwester anrufen müßtest, Mate," brummte der vorsichtige Schotte mit gedämpfter Stimme; es fällt mir nicht ein, solchen tollen Gedanken zu haben, aber — hättest du was dagegen, Kamerad, wenn wir hier an Land blieben und Brodfrucht und Schweinefleisch rösteten, wie Christen, anstatt hinter den alten, schmierigen Fischen herzufahren, wie ein Trupp Narren, und für andere Leute, die zu klug sind, selber zu gehen, Brennöl zu holen? — Hättest du was dagegen, mir zu helfen einen gescheuten Gedanken auszuführen, bei dem wir nicht die geringste Gefahr laufen, wenn wir — das Maul halten und unser eigenes Geheimniß bewahren können?"

„Frag' mich, ob ich lieber Grog trinke, als Salz-
wasser," knurrte der Matrose; „laß die Vorrede und
komm zur Sache, wenn du wirklich was hast, denn
der Alte kann alle Augenblicke herunter kommen und
pfeifen und dann müssen wir fort."

„Gut, Jonas, ich will keine Umschweife machen,"
sagte der Schotte leise, vorsichtig noch einmal dabei
den Blick umherwerfend, „aber schweigen mußt du können, denn ein Bischen Gefahr ist am Ende doch dabei."

„Unsinn, — ich werde mir nicht selber die Schlinge
machen, in die sie mich hängen wollen," sagte der
Matrose mürrisch über die vielen Vorreden.

„Nun, gut denn," flüsterte der Schotte, „hast du
die beiden Wraks gesehen, die vor Honolulu lagen,
wie wir dort waren?"

„Die Wraks von den zwei Wallfischfängern? —
gleich am Eingang vom Hafen?"

„Dieselben."

„Ja wohl; und was ist mit denen?"

„Du weißt, wie sie dorthin gekommen sind."

„Es ist Feuer an Bord ausgebrochen, und die
Schiffe sind verbrannt."

„Und die Mannschaft?"

„Blieb nachher an Land, bis sie sich auf andere
Schiffe verdingte," brummte Jonas, „so haben sie's

mir da wenigstens erzählt; aber was hat das mit uns zu thun."

„Wirst gleich hören, Kamerad; wer hat die Schiffe angesteckt?"

„Angesteckt?"

„Nun ja, glaubst du, daß ein Schiff im Hafen so leicht von selber zu brennen anfängt?" lachte der Schotte, nein, wenn du's denn nicht weißt, will ich dir's sagen; die Leute der beiden Wallfischfänger haben sich den Gefallen selber gethan, und was in der weiten Welt hindert uns hier, daß wir nicht dasselbe thun?"

„Was uns hindert? — unser Hals," sagte Jenas kopfschüttelnd, dem die Idee zu rasch gekommen war, sie sogleich vollständig begreifen zu können, weißt du, mein Junge, daß sie uns einfach an die Raanocke *) aufhängen, wenn sie uns dabei erwischen?"

„Wenn sie uns erwischen, ja," lachte der Schotte, „wer hat denn aber die erwischt, die die Schiffe in der Bai von Honolulu angesteckt haben, heh? — Wer kann uns denn nachher überführen, wenn wir unsere

---

*) Die Raanocke, das äußerste Ende der Raaen oder Querbalken, an denen die Segel befestigt sind. Auf der See werden bei etwa stattfindenden Executionen die Verurtheilten daran aufgezogen.

Sache nur einigermaßen klug anfangen. Nein, Jo=
nas, mit einem Schwefelholz haben wir's in der Ge=
walt, uns einen Aufenthalt auf diesen Inseln zu
sichern, so lang wie er uns behagt, und ich glaube,
unser Alter selber wär' ganz damit einverstanden,
wenn er sich's nur eben dürfte merken lassen."

Aber die Andern?" sagte Jonas, schon halb un=
schlüssig mit der verführerischen Aussicht vor sich,
dem traurigen Leben an Bord eines Wallfischfängers
auf so leichte Art plötzlich enthoben zu werden.

„Würden uns auch nicht verrathen," meinte der
Schotte, „brauchen aber auch gar Nichts davon zu er=
fahren; Muth haben sie doch nicht genug, dafür ein=
zustehen, und ein Paar von ihnen trau' ich nicht eine
Schiffslänge aus Sicht; Pfeife besonders, der Hal=
lunke, ist mir ein Dorn im Auge, und bleiben wir län=
ger hier, spiel' ich dem auch noch einmal einen Possen."

„Und meinst du wirklich?"

„Meinen, Jonas?" rief Mac Kringo unwillig,
„was ist da noch zu meinen dabei? Etwas Einfacheres
gibts auf der Welt nicht, und wenn du nur den zehn=
ten Theil so viel Courage hast, wie ich dir früher zu=
getraut, so verlieren wir kein Wort weiter über die
Sache, und schlafen morgen Abend hier in einem
Bambushaus am Strand in — besserer Gesellschaft

als dem dumpfigen Blubberloch von einem Logis=
kasten. — Nun, was sagst du, ja oder nein?“

„Und wann soll das geschehen?“ frug Jonas
leise.

„Sobald wir die Gelegenheit dazu finden; wahr=
scheinlich heute Abend mit Dunkelwerden, wenn der
Koch sein Schaffen*) fertig hat. Sie sitzen dann
Alle oben an Deck, die Officiere, die an Bord sind,
kriechen auch nicht draußen herum, und Einer kann
unten Alles besorgen, während der Andere nur oben
Wache hält, daß er ein paar Minuten ungestört
bleibt; du magst Wache stehen, ich will selber das
Uebrige in Ordnung bringen. Bist du damit zu=
frieden?“

„Hol’s der Teufel, ja!“ sagte Jonas, sich im
Voraus bei dem Gedanken an den Erfolg die Hände
reibend, „stecken wir den alten Blubberkasten vor sei=
nem Anker an. Wetter noch einmal, was der für
eine famose Fackel machen wird!“

„Aber ruhig und keine Silbe zu —“

„Unsinn!“ brummte Jonas; „werde mich hüten
— wenn wir aber nur unsere Sachen retten könnten.“

„Nimm dich in Acht!“ warnte ihn der Schotte,

---

*) Essen.

„damit hat sich schon Mancher verrathen; wenns ein=
mal brennt, ja, dann so schnell wie möglich, und für
ein Canoe in der Nähe will ich schon sorgen; aber
vorher keine Hand angerührt. Wenn die klug sind,
da wollen wir nicht dumm sein.“

Gut denn, heute Abend —“

Ein gellender Pfiff von der Gegend her, in wel=
cher ihr Boot lag, unterbrach ihr Gespräch, und Mac
Kringo dem Andern zuwinkend, daß er sich wieder
dorthin begebe, wo er hergekommen, damit sie nicht
zusammen zum Strand zurückkehrten, lief rasch durch
eine kleine Lichtung hin, die freie Corallenbank weiter
oben zu erreichen.

„Hallo, hier Douglas, Seelöwen und Haifische,
wo steckt Ihr?“ rief ihm der Capitain, der in seinem
Boot stand und ungeduldig nach ihm ausgeschaut zu
haben schien, schon von Weitem entgegen; „was habt
ihr im Busch zu thun, wenn ihr auf Bootswacht
seid? — Wo ist Jonas?“

„Ich wollte nur —“

„Ach, da kommt er; herein mit euch, — Wetter
noch einmal, das faule Leben hier an Land scheint
euch zu behagen; wartet, ich will euch Beine machen,
wenn ich euch wieder draußen in See habe, daß die

Glieder gelenk werden. Auf euere Sitze da vorn — sind wir flott?"

„Alles in Ordnung, Sir —"

„Stoßt ab denn, und legt euch in die Riemen*), meine Jungen. — Ist schon Holz heut von Land an Bord geschafft?"

„Nein, Sir!" sagte Jonas, der gleich hinten im Boot vor dem Capitain saß, während die rasch einge=setzten Riemen das scharfgebaute Boot pfeilschnell durch den glatten Wasserspiegel trieben; „haben nichts gesehen."

„Schon gut — macht nichts!" lautete die kurze Antwort, und wenige Minuten später lief das Boot unter die niederhängende Fallreepstreppe. Der Ca=pitain sprang an Bord und die Leute wollten damit unter ihre Krahnen gehn, es wie gewöhnlich aufzu=heben, die Ordre aber lautete: es im Wasser zu las=sen, da es wahrscheinlich gleich wieder gebraucht würde.

3.

Einer der Ungeduldigsten an Bord war der erste Harpunier, ein junger, kräftiger Irländer aus

---

*) Ruder.

Galvay-Bai und dort erst kurz vor seiner Abreise ver=
heirathet. Ihm brannte natürlich der Boden unter
den Füßen, und er wollte das Schiff wieder in See
haben, Beute zu machen und nach Hause zurückzu=
kehren. Was half i h m das müßige Leben hier an
Land.

Mit diesem hatte der Capitain, als er an Bord
zurückkehrte, eine längere Unterredung, die den Wün=
schen des jungen Iren auch vollständig entsprochen
haben mußte, denn er kam bald nachher mit fröhlichem
Gesicht gleich hinter dem Capitain an Deck und be=
orderte seine Bootsmannschaft, sich fertig zu halten,
kurz vor Sonnenuntergang an Land zu rudern, etwas
dort abzuholen. Die vier Matrosen mit dem Boot=
steurer, die er befehligte, waren ebenfalls seine Lands=
leute, und die Schiffsmannschaft hatte deshalb das
Boot auch das Irische getauft.

An Bord der „Lucy Walker" herrschte indessen
rege Geschäftigkeit; ein paar zum Ausbessern nieder=
geholte Segel wurden wieder angeschlagen, Taue ge=
spließt, Pardunen angespannt, das Deck klar gemacht
und überhaupt Manches vorgenommen, das auf einen
baldigen Aufbruch schließen ließ. Als zwei der
Leute deshalb, Legs und Pfeife, dem Capitain selber,
der mit raschen Schritten auf seinem Quarterdeck

auf- und abging, um kurzen Urlaub an Land baten,
der ihnen, in einzelnen Abtheilungen natürlich, fast
noch gar nicht verweigert worden war, schlug es ihnen
dieser rund ab und schickte sie wieder nach vorn an
ihre Arbeit.

„Siehst du," flüsterte da der Schotte seinem
Kameraden Jonas, mit dem er oben in den Marsen
etwas nachzusehen hatte, zu, „siehst du, mein Junge,
daß ich eine gute Nase habe? Es ist die höchste Zeit
für uns, unser kleines Geschäft in Ordnung zu bringen, denn ich möchte jetzt kein Maul voll Tabak gegen
eine monatliche Löhnung wetten, daß wir nicht morgen
Früh mit Tagesanbruch Anker auf und Segel gesetzt
hätten. Der Alte dahinten zeigt wenigstens den
besten Willen, aber wir Beide, denk' ich, sollen ihm
noch einen Strich durch die Rechnung machen. Das
wär' ein schöner Spaß, so auf einmal, ohne nur Abschied von unsern Freunden und Mädchen am Land
zu nehmen, wieder auf und davon und draußen
herumrackern; naï my bonny child, hier sind auch
noch Leute, die ihre Stimme dabei abzugeben wünschen,
wenn sie auch nur eben den hundertzwanzigsten Theil
bekommen von dem Fang und das Ganze mit ihrem
Schweiß und Mark bezahlen sollen."

„Am Ende will er gar noch heut Abend fort,"

sagte Jonas leise; „nachher wären wir aber die Anz
geführten."

„Nein, das nicht," beruhigte ihn der Schotte;
„ich habe gehört, daß er sich das Irische Boot be=
stellt hat, gegen Sonnenuntergang mit an Land zu
fahren, und dann kommt er immer vor vier Glasen *)
nicht wieder zurück; aber auf morgen Früh hat er's
abgesehen. Er frug uns ja auch, als wir von Land
zurückkamen, ob sie Holz an Bord gebracht hätten.
Bah, so viel für deine Berechnungen," — und er
schnalzte höchst selbstzufrieden mit den Fingern.

Jonas hatte indessen seine Arbeit oben beendet
und mußte hinunter, wohin ihm der Schotte bald
nachher folgte; als sich aber die Sonne mehr und
mehr dem Horizonte näherte, wurde auch das Boot
des ersten Harpuniers, der vorher einen seiner Mann=

---

*) Die Zeiteintheilung an Bord eines Schiffes geschieht
nach Glasen, von den früheren Sandgläsern so genannt.
Jede Wacht von vier Stunden hat acht Glasen; diese zu be=
zeichnen, wird jede halbe Stunde, bis die Wacht aus ist, ein=
mal mehr mit dem Klöppel an die Glocke geschlagen, so daß,
von zwölf Uhr z. B. an gerechnet, halb ein Uhr einmal ange=
schlagen wird, um ein Uhr zweimal, halb zwei Uhr dreimal,
um zwei Uhr viermal u. s. f. bis vier Uhr, was man durch
acht Schläge oder Glasen angiebt. Ein viertel auf Fünf be=
ginnt dann wieder mit einem Schlag, daß vier Glasen
Abends also zehn Uhr bedeuten würde.

3*

schaft nach oben zum Ausschauen geschickt hatte, nieder=
gelassen, und Legs, der in den Besahnwanten etwas
auszubessern hatte, sah mit Erstaunen, daß unter einer
Matte, auf dem Boden des Bootes, als sie durch
die Einsteigenden zurückgeschoben wurde, Waffen ver=
steckt waren. Er hatte — beschwören hätt' er's
wollen, — ein paar Gewehrläufe darunter vorblitzen
sehen? was zum Teufel war da wieder im Wind?

Der Koch, die Abendmahlzeit noch vor Dunkel=
werden am Deck beenden zu können, und nicht ge=
zwungen zu sein, in das dumpfige Logis hinabzusteigen,
war indeß in der Cambüse emsig beschäftigt gewesen
Thee zu kochen und Bananen und Brotfrucht zu bra=
ten, die mit dem kalten Fleisch von Mittag her keine
üble Schiffskost abgaben. Nachdem er vorher bei dem
jetzt commandirenden zweiten Harpunier die Erlaub=
niß eingeholt, rief sein gellender, wohlbekannter Ruf
bald darauf die Leute sämmtlich nach vorn unter die
Back, wo auf der Steuerbordseite des Schiffes die
riesige kupferne Theekanne qualmte und der sonst in
breiter hölzerner Mulde präsentirte harte Schiffs=
zwieback jetzt fast vollkommen durch die nahrhafte, in
Scheiben geschnittene und geröstete Brotfrucht ver=
drängt war.

Der Schotte setzte sich auch mit hin auf Deck und

schenkte sich seinen Thee in den breiten, nieteren Blech-
becher, der den Inhalt einer gewöhnlichen Theekanne
hätte mit Bequemlichkeit fassen können, vermißte
dann aber sein Messer und stieg in den Raum hinunter, wo er es heute Morgen gebraucht und wahrscheinlich vergessen. Jonas indessen saß noch nicht
und hatte ein kleines Faß mit seiner Wäsche zu der
großen Luke gezogen, nahm die Hemden einzeln heraus,
rang sie aus und legte sie auf das um den Vormast
gehende Nagelbret.

„Komm her, Jonas," rief ihn Legs an, „hat den
ganzen Tag nichts gethan und jetzt, nun der Thee an
Deck steht, fällt's ihm auf einmal ein, daß er Hemden
in der Brüh hat. Die Bananen werden kalt und
schmecken nachher schlecht."

„Sie werden nachher gar nicht schmecken," lachte
Pfeife mit seiner höchsten Stimme, „denn ich glaube
wir werden damit eher fertig, wie er mit seinen Hemden."

„Glaub's, wenn man sie euch vorstellte," brummte
Jonas, mit einem halb verschluckten Fluch; „aber der
Koch hat noch mehr."

„Hallo!" rief Pfeife aufspringend, „da will ich
mir gleich noch eine holen!" und er kam mit seinem
Blechteller zur Cambüse, den Versuch wenigstens zu
machen.

„Sieh einmal das Wetter, das herauf kommt," rief ihm hier der Koch zu, der in der niederen Thür stand und mit dem Arm nach Osten hinüber deutete; „zum Teufel das sieht schwarz aus, und sollte mich gar nicht wundern, wenn da eine tüchtige Mütze Wind drein stäke. Jedenfalls gibts Regen und wir thun besser die Luken zuzulegen; macht, daß ihr mit eurem Essen da vorn fertig werdet."

Der zweite Harpunier hatte indessen mit dem Fernrohr auf dem Quarterdeck gestanden, und unverwandt nach der niedrig auslaufenden Landspitze geschaut, hinter der das Boot vorher verschwunden war.

Mac Kringo stieg in diesem Augenblick die Luke herauf und als der Koch auch gerade zusprang, nahmen sie die beiden genau passenden und schließenden Lukendeckel, an den in den gegenüberliegenden Ecken angebrachten eisernen Ringen und hoben sie in die Falze.

„Koch!" rief des Harpuniers Stimme in diesem Augenblicke von dem Quarterdeck aus.

„Ay, ay, Sir!"

„Rasch dein Essen wieder fort und in die Cambüse — all hands on deck *) — große und Vor-

---

*) Die ganze Mannschaft an Deck.

marsraae auf — rasch mit euch, meine Jungen, werft
die Falle los! — Nun, was steht ihr da, wie ver=
hagelt? die Marsraaen auf, und schnell, oder ich
mache euch Beine!"

„Halloh, was ist nun los?" rief aber Legs, der
eben einen Teller voll glücklich erbeuteter heißer Ba=
nanen in Sicherheit bringen wollte und jetzt nicht
wußte, wohin damit, „was soll das heißen?" Es
blieb ihm aber nicht lange Zeit zur Besinnung, die
Befehle folgten zu rasch nacheinander, und während
unter dem Singen und Schreien der Mannschaft die
schweren Raaen an ihren Ketten in die Höhe klirrten,
schob und schleppte der Koch rasch das Abendbrot der
Leute bei Seite und jetzt vorn in das Logis hinunter,
damit er die Sachen nur einmal vor der Hand aus
dem Wege bekäme.

„An die Winde mit euch, rasch da vorn und ein
Bischen lebhaft!" rief jetzt der Officier, der nach
vorn und mitten zwischen die Leute gekommen war,
von denen sich die meisten noch gar nicht von ihrer
ersten Ueberraschung erholen konnten, denn es fing
ihnen jetzt wirklich an klar zu werden, daß sie ohne
Weiteres in See hinaus und die Insel verlassen soll=
ten; „munter, meine Jungen, munter!" rief der
Harpunier, dabei auf die Back springend, die Leute

besser übersehen zu können, „her mit eurem Pump-
geschirr, und nun laßt uns einmal sehn, wie rasch
ihr den Anker herauf bekommen könnt. Wetter,
Jungen, es sind nur fünfundzwanzig Faden Kette aus,
mit denen müßt ihr ja nur so weglaufen können.“

„Den Teufel, Douglas!“ flüsterte Jonas, in
Todesangst an den Schotten hintretend, diesem in's
Ohr, „hast du's gethan? — und jetzt sollen wir in
See, das wäre eine schöne Geschichte.“

„Hallo, da ihr Beiden!“ rief in diesem Augenblick, und ehe noch der Schotte etwas erwidern konnte,
der Officier, dessen Adlerblick die beiden Müßiggänger
dort schon entdeckt hatte. „Hier Douglas — herauf
mit dir, mein Mann, und löse das große Marssegel,
und du, Jonas, auf die Vormarsraae; marsch mit
euch, und nachher die Bramsegel auch frei, und du
Bill, hinaus mit dir, und mach den großen Clüver
los. Auf mit dem Anker, auf meine Jungen! —
Oh joli men hoy!“

Widerspruch gegen die gegebenen Befehle war
nicht möglich, obgleich fast alle Matrosen erstaunt
mit den Köpfen schüttelten und sich diese halb abdreh-
ten, um zu sehen, ob ihr Capitain noch nicht bald an
Bord käme, ohne den sie doch unmöglich in See gehen
konnten. Einmal war es fast, als ob Mac Kringo

zögere, und er machte sogar eine Bewegung nach dem Harpunier zu, aber er besann sich in demselben Momente, als dieser ihm ein paar Kernflüche über seine Säumigkeit entgegendonnerte, und lief jetzt rasch die Wanten hinauf nach oben, den gegebenen Befehl zu erfüllen und die Segel zu lösen, die sie vielleicht bald Alle dem Verderben entgegenführen würden. Gestehen durfte er ja nicht was er gethan, er wäre gebrandmarkt gewesen auf Lebenszeit, wenn man ihm wirklich das Leben geschenkt hätte, und die Kameraden —

„Ei, zum Teufel!" zischte er dabei zwischen den zusammengebissenen Zähnen durch; „kröche ich jetzt zu Kreuz, die Schufte ließen keinen guten Faden an mir, so lang sie mich hätten. Ich hab's nicht meinethalben allein gethan, so mögen's die Anderen auch mit ausbaden."

Die Ankerkette rasselte indessen, mit den raschen Schlägen des eisernen Pumpgeschirrs, schnell an Deck, der Anker hing schon und das Schiff trieb mit der ausgehenden Ebbe der Mündung der Bai zu.

„Boot ahoy!" rief da Einer der Leute an der Winde aus, der eben über die Monkeyrailing das rasch anrudernde Boot erkennen konnte, und der Har-

punier drehte sich , das Teleskop, das er noch in der
Hand hielt, darauf richtend, schnell danach um.

„Flink, meine Jungen, flink!" rief er dabei; „hier
hat's Eile — Larbord Seite da, Einer von euch,
werft die Brassen los — Koch! rasch dahinten, die
Brassen von den Nägeln — Starbordseite große und
Fockbrassen — belay that anchor*) — so, genug!
— Marsbrassen — so, genug! und nun die Bram-
segelschoten aus — so, genug! So, nun auf mit dem
Anker, unter die Klüsen mit ihm, so rasch ihr laufen
könnt. — Oh, joly men hoy!"

Der Schotte, der die Bramsegel gelöst hatte, kam
jetzt rasch an den Wanten herunter, als ihn der Harpunier sah.

„Hallo, da oben, Sir — da du einmal gerade
unterwegs bist, wirf den Royal**) los — heda —
hast du's gehört, Bursche? hinauf mit dir, oder ich
werde dir Beine machen. Wenn ich keinen von den
Jungen gleich bei der Hand habe, wird es deinen faulen Knochen wohl auch nichts schaden, einmal nach
oben zu gehen. — Alle Wetter, da sind sie — das war

---

*) Haltet mit dem Anker.
**) Royal oder Oberbramsegel, das oberste leichte Segel.

Zeit, daß wir fortkommen," unterbrach er sich rasch,
als plötzlich eine förmliche kleine Flotte von Canoes
um die Landspitze bog. Die Aufmerksamkeit der
Leute wurde aber rasch von dieser ab an Bord ihres
eigenen Schiffes gelenkt, wo jetzt das vom Land
zurückkehrende Boot, um das sie sich bis daher gar
nicht hatten kümmern können, langseit legte, und im
nächsten Augenblick, seinen Leuten voran, Capitain
Silwitch an Bord sprang.

4.

Toanonga hatte an dem Nachmittag noch recht
herzlich über den wilden, tollköpfigen Pagalangi ge=
gelacht, der da, aus irgend einem Land hergeregnet,
gleich geglaubt, er könne so ohne weiteres die Tochter
eines ersten Häuptlings, aus dem Blut der Hau's
oder ersten Könige auf seine Arme packen und in die
weite See damit hinein fahren, wohin es ihm gerade
beliebe.

„Guter Bursch," sagt er dabei auf seine gemüth=
liche Weise hin, „sehr guter Bursch; hat mir die ganze
Tasche voll Sachen gebracht, und blieb' er hier bei
uns, und Tai manavachi wäre nicht da, und Hua
wollte ihn — und er hätte noch mehr solche Sachen,
und brächte alles Das, was er versprochen, wer weiß,

ob nicht dann der Pagalangi und Hua doch Mann
und Frau geworden wären."

Der alte Häuptling, still vor sich hinschmunzelnd,
erging sich noch in einer Menge anderer Möglich=
keiten, indeß er sich zugleich auf sehr angenehme Weise
mit dem Sortiren der verschiedenen Arten Knöpfe
und Nägel beschäftigte, als ein Bote, einer seiner
jungen Leute, von einem anderen Theil der Küste
herüberkam und die Ankunft vieler Kriegscanoes,
wahrscheinlich den jungen Häuptling Tai manavachi
führend, meldete, der jetzt komme, seine Braut heim=
zuführen. „Kommt gerade recht," murmelte der alte
Mann zufrieden vor sich hin; tollköpfiger Pagalangi
hätte am Ende noch dumme Streiche gemacht, und
Hua ist nirgends besser aufgehoben, wie bei ihrem
Mann — aber was ist das?" unterbrach er sich
dann selbst, als ein Boot von dem draußen in der
Bai liegenden Schiff ab nach der nächsten Landspitze,
wo gar keine Wohnungen lagen, hinüber hielt. Was
wollen die Fremden da drüben, wo Hua nur Abends
mit ihren Frauen hinübergeht? — Hm, hm, hm,
wird sie noch einmal sprechen und fragen und gewin=
nen wollen — ja, zu spät, cowtangata, zu spät —
wenn sie dich möchte, hätte sie lange Ja gesagt."

Eine Zeitlang blieb er so sinnend stehen und schien

gewissermaßen zu erwarten, daß das Boot, wie jedes anderemal nach seinem gewöhnlichen und ihm eigent= lich auch vorgezeichneten Landungsplatz herüber halte, von wo der Capitain des Wallfischfängers dann ge= wöhnlich allein nach der andern kleinen Bai hinüber gegangen war. Da das aber heute Abend augen= scheinlich nicht in der Absicht der Fremden lag, und Toanonga sich dadurch gewissermaßen, er wußte selber eigentlich nicht recht warum, beunruhigt fühlte, be= schloß er selber dort hinüber zu gehen, und zu gleicher Zeit seiner Tochter die Ankunft ihres Bräutigams zu melden.

Mit einiger Beschwerde erhob er sich von seiner Matte, auf der er vorher jedoch sorgfältig seine Schätze in ein Stück braungefärbtes und gedrucktes Gnatu*) eingeschlagen hatte, die er nun vor allen Dingen in seiner Hütte in Sicherheit brachte. Dann winkte er den beiden Burschen, ihm zu folgen, und mit diesen langsam ein kleines Dickicht von Frucht= bäumen durchschreitend, das den Hang des Hügels nach dieser Seite zu bedeckte, stieg er die leise Abdachung

---

*) Eine zu Zeug verarbeitete und von der Rinde des chinesischen Maulbeerbaumes bereitete und gedruckte Masse. Ungedruckt hat sie den Namen Tapa.

hinan, die von ihrem Gipfel aus einen Ueberblick nach
der Nachbarbai, mit ihrem stillen Wasser und wehenden Palmen gewährte.

Hierher kam Hua jeden Abend mit mehren ihrer
Gespielinnen sich zu baden und auf der klaren Fluth,
über den aufzweigenden Corallen hin in ihrem Canoe
zu schaukeln. Silwitch hatte ihr da oft Gesellschaft
geleistet und selige Stunden mit ihr verträumt, während das Mädchen mit ihm plauderte und lachte, ihm
die Legenden und Märchen ihres Volkes erzählte und
ihn neckte und seiner spottete, ihm aber nie eine Freiheit gegen sich selber gestattete. Nie durfte er auch
nur den Arm um sie legen, oder sie gar küssen, und
zehnmal war er in bitterem, verzehrendem Unmuth
fest entschlossen gewesen, nie wiederzukehren und die
gefährliche Nähe der so schönen wie spröden Maid
auf immer zu fliehen, aber das herzliche, lächelnde
„chio do fa *)!" mit dem sie ihm beim Abschied
jedesmal die Hand unaufgefordert reichte, zwang ihn
auch wieder zurück in ihre Nähe, bis er zuletzt nicht
einmal mehr den Gedanken fassen konnte, sie zu
fliehen.

---

*) Der Gruß und Abschied der Tonga-Inseln.

Auch heute hatte sie sich, noch nicht von der An=
kunft des Geliebten benachrichtigt, hierher zurückge=
zogen, und sein Canoe mußte auch in der That diese
Bai passiren, wenn er Toanonga's Wohnort erreichen
wollte, da auf der andern Seite der Insel ein breiter
Corallendamm das Umschiffen derselben im Binnen=
wasser unmöglich machte. Die Mädchen saßen zu=
sammen im Schatten eines breitästigen Toabaumes,
dem einzigen auf dem kleinen, hier absichtlich von
Unterholz befreiten Raum, ihr Haar mit wohlriechen=
dem Cocosnußöl zu salben, als das Wallfischboot des
Fremden um die Spitze der Bai schoß und die Mäd=
chen erschreckt aufspringen machte; nur Hua blieb
ruhig sitzen und sagte lachend:

„Was fürchtet ihr euch, tolle Dirnen, habt ihr
den Pagalangi noch nie gesehen mit seinem Boot, und
sieht er zu windwärts von der Landspitze da draußen
anders aus als zu leewärts? Er wird uns sein
Lebewohl sagen wollen, denn die fremden Männer
sind alle auf das Schiff zurückgefahren, und den gan=
zen Tag schon in den Seilen herumgeklettert. Er
hat unsere besten Wünsche für sein Wohl — wir
fürchten ihn nicht!

„Aber was suchen die Fremden hier?" rief eines
der Mädchen, schüchtern zu ihrem Sitz zurückkehrend;

„komm, Hua, wir wollen in den Wald gehen, bis sie vorbeigerudert sind — siehst du, sie wollen landen."

„Laß sie, Mädchen," sagte des Häuptlings Toch= ter verächtlich; „wenn wir sie hier nicht länger dul= den wollen, schickt sie Hua wieder in See."

„Chio do fa, Hua, chio do fa!" rief in dem Augenblick die lachende Stimme des jungen Capitains zu ihnen herüber; „wartest du hier auf mich, Maid, zur rechten Stunde? ich komme, ich komme."

„Nicht auf dich, Pagalangi," sagte das Mädchen ruhig, sich halb von ihm abwendend; dieser Platz ist mein Eigenthum, und wer ihn betritt, kommt zu mir."

„Und sollen wir hier unser Haus bauen in späterer Zeit?" flüsterte der junge Mann, näher zu ihr hin= tretend und die Hand ausstreckend, die ihrige zu er= greifen.

„Wir?" wiederholte die Jungfrau erstaunt.

„Zögert nicht länger wie nöthig ist, Captain dear!" rief aber in diesem Augenblick der Mate oder Harpunier warnend, „ich habe da oben auf dem Hü= gel eine Gestalt gesehen und die Canoes, die wir von Deck aus sahen, könnten auch bald hier sein, wenn sie beabsichtigt hätten, hier herzulaufen."

„Es ist wahr, George," rief der Capitain zurück,

„ich habe überdies schon zuviel Zeit verloren," und sich rasch zu der Geliebten drehend, sagte er schmei= chelnd:

„Komm mit mir, Hua — da draußen liegt mein Schiff, in wenigen Minuten setzen wir die Segel und frisch und fröhlich ziehen wir hinaus in die freie, offene See — meine Seele hängt an dir, Mädchen, und ich kann nicht ohne dich leben.

„Zurück, Pagalangi," rief aber Hua, zum erstens= mal vielleicht erschreckt, als er dreister auf sie zutrat und seinen Arm um sie zu legen suchte; „zurück, taima taugata — eines Häuptlings Tochter ist für dich zu gut; such' dir ein Weib unter den Dirnen des Landes."

„Meinest du, Herz?" rief der junge Mann jetzt, dem Zorn und beleidigte Eitelkeit das Blut in die Wangen jagte, „dann will ich doch sehen, ob du an Bord dieselbe Sprache hast!" und mit raschem Sprung die Sträubende umfassend, ehe sie selbst im Stande war um Hilfe zu rufen, hob er sie vom Bo= den auf, und floh mit ihr dem vielleicht hundert Schritte davon entfernten Boote zu.

„Hilfe! Hilfe!" schrie jetzt das arme Mädchen, die erst in dem Entsetzen der Gefahr, als sie das Boot vor sich sah und ihr Schicksal ahnte, die Sprache

wieder fand. „Hilfe, Toanonga, zu Hilfe — zu
Hilfe deinem Kinde!"

„Sie hören dich nicht, Liebchen," lachte aber der
junge kecke Seemann, seine süße Last nur schneller
dem Ziele zuführend; „dein Ruf dringt zu spät an
ihr Ohr."

„Habt Acht, Capitain!" rief aber in dem Augen=
blick der Harpunier, der mit dem Steuerriemen in der
Hand hinten im Boot gestanden, den Befehl zum Ab=
stoßen zu geben, so rasch ihre Beute geborgen sei, und
der jetzt zwei junge Bursche aus den nächsten Büschen
herausbrechen und dem Mädchenräuber folgen sah;
„habt Acht, sie sind hinter euch!" Silwitch hatte aber,
an keine Verfolgung denkend, nur Auge und Ohr für
sein erobertes Glück, und der junge, riesige Ire, die
Gefahr von dem Haupt des Capitains abzuwenden,
flog unbewaffnet wie er war, mit einem Satz so nahe
er konnte, an Land, in die klare und hier seichte Fluth
hinein, unbekümmert, ob sie hier einem ungleichen
Kampf entgegengingen, warfen sich auch die beiden
jungen Indianer auf den Capitain, ihres Häuptlings
Tochter aus seinem Griff zu retten. Der Ire aber
zwischen den Capitain und seine Verfolger springend,
ergriff den ersten beim Arm und schleuderte ihn wie
ein Kind zur Seite, während er den Zweiten, stärkeren

der einen Schlag nach ihm führen wollte, mit sicher gezieltem und geübtem Stoß so derb zwischen die Augen traf, daß er betäubt und regungslos zu Boden schlug.

„Nun fort!" rief er jetzt und stieß, in das Wasser springend, das Boot, in das der Capitain seine Beute schon hineingehoben, ab von den Corallen, und sich nachschwingend, während zwei der Leute das Mädchen hielten, und die andern den Capitain zu sich herein zogen, setzte er rasch und dringend hinzu: „an eure Riemen, meine Bursche, an eure Riemen, für euer Leben, denn beim Teufel, dort kommt die ganze Canoeflotte hinter der Landspitze vor — an eure Plätze und vorwärts! der Capitain wird die Dirne schon festhalten und du,'Patrick, kannst ihr indessen ein wenig die Füße zusammenbinden, daß sie nicht doch noch über Bord springt; erst aber ein Tuch über den Mund, daß sie das verdammte Schreien läßt. Und nun ein mit euren Rudern, und brecht sie, wenn ihr könnt!"

Das elastische Holz bog sich unter den kräftigen Zügen der, ein jubelndes Hurrah ausstoßenden Matrosen, denn die kecke Entführung hatte ihre ganze Sympathie, und das scharfgebaute Boot schoß schäumend durch die Wellen, dem nicht so gar weit davon

ankernden Schiff zu. Die Fahrzeuge der Eingebornen
dagegen, sieben vollbemannte und wunderlich ge-
schmückte Kriegscanoes, die allerdings noch zu weit
entfernt waren, den Hilferuf zu hören, konnten doch
schon auf dem Corallensand des Strandes die hin und
her laufenden dunklen Gestalten erkennen. Wenn sie
deshalb auch vielleicht anfänglich die Absicht gehabt
hätten, näher am Land zu bleiben, wo die ihnen hier
günstige Strömung auch die stärkste war, so schien
das fremde Boot diesen Plan geändert zu haben.
Sie hielten nun vor allen Dingen gerade auf die
ziemlich in ihrem Cours, aber ihnen gegenüber liegende
Landspitze zu, wo sie die dunkle Gestalt eines Eingebornen entdecken konnten, von welcher sie jedenfalls
Auskunft über das etwas verdächtige Benehmen des
Bootes zu erhalten hofften.

Die Gestalt am Ufer war aber Niemand anderer
als Toanonga selber, und nach einigen rasch gewech-
selten Worten mit dem ersten, festlich geschmückten,
aber mit wohl zwanzig Kriegern bemannten stattlichen
Canoe gab dieser den ihm folgenden Fahrzeugen durch
schrill gerufene Laute irgend einen Befehl, und quer
hinüber schneidend über die Bai, wo ihnen jetzt das die
Segel setzende Schiff der Pagalangis in Sicht kam, suchten sie anscheinlich diesem die Bahn abzugewinnen.

„Anker klar, da vorn!" rief die helle, fröhliche
Stimme des Capitains über Deck, als er kaum die
Wanten seines Fahrzeugs erfaßte und die Railing
übersprungen hatte.

„Alles klar, Sir!" lautete der bestimmte Ruf des
Harpuniers zurück.

„Her zu mir denn, mein Herz!" jubelte er, als
er die Arme ausstreckte, das ihm heraufgereichte und
sich wild sträubende Mädchen in Empfang zu nehmen;
„her zu mir, mein Herz, und nun hab' ich und halt'
ich dich, und Tui manavachi muß rasche Canoes
und tapfere Krieger haben, wenn er dich wiederholen
und aus meinen Armen reißen will."

„Bind mich los, tangata toi!" rief aber das
schöne Mädchen, als ihr das Tuch abgenommen war,
das bis dahin ihren Mund bedeckt, in wildem Zorn:
bind' mich los und gib mich frei, falscher, verräthe=
rischer Papalangi, der du, wie der Dieb in der Nacht,
dich in meines Vaters Haus geschlichen. Hetuas
Fluch über dich und dein Schiff! Bind' mich los!"

„Daß du mir über Bord sprängst und den ganzen
Spaß verdürbest," lachte der junge Mann. „Nein
Herz, du bist jetzt vielleicht bös auf mich, aber das
wird sich schon geben; ich bin nicht so schlimm, wie du
mich machst, und wir werden hoffentlich noch recht

gute Freunde werden. Jetzt aber, wildes Täubchen,
muß ich dich auf kurze Zeit hinunter und aus dem
Weg tragen," setzte er rasch hinzu, als ihn ein Blick
überzeugt hatte, wie die Canoes einen näheren, ihnen
wohl genau bekannten Canal durch die Riffe an-
nahmen, den Lauf des Schiffes abzuschneiden, das die
breite Ausfahrt halten mußte. Wenn er auch ihren
Angriff nicht zu fürchten brauchte, denn selbst vor
Anker hätte er sich die Canoes abhalten können,
wollte er doch, so lange das anging, jedes Blutver-
gießen, wie jede weitere Feindseligkeit vermeiden.
So denn die geraubte Braut, die sich vergebens seinem Griff zu entwinden suchte, in die Arme fassend,
trug er sie in die Cajüte hinunter, deren Thüre er
rasch hinter ihr abschloß.

Keine Zeit war es jetzt für ihn, die Zürnende zu
besänftigen, das Schiff trieb mit dem schäumenden
Corallendamme mehr und mehr entgegen, und näher
und näher kamen die Canoes dem Feinde.

Die Commando's am Bord den Steuernden zu-
zurufen, erforderten jetzt die ganze Aufmerksamkeit
der Mannschaft, die an den Brassen, jeder an seinem
Posten, stand, etwa gegebene Befehle zu anderer
Stellung der Segel so rasch als möglich auszuführen,
während der Capitain selber vorn von der Back aus,

durch zwischen ihm und dem Steuernden aufgestellte
Harpuniere, den Lauf des Fahrzeugs mit seiner
Stimme lenkte. Die „Lucy Walker" war übrigens
ein treffliches Seeboot und gehorchte dem Steuer
rasch; so umschifften sie denn auch, mit der jetzt immer
frischer einsetzenden Brise, die so scharf von Osten
herüberkam, daß sie eine Bö auszuarten drohte, die
gefährlichen Klippen, die ihnen rechts und links schäu=
mende Brandungswellen herüberrollten und jetzt, von
keiner Gefahr weiter bedroht, und gerade, als die
Sonne in dem noch klaren Westen verschwand und die
von gegenüber aufsteigenden Wetterwolken mit ihrem
rosigsten Lichte übergoß, breitete sich die freie, offene
See vor ihnen aus.

„Freie Bahn!" rief da der junge Capitain in
lustigstem Uebermuth, seinen Hut gegen die noch
immer unverdrossen heranschäumenden Canoes schwen=
kend, indeß der Bug seines eigenen Fahrzeugs, die
Segel von der frisch und stark aufkommenden Brise
gebläht, durch die krystallene Fluth schoß und die
klaren Wellen zu beiden Borden spritzend abwarf. —
„Freie Bahn! und nun auf Wiedersehn, vielleicht für
nächstes Jahr. Armer Tai manavachi!" setzte er
dann lächelnd hinzu, als er noch einen Blick auf die
Canoes warf, ehe er von der Back hinunter sprang,

„wenn du wirklich da drin bist, thust du mir wahr=
haftig leid, so, nur wenige Minuten, die Zeit, ver=
säumt zu haben. Hättest du nicht so lange Siesta
gehalten, vielleicht läge die Braut jetzt in deinen Ar=
men, statt in meiner Cajüte. Zu spät nun deine
Anstrengungen, mein Tapferer, zieh deine Ruder ein,
tollköpfiger Bursch, oder das Wetter da drüben schnei=
det dir auch zum Land zurück die Straße ab?

Nun, meinetwegen," setzte er nach einer kleinen
Pause hinzu, während dem er zu seinem Erstaunen
sah, wie die Canoes wirklich die Passage in offener
See forcirten und dem drohenden Himmel und der
trostlosen Aussicht auf Erfolg zum Trotz die Verfol=
gung noch nicht aufgegeben zu haben schienen, „wenn
ihr's nicht besser haben wollt, so kann mir's recht
sein; Nebenbuhler sind überdies gefährliche Gesellen,"
und an Deck hinunterspringend und die jetzt zurück=
bleibenden Canoes keines Blickes weiter würdigend,
ging er wieder nach aft (hinten), dort die nöthigen
Befehle zu geben, einen Theil der Segel wieder zu
bergen und für ein doch mögliches Unwetter, das in
diesen Breiten oft einen furchtbaren Charakter an=
nehmen kann, wenigstens vorbereitet zu sein.

Die „Lucy Walker" ließ die Insel, jetzt vor dem
Wind laufend, rasch hinter sich, und vor ihnen war

an dem, im Abendschein klar abgeschnittenen Horizont
kein Land mehr sichtbar.

5.

„Zum Teufel noch einmal, Legs," sagte Pfeife mit
seiner feinen, quitschigen Stimme, als die eine Wacht
ins Logis beordert war, rasch ihr Abendbrod einzu=
nehmen, um an Deck bereit zu sein, wenn das Wetter
die ganze Mannschaft oben verlangte, indem er an
seinen indessen kalt gewordenen Bananen kaute, „das
riecht mir schon seit einer Weile so verdammt brandig
hier unten — hast du noch Nichts gemerkt?"

„Mir ist's auch schon so vorgekommen," rief der
Schotte jetzt rasch, der in tödlicher Ungeduld wie auf
Kohlen gestanden und nur nicht gewagt hatte, selber
das erste Wort darüber zu sagen. Wäre er sich seines
Verbrechens nicht bewußt gewesen, würde er gar nicht
daran gedacht haben, in der ersten Entdeckung ein
Zeichen zur Anklage zu finden; „weiß der Henker, wo's
herkommt, aber es riecht versengt und wir lassen
Spunt lieber einmal nachsehen."

„Wo?" frug Spunt, wie der Böttcher auf
Wallfischfängern gewöhnlich genannt wird.

„Nun, hier unten in den Ecken, oder wenn da
nichts ist, unter Deck," sagte Douglas ausweichend.

„Na, hier werdet Ihr doch wohl auch selber die
Nasen in die unteren Koyen bringen können," knurrte
der Böttcher, der eben an einer höchst wohlschmecken=
den Schweinsrippe kaute, „Spunt — immer nur
Spunt; Spunt muß bei Allem dabei sein und damit
seid Ihr gleich fertig."

„Alle an Deck!" schrie da die gellende Stimme
des Harpuniers, der zugleich mit einer aufgegriffenen
Handspake auf die Logisluke schlug, seinen Worten
größeren Nachdruck zu geben; „Alle an Deck da unten
und reefen*), herauf mit Euch, herauf!"

„Mr. Mate!" rief der Schotte jetzt, der zuerst
die kleine schmale Leiter heraufsprang, während Legs
und Pfeife indessen noch überall in den Ecken herum=
visitirten und rochen, dem unverkennbar brandigen
Duft auf die Spur zu kommen, „da unten —"

„Reefen!" schrie ihn aber der Harpunier an, nicht
gewohnt, irgend eine Einrede zu gestatten; „reefen,
hast du's gehört, tauber Schotte? — nach oben, wohin
du gehörst, oder ich bring dich hinauf mein Bursche!"

„Da unten riechts —"

„Will er das Maul halten und gehorchen, wenn
ich ihm etwas sage?" rief aber der rauhe Geselle, die

---

*) Segel verkürzen.

hingeworfene Handspeiche in zorniger Drohung wieder
aufgreifend.

„Feuer ist irgendwo unten!" knurrte aber der
Schotte fest entschlossen, sich diesmal nicht einschüch=
tern zu lassen und das Hauptwort gleich vorrückend,
den Offizier über die Wichtigkeit der Einrede nicht in
Zweifel zu lassen; es riecht brandig und muß irgend=
wo brennen, und wenn ihr's wollt brennen lassen,
kann's mir recht sein." Und damit, als ob er Alles
gethan, was von ihm könnte verlangt werden, sprang
er auf die Railing und lief, die Wanten fassend, an
diesen hinauf, den gegebenen Befehl auszuführen.

„Wo brennt's?" rief der Harpunier aber rasch,
die Handspake niederwerfend, dem jetzt ebenfalls herauf=
kommenden Pfeife an; „was ist da wieder los? —
was habt ihr da unten wieder angerichtet?"

„Wir?" schrie Pfeife, den Officier erstaunt an=
sehend; angerichtet? Unser angerichtetes Essen haben
wir unten stehen lassen, um schnell herauf zu kommen."

„Der schottische Dickkopf da oben sprach von
Feuer," rief der Harpunier nach oben sehend; „na,
komm du mir nur wieder herunter!"

„Ja, brandig riecht's unten," bestätigte dies aber
ebenfalls der Matrose, „und Spunt hat's jetzt auch
herausbekommen und schnüffelt in allen Kojen herum."

„Er soll nachher einmal unter Deck nachsehn,"
sagte der Harpunier; „jetzt rasch nach oben, boys,
legt euch aus, daß wir die Segel klein bekommen,"
und zu dem Clüverfall springend, warf er dieses selbst
los, daß der schwere, lange Clüver in seinem Stag
niederschnurrte, nachher bei mehr Muße auf dem
Clüverbaum festgeschnürt zu werden.

Bis jetzt wehte nur noch erst eine steife Brise, die
aber, wie schon gesagt, leicht in einem Sturm aus-
arten konnte, und Capitain Silwitch wollte sein Schiff
keiner unnöthigen Gefahr aussetzen. Durch die dicht-
gereeften Segel wurde aber auch ein Fortgang ge-
hemmt, und wenn sie auch noch rasch genug durchs
Wasser liefen, die ihnen trotzdem hartnäckig folgenden
Canoes, behielten sie doch, so lange nämlich die jetzt
rasch einsetzende Nacht nicht ihren Schleier über das
schäumende Meer warf, deutlich von Deck aus
in Sicht.

Der Harpunier hatte indessen über dem ihm ge-
meldeten brandigen Geruch die seine ganze Thätigkeit
in Anspruch nehmende Beschäftigung des Segelreefens
vergessen, und Capitain Silwitch, der bis dahin an
Deck geblieben war, das aufsteigende Wetter und dessen
Stärke abzuwarten, wollte sich eben vor einem, in
diesem Augenblick beginnenden tüchtigen Schauer —

froh vielleicht, einen Vorwand zu haben — in die
Cajüte hinabziehn, als Spunt nach dem Quarterdeck
hinter kam und mit abgezogener Mütze seinem Officier
meldete, der Feuergeruch würde stärker, und es wäre
nöthig, daß sie unten nachsähen.

„Was gibt's?" rief Capitain Silwitch, schon
auf der Cajütstreppe und noch mit dein Kopf über die
Seitenrailing derselben schauend; „was will der
Mann, Sir?"

„Die Leute wollen vorn einen brandigen Geruch
bemerkt haben," rapporte der Harpunier, „Spunt mag
wohl einmal nach unten gehen und nachsehen?"

„Einen brandigen Geruch? — wo?" rief der
Capitain, rasch wieder an Deck springend, denn mit
Feuer an Bord eines Schiffes ist nicht zu spaßen.
„Damn it, mir ist's auch schon vorher einmal so vor-
gekommen. Reißt die Luken auf, Böttcher, rasch, und
seht nach; das hättet Ihr schon lange thun können."

Der Böttcher ging schnell zurück, von wo er gekommen, den Befehl auszuführen, als ihm auch schon
der Ruf von mehreren Stimmen „Feuer! Feuer!".
entgegen schallte, unter dem Luckenbeckel hervor hatte
Lemon, von oben herunter kommend, den feinen blauen
Rauch herausquellen sehen, und als er zusprang, mit
Spunt zusammen die eine Hälfte des Deckels abzu-

heben, schlug ihnen der dicke, schwere Qualm in furcht=
barer Wirklichkeit entgegen.

„Feuer!" gellte der Angstschrei der Leute über
Deck, „Feuer! Boote nieder — Boote in See — wir
sind verloren!"

„Teufel!" schrie der Capitain, in grimmer Wuth
das Deck stampfend; „Teufel — und gerade jetzt; so,
hinunter Einer von euch, und seht, ob noch zu löschen
ist — heda, Böttcher — Zimmermann!"

Die Leute schienen aber alle den Kopf dermaßen
verloren zu haben, daß sie gar nicht wußten, wo an=
greifen, wo helfen, und nur der Schotte, dem laut
lamentirenden Jonas einen Stoß in die Rippen gebend,
sprang zum Rand der Luke, und suchte, mit den Füßen
unten nach den Einschnitten an der mittleren Stütze
fühlend, in den Rauch hinein seine Bahn. Aber auch
er mußte es aufgeben, und den einen Arm empor=
werfend, streckte er diesen, schon halb betäubt von dem
Rauch, nach Hilfe aus, und wurde rasch wieder an
Deck gezogen, während der Capitain und Harpunier
jetzt den Luckendeckel wieder zuwarfen, das Feuer,
vielleicht in dem furchtbaren selbsterzeugten Qualm
zu ersticken.

Was da unten brannte, und wie das Feuer aus=

gekommen, war etwas, dem sie jetzt auch nicht einmal eine Vermuthung gönnen konnten.

„Wasser und Provisionen herbei!" rief die Stentor=stimme des Capitains über Deck durch den Lärm; „jede Bootsmannschaft ihr Boot so schnell als möglich verproviantirt und an Lanzen noch hinein was ihr habt. — Hier Mr. Fergusen," wandte er sich dann rasch an den ersten Harpunier, „sie besorgen die Instrumente in ihr Boot, Sertant, Compaß und Chronometer — haben sie nach dem Barometer ge=sehen, wie er steht?"

„Er ist wieder gestiegen."

„Desto besser, ein Sturm jetzt und wir wären verloren."

„Und glauben Sie nicht, daß wir das Schiff noch retten können?" frug der Harpurnier, selbst mit wenig Hoffnung im Ton.

„Wie?" entgegnete der Capitän eintönig, „ich begreife nicht, daß es so lange unentdeckt bleiben konnte — früher wäre Hilfe vielleicht möglich gewesen, was sollen wir jetzt thun?"

„Wenn man nur wenigstens wüßte, was brennt," sagte der Harpunier.

„Das Schlimmste, was brennen kann," erwiederte der Capitain, der seine Kaltblütigkeit wieder gewonnen,

„das Oel, haben sie das nicht an dem Qualm ge=
sehen?"

„Dann sind wir verloren!" rief der Harpunier.

„Wir? — das Schiff. — Mit den Booten können
wir leicht eine andere Insel erreichen."

„Aber die Canoes hinter uns, — hätten wir nur
die verdammte Dirne an Land gelassen."

„Teufel, an die Canoes hätt' ich gar nicht mehr
gedacht."

„Wenn wir jetzt unsern Cours änderten," rief der
Harpunier rasch, „es ist dunkel und in kurzer Zeit —"

„Wird die Flamme lichterloh hier am Deck empor=
leuchten — unsere einzige Hoffnung ist, ihnen vorher
mit den Booten aus dem Wege zu kommen. So, rasch
hinein — mit dem Seitenwind laufen wir dann ein
Stück nach Norden hinauf und sind morgen Früh
hoffentlich, wenn die Sonne aufgeht, aus Sicht.

Die Mannschaft hatte indessen in wilder Hast
Alles herbeigeschleppt, was an Provisionen aus der
ihnen geöffneten und von dem Feuer noch nicht an=
gegriffenen Proviantkammer zu erreichen war. Die
kleinen, überdies immer bereiteten Wasserfässer für
jedes Boot waren gefüllt und standen am Deck, jeden
Augenblick hinuntergelassen zu werden, da man die
oben in der Schwebe hängenden Boote, Unglück zu

verhüten, nicht ſo ſchwer beladen durfte, ehe ſie auf dem Waſſer ruhten.

Der zweite Harpunier war indeß beordert, Mu= nition und Gewehre aus der vordern Cajüte herbeizu= ſchaffen, die Leute zu bewaffnen, und Capitän Silwitch ſprang jetzt ſelber in ſeine Cajüte hinunter, die Ge= fangene herauf zu holen, ehe ſich das Feuer dorthinein etwa die Bahn gebrochen hätte.

Vor allen Dingen ſeine Papiere und Geld zu ſich ſteckend, für alle Fälle gerüſtet zu ſein, trat er zu Hua, die noch gebunden und regungslos in dem Sopha lehnte, auf das er ſie gelegt.

„Mädchen, herauf mit dir!" rief er ihr zu, nach ihren Armen fühlend, ihre Banden zu löſen. „Das Schiff brennt und wir müſſen flüchten."

„Hotuas Fluch hat dich getroffen," lachte aber die Jungfrau zornig auf, „ſeiner Rache biſt du verfallen. Schon ſeit ich in deiner Macht bin, hab' ich den grim= men Feind gewittert, der in den Eingeweiden deines Schiffes wühlt — er iſt von Minute zu Minute mächtiger geworden und da brinnen kannſt du das fröhliche Kniſtern hören, wie er ſich die Bahn gräbt ins Freie. Du biſt verloren und der Sturm draußen läßt dir die Wahl jetzt zwiſchen Feuer und Waſſer — zu verderben, wohin du dich wendeſt."

„Noch nicht, mein Herz," lachte aber der Seemann in fester, trotziger Entschlossenheit, „so lange
jene Canoes draußen in solchem Wetter leben können,
brauchen wir auch in einem tüchtigen, regelrechten
Boot nicht viel zu fürchten."

„Canoes? — was für Canoes?" frug Hua rasch
aufhorchend.

„Es ist gut, mein Schatz," sagte der Seemann
ausweichend, den das Wort schon gereute, das er gesprochen; „euere Fischercanoes mein' ich. Und nun
komm!" und ihre Banden mit einem Messer durch-
schneidend, führte er das Mädchen, die ihm jetzt
willig folgte, an Deck hinauf. Der Rauch unten
verstattete ihnen schon kaum noch das Athmen, während rasch die Nacht einbrach und ihren dunklen
Schleier über das Meer legte.

Der erste Harpunier hatte indeß die Mannschaft
in ihre verschiedenen Boote gewiesen, während er das
eigene für sich und seine Leute wie für den Capitain
mit seiner Gefangenen freibehielt, auch die Instrumente und einen Theil der Waffen da hineinstaute.
Die übrigen sollten flott werden, so rasch sie könnten.
An der Starbordseite hatte sich schon die Flamme
durch das dünne Deck die Bahn gebrochen, und einmal nur erst ein wirkliches Luftloch für die Gluth ge-

öffnet, und jeden Augenblick konnte dann das ganze Schiff in Flammen stehn. Die Boote blieben jetzt ihre einzige Rettung.

Als sie das Deck erreichten, schaute Hua rasch und spähend umher, und horchte in peinlicher Angst in die Nacht hinaus, aber nichts ließ sich weder er= kennen noch hören und ihr nächster Blick, mit kalter Entschlossenheit nur einen Erfolg zur Flucht, sei diese so verzweifelt wie sie wolle, berechnend, musterte die Mannschaft der verschiedenen Boote erst und fiel dann auf das wild erregte Meer. Tief aufseufzend hob sich da ihre Brust, als sie das Trostlose eines jeden solchen Versuchs fühlte, und schaudernd wandte sie sich ab von dem Manne, der sie Allem entrissen, was ihr lieb und theuer war auf der Welt, und der sie jetzt umfaßte, sie wieder in das Boot zu heben, dem einen Element vertrauend, was das andere entfesselt bedrohte.

Ihr Fuß zögerte auch, als sie das Deck verlassen sollte; zog sie den Tod nicht solchem Leben vor? — Aber die Canoes? — das eine Wort, so unbestimmt und vague, hatte neue Hoffnungen in ihr geweckt. Wurden sie verfolgt, so lag Rettung im Bereich der Möglichkeit, denn ihre Landsleute sind berühmt selbst unter den kühnen Nachbargruppen im Bau trefflicher

Canoes, mit denen sie hunderte von Meilen weit die
See befahren und nicht selten sogar Stürmen
trotzen.

„Komm, komm, mein Täubchen," mahnte sie aber
der Engländer, ihr Sträuben fühlend, „du kennst die
Gefahr nicht, der wir hier mit jeder Secunde Zögern
ausgesetzt sind; an ein verwünschtes Faß Pulver un=
ter Deck hab' ich bis jetzt noch gar nicht gedacht —
über Bord Leute, über Bord in euere Boote, wenn
euch euer Leben lieb ist!" und das Mädchen auf=
fassend, schwang er sich in demselben Moment über
die Railing, als das Boot, von beiden Krahnen ge=
senkt, niederfiel auf das Wasser und noch von dem
rasch die Fluth durchschneidenden Schiff den nach=
stürzenden Wellen immer wieder entführt wurde.

Lemon behauptete indeß das Ruder in all seiner
sauertöpfigen Hartnäckigkeit, denn das Schiff mußte
die Bahn halten, bis sämmtliche Boote frei waren.
Eine Handspeiche neben sich, die er zuletzt in's Rad
stecken wollte, es auf seiner Stelle zu halten, wenn er
seinen Posten verlassen mußte, stand er mit uner=
schütterter Ruhe den jetzt aus mehren Stellen an
Deck brechenden Krater unter sich beobachtend und
anscheinend vollkommen gleichgiltig, daß Alle das
Schiff verließen und ihn allein auf dem brennenden

Sarg zurückließen. Rechts und links glitten schon
die glücklich niedergelassenen Boote, mit ihren Segeln
gesetzt, ab von dem seinem Geschick verfallenen Schiff,
und nur noch das eigene hing unter den Krahnen.

Eine helle Flammensäule stieg in diesem Augen=
blick mit blendendem Strahl hoch auf in die Nacht;
ein Theil des Decks war eingestürzt und die Gluth
brach lodernd hinaus in's Freie.

„Nieder mit euch, nieder!" schrie des Capitains
Stimme über das Wasser, der mit dem eigenen Boot
dicht im Fahrwasser seines Schiffes folgte; „nieder,
oder ihr seid verloren!"

Der Schotte und Pfeife standen an den Tauen,
vierten, auf den jetzt rasch gegebenen Befehl des
Harpuniers, das Boot nieder, langseits dem Schiff
und sprangen dann rasch hinein, Jonas und der ihm
aus einem andern Boote beigegebene Legs mit Spunt,
dem Böttcher, reichten ihnen die schon bereit liegen=
den kleinen Fässer mit Wasser und Proviant nach,
und ihnen mit dem Harpunier folgend, war Lemon
der letzte Mann an Bord.

„Komm von Bord, Sir!" rief sein Officier,
„schnell! um dein Leben!"

„Werdet doch wohl warten, bis ich komme?"
knurrte der sauertöpfische Gast in voller Ruhe, und

die Handspeiche einschiebend und ein dort liegendes
Fall darumschlagend, daß sie nicht wieder heraus=
rutschen konnte, blieb er noch einen Moment stehen,
das Deck kopfschüttelnd zu überschauen und stieg dann
rasch an der Seite nieder, von halbwegs ab auf eine
der thwarts oder Bootbänke springend. Das Boot
hatte indeß seine Segel schon gesetzt, löste das
Springtau und kam frei, und allein fort schoß der
brennende Koloß, wie ein angeschlossener Eber seine
wilde unbewußte Bahn, die Todeswunde im Herzen,
da er nicht mehr entfliehen konnte in toller, blind=
stürmender Wuth.

„Habt Acht auf eure Segel!" rief ihnen der Ca=
pitain zu, der mit seinem rascheren Boot gerade an
ihnen vorüberschoß, während die jetzt vollkommen
ausgebrochene Gluth am Bord der armen „Lucy
Walker" einen hellen Schein über das Wasser warf
und alle Gegenstände deutlich erkennen ließ; „das
·obere Fall da hat sich umgeschlagen."

„Wirf es herüber, Jonas! rief der Harpunier,
der den Steuerriemen in der Hand hielt, „wirf es
herüber, Mann, aber rasch, denn das Segel faßt
jetzt den Wind nicht genug, und wenn uns die nächste
Welle erwischt, füllen wir — Pest und Tod — werft
einen Theil der Ladung über Bord, wir gehen ja fast

bis an den Rand im Wasser und sind verloren, wenn
uns eine einzige Welle überwäscht."

Jonas, überhaupt etwas ängstlicher Natur, und
mit dem bösen Gewissen, Mitwisser der That zu sein,
die sie Alle jetzt in Todesgefahr gebracht, stand zitternd von seinem Sitz auf, dem Befehl Folge zu leisten, während Andere noch unschlüssig zwischen den
eingestauten Sachen wählten, was sie hinauswerfen
sollten.

„Rasch, Leute, rasch, damn it, ihr steht da, als
ob euch der Compaß gebrochen wäre; faßt zu!"

Ein schriller, jubelnder Schrei gellte in diesem
Augenblick in so furchtbarer Wildheit über das Wasser, daß sich die Leute erschreckt danach wandten, und
Jonas das schon gefaßte Tau seiner Hand wieder
entgleiten ließ.

„Teufel!" fluchte der Harpunier, „die Wilden!"
und in demselben Moment fast antwortete von dem
vor ihnen dahinschießenden Boot des Capitains aus
ein lauter, weit schallender Hilferuf Huas, dem
herausfordernden Schlachtschrei ihrer Landsleute.

„Wahr' dein Segel, Mann, wahr' dein Segel!"
kreischte der Harpunier, als dieses, durch das ver-
worfene Tau eingepreßt, den Wind nicht faßte und zu
klappen anfing.

„Eure Riemen, Boys, eure Riemen!" gellte die
entsetzte Stimme des Harpuniers, als die ihnen fol=
gende Welle drohend hinter ihnen dreinstürmte. Die
Leute griffen auch fast mechanisch nach den Rudern
— aber zu spät; hoch über ihnen stand die gläserne,
von dem jetzt helllodernden Schiff noch grell beleuch=
tete See — wenige Secunden fast war es, als ob sie
in der Luft, über der sicher gefaßten Beute hing und
jetzt ein gellender Aufschrei und die Mannschaft des
geschwemmten, überladenen Bootes, rang mit der
schäumenden Fluth.

6.

Durch die tanzenden Wogen, über die leuchtende
quillende Fluth schossen die dunklen Canoes der Ein=
gebornen, die Mattensegel geschwellt, heran, und im
Bug des vordersten stand eine hohe, edle Gestalt mit
wehendem Haar und Hüftentuch, die weite See mit
dem Adlerblick überfliegend, wo ihn die stürzende
Woge auf ihren Kamm hob und in jagender Schnelle
voranriß.

Es war der junge Häuptling Tai manavachi,
der dem Tod selbst trotzend, seine kleine Flotte dem
frechen Räuber in Nacht und Wetter nachführte und
verzweifelnd schon die trostlose Jagd hatte aufgeben

wollen, als der Feuerschein des fremden Schiffes ju=
belnd von ihm entdeckt wurde. Auch auf den andern
Canoes hatten sie schnell die Wahrheit des Unfalls
ihrer Feinde begriffen, und der gellende Jubelruf, der
Schlachtenschrei ihres Stammes, mit dem sie ihre
Lanzen und Speere fester packten, war es, der das
Blut des sonst wahrlich unerschrockenen jungen Eng=
länders in den Adern gerinnen machte.

Hua aber hatte in jauchzender Seeligkeit die
Nähe der Freunde gehört, und wenn auch der ant=
wortende Schrei zu schwach war, gegen den Wind an
die Retter zu erreichen, wußte sie doch nun, daß die
Ihren, den Wogen trotzend, mit kühnem Muth ihren
Spuren gefolgt waren, und die einzelnen Boote ihnen
jetzt gar nicht mehr entgehen konnten.

„Ruhig, mein Täubchen, ruhig!" warnte sie aber
drohend der neben ihr stehende Capitain; „die Nacht
ist dunkel und deine Stimme bringt doch nicht zu ihnen
hinüber, aber auch der Gefahr wollen wir uns nicht
aussetzen und — ich möchte dir kein Leides thun —
aber wirst du noch einmal laut, so muß ich dich wie=
der binden und knebeln, so weh mir das selber thäte."

Hua blickte wild und trotzig zu ihm empor, aber
sie war auch schlau genug, nicht nutzlos den Zorn
Derer zu reizen, in deren Gewalt sie sich noch befand,

und kauerte von jetzt an still und schweigend im Boot,
aber ihre Blicke forschten, die Sehkraft bis zum
Schmerze angestrengt, in die Nacht hinaus, die
Freunde zu entdecken.

· Ein blendendes Licht breitete sich in dem Augen=
blicke über die See, und als sie rasch die Blicke dem
brennenden Schiffe zuwandten, sahen sie einen hellen
Strahl von seinem Deck emporschießen und ein
dumpfer Krach verkündete die Explosion des Pulvers.
Das Fäßchen hatte aber zu hoch unter Deck gelegen,
dem Rumpf des Schiffes weiteren Schaden zu thun,
als das Deck oben zu sprengen und den Besahnmast
zu splittern, der jetzt in lichten Flammen einen Mo=
ment zur Seite schwankte, und dann schwerfällig und
tausend und tausend Funken emporwerfend, über
Bord in See schlug.

„Mein armes Schiff!“ seufzte der Capitain und
blickte traurig herüber, da traf ein anderer Ton sein
Ohr und „ein Schuß!“ rief fast die ganze Boots=
mannschaft wie aus einem Munde.

„Ein Schuß!“ — Ein Schiff war in der Nähe,
das ihre Noth erkannt, und das Signal gab zur Ret=
tung — ein Schuß, und von Gefahr umringt, zeigte
sich Hilfe. Der Schall kam aber vom Süden herauf,
und sie mußten ihren Cours jetzt ändern, die Boote

beshalb zusammenrufend — das Sinken des einen
war in der Erregung des Augenblicks von den andern
gar nicht bemerkt — legten sie rasch über den andern
Bug, schräg von den Wellen abschneidend und konnten
der Richtung, die ihnen jetzt ein zweiter und dann
bald darauf folgender dritter Signalschuß angab, ge=
nau folgen. Einmal an Bord und die Canoes, denen
sie bis dahin zu entgehen hofften, waren ihnen nicht
mehr gefährlich.

Tai manavachi kam indeß mit geblähten Se=
geln und sieben vollbemannten großen Kriegscanoes
durch die Wellen schäumend an; ein Brautzug hatte
es werden sollen und war eine Jagd geworden auf den
Räuber seines Theuersten, was er auf dieser Welt
kannte, und wie die jetzt schon sehr gemäßigte, aber
doch noch immer frische Brise mit den flatternden,
wehenden Zierrathen am Bug der schlanken, wunder=
lich geschnitzten Fahrzeuge schlug und spielte, standen
die wilden, trotzigen, kriegerischen Gestalten, hinaus
in die Nacht spähend, am Bord, die geflüchteten
Boote zu erkennen und zu verfolgen.

Ein Hilferuf traf ihr Ohr, neben ihnen im Was=
ser schrie sie ein Schwimmender an um Rettung, und
treibende Ruder und Sitze verriethen ihnen rasch ge=
nug das Schicksal wenigstens eines der Boote. Einen

ängstlich suchenden Blick warf der junge Häuptling
umher — wenn gerade dies Boot — doch nein, sein
Herz zog ihn weiter, und nur dem nächsten Canoe ein
paar Worte zurufend, das rasch zur Seite schoß und
seinen Bug gegen die nächsten Wellen anwarf, hier
zu halten und die Verunglückten aufzunehmen, ver-
folgten die Rächer unaufgehalten ihre Bahn.

Da dröhnte auch zu ihnen der Krach des explo-
direnden Pulvers herüber, aber mehr als das, der
helle, blitzähnliche Strahl verrieth ihnen die weiß
leuchtenden Segel der Flüchtigen, und als gleich darauf die fernen Kanonenschläge irgend eines zufällig
in die Nähe gekommenen Fahrzeugs an ihr Ohr
schlugen, zuckte ein triumphirendes Lächeln über das
Antlitz des jungen wilden Kriegers. Er kannte die
Lage der Feinde, und daß sie jetzt hinüberhalten
müßten, dem Schiffe zu, wo sich ihnen allein noch
Rettung bot. Dorthin aber war er im Stande
ihnen den Weg abzuschneiden und wußte sie jetzt in
seiner Macht.

Capitain Silwitch hatte sich indessen wohl ge-
scheut, den hellen Wasserstreifen zu durchfahren, den
das jetzt bis in die Masten hinauf brennende Fahrzeug
zwischen sich und seinen Verfolgern ließ, aber er
durfte auch keine Zeit versäumen, denn der Feind

mußte gewaltig schnelle und tüchtige Canoes haben, daß er es nur gewagt hatte, ihnen bis hier heraus zu folgen. So, auf ihre eigenen guten Boote vertrauend, hielten sie gerade nach Süden hinunter und einmal wieder weit genug von dem hellen Schein entfernt, hofften sie auch in der Dunkelheit der Nacht dem Feinde entgehen zu können.

Ein neuer Signalschuß des fremden Fahrzeugs, dessen Capitain den Booten die Stellung seines Schiffes zu zeigen wünschte, tönte schon um vieles näher, und Capitain Silwitch hätte jetzt gern ein Gewehr abgefeuert, dem ziemlich unter dem Wind befindlichen Fremden die Richtung anzudeuten, in der sie sich selbst befanden, mußte er nicht zugleich fürchten, dadurch auch den vielleicht nähergekommenen Verfolgern die Stelle zu verrathen.

Sein Boot, das größte Segel führend, war das erste, die andern vielleicht in zwei= und dreihundert Schritt Entfernung folgend, und Einer der Bootssteuerer war vorn in dem Bug postirt, scharf auszuschauen, ob er nicht vielleicht doch gegen den etwas helleren Horizont das jetzt keinesfalls so weit mehr entfernte Schiff entdecken könne.

„Hallo, Capitain!" rief dieser plötzlich, „da vorn

sah ich eben etwas Dunkles, als sich das Boot auf
der Welle hob, es sah aus wie ein Boot."

„Hab' Acht, wenn es wiederkommt," lautete die
Antwort. Die nächste Woge, jetzt nicht mehr durch
den Wind gepeitscht, aber noch immer in schwerer
Dämmung, kam hinter ihnen drein, und rechts und
links von dem Boot ihren zischenden, glühenden
Schaum ausgießend, hob sie das schlanke Fahrzeug
auf ihren Nacken über die nächsten Wellen. Ehe
aber nur der Mann eine weitere Meldung machen
konnte, schallte ein gellender Jubelruf, schrill und
furchtbar an ihr Ohr, und:

„Hierher, hierher, Tangata Tonga!" jauchzte die
emporspringende Maid den Rettern entgegen. —
„Hierher, zu Hilfe!" und die Arme emporschlagend,
wollte sie sich eben in die schäumende See werfen,
als Silwitch seinen linken Arm um sie schlang und
die sich wild gegen ihn Sträubende festhielt und zu
sich zog. Aber Tai manavachi hatte den Ruf gehört und erkannt, und während die Europäer in wilder Hast ihre Waffen aufgriffen und der Bug des
Bootes, wie selber ein lebendiges Wesen, vor der
Nähe Feindes zurückscheuchend abfiel von seinem
Cours, schoß auch das mächtige dunkle Cance heran,
und zwanzig drohende Gestalten, unter denen her jetzt

die andern Canoes preßten und ihren antwortenden Jubelruf durch die Luft sandten, streckten die Arme aus, die Larbordseite des eingeholten Bootes zu faffen und zu halten. Durch die zerriffenen Wolken trat in diesem Augenblick die bleiche Mondessichel und warf ihr fahles silbernes Licht auf die wogende See.

„Ergib dich, Pagalangi, ergieb dich!" schrie da der junge Häuptling, der die Gestalt der Geliebten in deffen Arm sich winden sah; „ergieb dich, denn ihr seid in meiner Hand!"

„Zurück! oder Hua ist eine Leiche!" donnerte ihm aber des Weißen Ruf entgegen, der sein Messer aus der Scheide riß und es über dem Mädchen zuckte — er sah doch, daß hier Widerstand vergebens war, und wollte das letzte Mittel versuchen, sich und die Sei= nen vor Gefangenschaft oder Tod zu retten, dachte aber gar nicht daran, der armen, durch ihn verrathenen Maid ein Leides zu thun, und flüsterte ihr rasch und beruhigend in's Ohr:

„Fürchte dich nicht, Hua — dieser Arm sollte eher verdorren, ehe er dich träfe; und wenn sie mich tödteten, ich hätte keine Waffe für dich!"

„Fürchten?" rief aber die Jungfrau, wild und zornig ihm in's Auge schauend; „fürchten? stoß zu, Pagalangi, wenn du Muth hast, aber du bist ver=

loren. Hierher, Tai manavachi!" schrie sie dann in trotziger Kühnheit nach dem Geliebten hinüber; hier ist der Räuber deiner Braut — triff ihn sicher und kehre dich nicht an mich!"

„Hua, Hua!" rief aber der junge Häuptling, den Arm bittend und schützend gegen sie ausstreckend; „gib sie frei, Fremder, wirf das Messer von dir und deine Boote mögen ungehindert von mir jenes Schiff suchen — schädige ihr aber nur eine Locke ihres Haup=tes, und zerreißen will ich dich auf langsamem Feuer!"

„Du sicherst mir unser Leben und unsere Frei=heit?" rief der Europäer.

„Ich geb' dir mein Wort!" rief der Häuptling stolz, während die beiden Fahrzeuge jetzt rasch und schäumend neben einander hinschossen und die Ma=trosen ihre freilich von Seewasser durchnäßten Mus=keten und die gefährlicheren Wallfischlanzen aufge=griffen hatten, dem grimmen Feind im Nothfall trotzig die Stirn zu bieten.

„So geh', Hua!" sagte Silwitch traurig, sie frei=gebend aus seinen Armen; „geh' und vergiß den Fremden, der dir weh that, weil er dich so unendlich liebte."

Hua erwiderte keine Silbe, aber ihr Fuß stand

auf dem Rand des Bootes und als der Bug des jetzt
dicht an sie hinanschießenden Canoes rasch vorüber=
glitt, sprang sie mit kühnem Satz hinüber und in die
Arme ihres aufjauchzenden Geliebten.

Fast über ihren Köpfen hin dröhnte in dem Augen=
blick der schmetternde Schlag eines Kanonenschusses
und als sie überrascht emporschauten, war das fremde
Schiff, dem das brennende Fahrzeug als Mark ge=
dient, so nahe an sie herangekommen, daß das Canoe
selbst seinen Bug herumwerfen mußte, nicht über=
fahren zu werden.

„Teufel!" schrie Silwitch, ingrimmig mit dem
Fuße stampfend, „so dicht am Ziel und doch zu spät!"
Aber in die Nacht hinein, rasch und plötzlich wie sie
gekommen, verschwanden die Canoes. Höhnisch noch
schlug ihr gellender Triumphschrei an sein Ohr, und
Hua war auf immer für ihn verloren.

Das fremde Schiff, ein Bremer Wallfischfänger,
braßte seine Segel back, als es die gesuchten Boote
so dicht unter seinem Bug sah, Taue wurden über=
geworfen, die Mannschaft aufzuholen und die Schiff=
brüchigen sahen sich bald Alle an sicherem Bord.
Nur ein Boot fehlte noch; auf und ab kreuzte das
Schiff, von Zeit zu Zeit noch einen Schuß feuernd
nach dem vermißten Boot — umsonst. Bis Tages=

anbruch hielt es auf der Stelle, und als die Sonne sich über den Horizont hob, wurden die Tops bemannt, von oben aus vielleicht etwas zu erspähen — es ließ sich Nichts erkennen. Nur in blauer Ferne lag das Land, kein Boot, kein Segel war weiter am Horizont zu sehen und mit scharfaugebraßten Segeln, dicht am Wind, hielt das deutsche Schiff mit der geborgenen Mannschaft der „Lucy Walker" nach Norden auf, den Sandwichs-Inseln zu.

Die Bootsmannschaft.

1.

Nur einen Theil der Mannschaft ließ das wackere Schiff zurück, denn wie vorher erwähnt, schlug auf der Flucht eines der Wallfischboote um, und die Indianer nahmen die Meisten der Schwimmenden in das für sie zurückgelassene Canoe.

Den Morgen trotzend, blieb das schlanke Fahrzeug an der Stelle halten, wo es die ersten Opfer des Wracks getroffen, und der phosphorisirende Schaum der züngelnden Wellen half ihnen getreulich die dunklen, in Wasser schwimmenden Gestalten zu erkennen, so daß sechs Verunglückte nach und nach ihrem nassen Grab entrissen wurden.

Wohl kreuzten sie noch eine Weile dort auf und
ab, zu sehen, ob noch ein Anderer ihre Hülfe in An=
spruch nehmen würde. — Aber Alles blieb stumm
und still auf der kochenden Fluth. Der schrille Ruf
einer aufgescheuchten Möwe tönte hier und da durch
die Dunkelheit, oder der Schaum zischte in dem schwe=
ren Niederschlagen eines sich überstürzenden Wogen=
kammes — sonst war Alles ruhig wie das Grab.

Da dröhnte der Signalschuß des fremden Schiffes
durch die Nacht, dem der höhnende Jubelruf der
Jonga=Insulaner antwortete, und dorthin schwang im
Nu der Bug des flüchtigen Canoes, die Freunde ein=
zuholen und sich ihnen wieder anzuschließen.

Den Gefangenen befahl indeß ein federgeschmück=
ter dunkler Krieger, sich mitten in das Boot zu
legen, und wenn sie seine Worte auch nicht verstanden,
ließ ihnen doch die drohende Geberde und gehobene
Waffe keinen Zweifel über seine Absicht. An Wider=
stand war überhaupt nicht zu denken, und so gehorch=
ten sie denn schweigend dem Befehl.

Das Fahrzeug war allerdings eines jener ge=
räumigen, außerordentlich langen und trefflich ge=
bauten Kriegscanoes; glücklicher Weise aber nicht für
den Krieg, sondern nur für die Brautfahrt, mit viel=
leicht halber Mannschaft besetzt, so daß sie ohne Ge=

6*

fahr für sich selber die Schiffbrüchigen — und jetzt Gefangenen — aufnehmen konnten. Nichts desto weniger mußten sich diese vollkommen ruhig verhalten und lagen, auf dem Boden des Canoes lang ausgestreckt, eng und gedrückt genug, immer Zwei neben einander.

Der Wind heulte mit erneuter Wuth über die aufgeregte See; die Blitze zuckten, und der Donner prasselte in wilden jähen Schlägen schallend drein, während das schlanke Fahrzeug mit vollgeblähtem Segel mit den Wogen bäumte und sank, und gar nicht selten züngelnde Spritzwellen über Bord nahm.

Jonas, der eine der Geretteten, fühlte dabei wohl, daß er eng genug zusammen gepreßt einen seiner Kameraden neben sich hatte, war aber noch nicht im Stande gewesen, heraus zu bekommen, wer das sei, und auch bis zu diesem Augenblicke viel zu sehr mit sich selber beschäftigt gewesen, besondere Nachforschung zu halten. Jetzt aber verrieth ihm ein außergewöhnlich greller und langanhaltender Blitz das Gesicht seines Nebenmannes, und er erkannte den kleinen Legs.

Legs lag, seine kurzen, etwas gebogenen Beine fest angezogen, auf dem Rücken, schloß die Augen und schien mit auf der Brust gefalteten Händen vollständig sich in sein Schicksal zu ergeben.

„Legs, flüsterte da Jonas," der neben ihm auf dem Bauch lag, und sich nur mit einiger Schwierig= keit nach ihm herumdrehen konnte, „Legs bist du das?"

„Ich wollte, ich wär's nicht," stöhnte der arme Teufel, ohne jedoch die Augen dabei zu öffnen — „das ist eine schöne Lage hier für einen ordentlichen Christen, wo einem das verdammte Seewasser am Nacken hinein und am ganzen Rücken hinunter läuft — das halbe Boot muß voll sein."

„Das sei Gott geklagt," stöhnte Jonas, „ich kann den Mund schon kaum über Wasser halten, und habe mir den Hals beinah abgedreht. Wenn ich nur wenigstens auch auf den Rücken läge, wie du — so wie ich mich aber rühre, hauen mir vielleicht die ver= wünschten braunen Bestien Eins über. Prächtige Gelegenheit für einen Menschen hier, als Ballast für die wilden Hallunken im Boot zu liegen!"

„Jedenfalls wollen sie uns erst einweichen," stöhnte Legs in wahrhaft stoischem Gleichmuth, „um uns nachher eher gar zu bekommen."

„Die Teufel wären's im Stande, uns auch noch zu braten," seufzte Jonas, „und wenn ich das gewiß wüßte, hätt' ich große Lust, das ganze Ding hier um= zuwerfen und uns alle mit einander auszuschütten.

Eben so gern oder noch lieber von einem verdammten
Haifisch auf einmal verschluckt, wie von solch einer
nichtswürdigen Rothhaut stückweis geröstet zu werden."

„Und daran ist nur der vermaledeite Capitain
schuld," brummte Legs, „der das Mädchen — Heiland
was für ein Donner! — der das Mädchen hätte da
lassen sollen, wo sie der liebe Gott hingesetzt. Jetzt
haben wir die Geschichte — den Teufel zu zahlen und
kein Pech heiß, und Legs wird wieder, wie gewöhnlich,
die Suppe ausessen müssen, die Andere für ihn ein-
gebrockt."

„Na," brummte Jonas, „du sitzest dieses Mal nicht
allein an der Schüssel, und wenn" — der Satz wurde
auf gewaltsame Weise unterbrochen, denn das Boot stieg
in dem Augenblicke mit dem Bug auf die Spitze einer
Woge, und das zurückschießende, darin befindliche
Seewasser füllte den geöffneten Mund des armen
Teufels dermaßen, daß er durch Sprudeln und
Spucken kaum wieder Luft und Athem bekommen
konnte.

Seine Lage wurde jetzt auch so unerträglich, ja,
gefährlich, da das Canoe reichlich Wasser eingenommen hatte, daß er sich gewaltsam begann umzudrehen
und Legs dadurch erbarmungslos gegen die Seiten-
wand drückte. Legs übrigens, keineswegs in der

Stimmung, sich das Mindeste gefallen zu lassen, fluchte laut und wurde nur zum Schweigen gebracht, als er die drohend über sich gebeugte Gestalt eines der Wilden erblickte. Beim Leuchten eines Blitzes erkannte er aber den dunkeln Feind, wie den, mit der Waffe oder einem Ruder gehobenen Arm, und kniff mit einem kurzen Stoßseufzer beide Augen fest zusammen.

Die Gefangenen konnten jetzt hören, daß sich ihr Fahrzeug wieder der kleinen Canoeflotte angeschlossen hatte, und dadurch gewannen sie wenigstens einen Vortheil. Die Indianer nämlich wandten nun ihre Aufmerksamkeit wieder dem eigenen Boote zu und begannen das übergeschlagene Wasser auszuschöpfen — nicht etwa aus Mitleid für die am Boden liegenden Weißen, sondern nur um ihre Canoe zu erleichtern und in dem Wettlauf, der Insel zu, nicht zurückzubleiben.

Die Lage der auf dem Boden des Canoes ausgestreckten Gefangenen war dadurch um ein Wesentliches verbessert, und wenn die zürnenden Elemente ihre Herzen auch noch mit banger Furcht erfüllten, schienen sie doch wenigstens für den Augenblick der Gefahr enthoben zu sein, selbst in dem Boote zu ertrinken. Das war aber auch für jetzt der ganze Vor-

theil, den sie davon hatten, denn mitten im Sturme
und Ungewitter schossen die Boote dahin, und Jonas,
der einmal den Kopf hob, zu sehen, wo sie eigentlich
wären, begriff gar nicht, wie ihre Sieger in der stock=
finstern Nacht nur überhaupt einen Cours halten
konnten. — Verfehlten sie aber das Land — ein
Fleckchen Erde von wenigen Quadrat=Meilen in dem
weiten Ocean — und hielten sie jetzt hinaus in die
offene See, was sollte dann zuletzt aus ihnen werden?

So schäumten sie in toller Flucht durch die auf=
gerüttelten Wogen. Der Sturm hatte schon ausge=
tobt, und nur noch mattleuchtende Blitze am nord=
westlichen Himmel verriethen, welche Bahn er
genommen; die See ging aber nichts desto weniger
noch hohl, und es erforderte die ganze Geschicklichkeit
und Kaltblütigkeit der Insulaner, ihre Fahrzeuge flott
und unbeschädigt zu halten.

Die englischen Matrosen hatten dabei keine Ah=
nung, in welcher Richtung das Land lag, welche Richtung
sie selber steuerten. Das vordere Canoe schien jedoch die=
selbe anzugeben, und ein in kurzen Zwischenräumen dort
ausgestoßener und langgezogener Schrei — der wie ein
Weheruf über die Flut schallte — hielt die verschiedenen
Canoes zusammen. So viel entging ihnen aber nicht,
daß der Wind ihnen nur wenig günstig sei, denn das

Mattensegel war scharf angebraßt und die zu wind=
wärts überschlagenden Wellen verriethen ebenfalls, daß
sie so dicht wie möglich am Winde lägen, gegen die hohe
See also schwerlich raschen Fortgang machen würden.

Stunde nach Stunde verging auch, und noch war
ihnen keine Nacht im Leben so lang vorgekommen wie
diese, die gar kein Ende nehmen wollte.　Da plötzlich
hallte ein wilder, jubelnder Ton über das Wasser,
und als Jonas erstaunt den Kopf hob und danach
aushorchte, herrschte in dem Augenblicke Todtenstille
rings umher.　Ihm selber aber war es, als ob er in
der Ferne und zwar gerade voraus die Brandung
hören könne, wie sie sich tosend über den Riffen dieser
Inseln bricht; und als ob auch die Indianer diesem
willkommenen Laute — dem Zeichen des nahen Lan=
des — gelauscht, so brach jetzt donnernd ihr Jubel=
ruf durch die Nacht.

Doch nicht allein der Brandung jauchzten sie ent=
gegen, noch ein anderes, willkommneres Zeichen hatten
sie erblickt, und zwar einen rothen Feuerschein, der
mit seinem flackernden Licht zu ihnen herüber glühte.
Das war das Zeichen des befreundeten Stammes auf
Monui, der das Feuer auf einer der vorragendsten
Bergkuppen entzündet und unterhalten hatte, den küh=
nen Schiffern als Leitstern zu dienen.

Auf dem vorderen Boot hatten sie es zuerst ent=
deckt, und in froher Lust stimmten die Häuptlinge,
die sich im ersten Boot mit ihrem jungen Führer
Tai manavachi befanden, den Siegesgesang ihrer
Heimat an.

Kaum aber trug die Brise die geliebte Weise zu
den anderen Canoes hinüber, als diese jauchzend ein=
fielen und der donnernde Chor das rauschende Bre=
chen der Wogen selber übertäubte.

Im Osten dämmerte dabei der Tag — immer
breiter, immer lichter wurde der Streifen, und nur
kurze Zeit noch verfloß, bis sie die düstern Umrisse
des nicht mehr so fernen Landes deutlich vor ihrem
Bug erkennen konnten.

Legs, so theilnahmlos er sich bis jetzt gegen alles
gezeigt, was ihn umgab, hatte doch nicht umhin ge=
konnt, mit dem dämmernden Tag einen Ausguck zu
halten. Kaum drehte er aber den Kopf herum, als
er auch schon die zackigen Umrisse der nicht mehr fer=
nen Küste am Horizont erkannte, und wieder in seine
alte Lage zurückfallend, brummte er halb laut vor
sich hin:

„Na ja — da sind wir wieder. Die rothen Ca=
naillen müssen Nasen wie die Spürhunde haben, daß
sie in der Nacht ihren Cours halten konnten — und

jetzt freue dich, Benjamin, und steh bei den Fallen, denn ich will ein Landlubber sein, wenn ich nicht schon das Feuer rieche, an dem wir geschmort werden sollen. — Jonas! — he, Jonas! — schläfst du!"

„Schlafen?" knurrte der Angeredete, „da soll einer auch schlafen, wenn diese rothen Heiden einen Spektakel machen, daß die Fische auf dem Grunde auseinander fahren. Mir ist überhaupt nichts weniger als schläfrig zu Muthe. Hörst du die Bran= dung?"

„Bah, schon seit einer halben Stunde," sagte Legs. „Wir werden gleich Anker werfen. Schild= kröten und Seeschlangen, wie sich die guten Leute auf Mlonui freuen werden, uns wieder zu sehen."

„Ja, kann ich mir etwa denken," brummte Jonas, „und so eine dürre Spiere, wie du bist, kann lachen! Die hat verdammt wenig dabei zu befürchten; aber wenn ich meine Rippen und Arme und Beine an= fühle, ist mir's schon immer, als ob ich ausgenommen und mit heißen Steinen gefüllt und sauber in Bananenblätter eingepackt in einem von ihren ver= wünschten Backöfen schwitzte. Meine einzige Hoff= nung ist nur jetzt noch die, daß ich vor lauter Gift und Galle ganz bitter schmecken und vollständig un= genießbar sein werde."

„Na, ihr habt euch ja alle so schrecklich danach
gesehnt, an Bord bleiben zu können," meinte Legs,
„jetzt könnt ihr das Vergnügen genießen."

„Und du wohl nicht?" sagte Jonas, den Kopf
rasch nach ihm hinumdrehend, — „aber meinetwegen,"
setzte er, wieder in seine alte Lage zurücksinkend, hinzu
— „mir ist's recht, und, wenn sie uns nicht geradezu
todtschlagen und auffressen, befinden wir uns dann
am Ende noch immer besser hier, als auf dem blutigen
Blubberkocher der Lucy Walker, die jetzt wenigstens
ihre Thranfässer sicher auf Meeresgrund gelöscht hat."

Erschreckt schaute er in die Höhe, denn wie er ge=
rade aufsah, hing anscheinend dicht über ihnen eine
mächtige Woge mit silberblitzendem Kamm, die im
nächsten Augenblick über ihnen zusammenbrechen und
ihr schwankes Fahrzeug rettungslos begraben mußte.
— Aber die Woge blieb stehen, und der Jubel der
Eingeborenen sagte ihm bald, daß es die Brandung
gewesen sei, die über den Riffen ihre ewigen Sturz=
wellen thürmt — daß sie die Einfahrt in das glatte
Binnenwasser glücklich erreicht, und nur noch kaum
eine englische Meile von dem gestern Abends mit so
ganz anderen Erwartungen verlassenen Lande ent=
fernt seien.

Vom Ufer aus begrüßte sie auch schon das

Jubelgeschrei der Wilden, die alle mit einander am
Strande versammelt schienen, die glücklich und sieg=
reich Heimgekehrten zu begrüßen.

Die gefangenen Matrosen hoben wohl die Köpfe
und blickten dort hinüber, aber der Jubel galt i h n e n
nicht, das wußten sie recht gut, und mißmuthig, und
Manche wohl mit ängstlich pochendem Herzen sanken
sie in ihre früheren Stellungen zurück, die Landung
und damit den Befehl zum Aufstehen zu erwarten.

Die Indianer, in deren Gewalt sie sich befanden,
hatten sich übrigens die ganze Zeit entsetzlich wenig
um sie gekümmert, und nur nicht gelitten, daß sie sich
bewegten. Außerdem hatten die Gefangenen aber
auch keine Ahnung, was aus ihrem Capitain und der
übrigen Mannschaft geworden sein konnte. Ob die
Wilden ihre Kameraden gefangen oder sämmtlich er=
schlagen und nur s i e vielleicht für ein ganz besonderes
Festmahl aufgespart hatten, oder ob sie von dem
Schiff, dessen Schüsse sie gehört, gerettet worden —
sie wußten's nicht und — kümmerten sich auch in der
That nicht viel darum. In diesem Augenblicke hatte
Jeder zu viel mit sich selber und seiner eigenen Haut
zu thun, um besonders viel auf den Nachbar zu
denken.

Von der frischen Brise getrieben, schossen die

wackeren Canoes indeß dem Landungsplatze entgegen, und der Federschmuck, mit dem die hochgeschwungenen Buge geziert waren, flatterte lustig im frischen Winde. Jetzt formten sie sich in langer Reihe, das Boot ihres jungen Häuptlings mit Hua in seinen Armen voran, die anderen ihm folgend in wildem Jubel und mit Siegesliedern, und als die scharfgebauten Schnäbel den Corallensand berührten, da stießen die am Ufer versammelten Insulaner ein solches tolles entsetzliches Geschrei aus, daß die Luft ordentlich erbebte und die Gefangenen in banger Ahnung zusammenschauderten.

2.

Wohl waren sie an dem Raub des Mädchens vollkommen unschuldig, würden aber diese Barbaren darauf Rücksicht nehmen? Sie gehörten mit zu dem Schiff, das die Gastfreundschaft der Eingeborenen in so undankbarer, böser Weise vergolten, und was der Capitain gesündigt, konnte jetzt wahrscheinlich die Mannschaft entgelten.

Im Anfang nahm aber Niemand von ihnen auch nur die mindeste Notiz. Die Mannschaft der Canoes sprang, so wie ihre Fahrzeuge Grund berührten, über Bord und an Land, und schaute sich nicht ein=

mal nach den Europäern um. Diese blieben auch
noch immer, eines weiteren Befehls gewärtig, im
Boote und richteten sich nur jetzt halb auf, dem wil=
den Toben am Lande zuzusehen.

„Guten Morgen, Lemon," sagte da Jonas, als er
den also benannten Kameraden dicht neben sich er=
blickte — „auch mit angekommen? — und Spund,
Pfeife und Lord Douglas sind auch mit da?"

„Die ganze blutige Gesellschaft," knurrte Lemon
mit einem Gesicht, als ob er sich und die ganze übrige
Welt hätte vergiften können. „Jetzt haben wir die
Bescheerung!"

„Und wo ist unser zweiter Harpunier?" fragte
Jonas, sich nach diesem unter den Gefangenen um=
sehend, denn unser Boot ist doch wenigstens hier
beisammen."

„Das ist dem zweiten Haarpunier seine Sache!"
knurrte Lemon. „Wahrscheinlich frühstückt er heute
Morgen mit irgend einem Haifisch — hol' ihn der
Teufel!"

„Hallo, Mates, an Land! rief da der Schotte
Mac Kringe seinen Kameraden zu — „seht ihr nicht,
wie uns das dicke Rothfell da drüben zuwinkt und
schreit? — Sie wollen die Canoes wahrscheinlich auf
die Corallen ziehen."

„Na dann look out for a squall!" murmelte
Jonas vor sich hin, indem er langsam den voran=
steigenden Gefährten folgte.   „Jetzt wird die Bombe
platzen."

Seine Befürchtung zeigte sich indessen, wenigstens
für den Augenblick, unbegründet, denn die Insulaner,
die für jetzt noch viel zu sehr mit dem geretteten
Mädchen, der Tochter des Häuptlings, zu thun hat=
ten, thaten gar nicht, als ob die weißen Männer auch
nur auf der Welt wären.   Ohne selbst bei dem Aus=
landziehen der Boote ihre Hülfe in Anspruch zu neh=
men, ließ man den kleinen Trupp der eingebrachten
Europäer unbeachtet, selbst unbewacht am Ufer
stehen, und Alles drängte sich jetzt nur um Hua her,
Männer, Frauen und Kinder, sie zu bewillkommnen,
sie zu umarmen.

In vielen Augen standen sogar Freudenthränen,
mit denen sie das geliebte und schon fast verloren ge=
gebene Kind begrüßten.

Während aber noch ein Theil der Insulaner so
umhersprang und jubelte oder sich wieder und wieder
die Abenteuer der letzten Nacht von den Freunden
erzählen ließ, gingen andere mehr praktisch auf die
nächsten Bedürfnisse der Neuangekommenen ein, die
jedenfalls nach ihrer langen gefährlichen Fahrt

Hunger haben mußten. Im Schatten der nächsten Palmen wurden ihre gewöhnlichen Kochgruben zum Rösten der Ferkel rasch hergerichtet, Brotfrüchte, Bananen und Fische herzugeschafft und Alles geordnet, ein baldiges und reichliches Mahl zu versprechen.

Die Frauen verrichteten dabei gar keine oder nur die leichteste Arbeit, pflückten breite Blätter, besonders von den Hibiscusbäumen, die zu Tischtüchern und Servietten dienen sollten, holten in leeren Cocosnüssen Seewasser herbei, das die Stelle des Salzes vertrat, und pflückten Früchte von den nächsten Büschen, welche dann die Knaben zu den beabsichtigten Eßplätzen trugen.

Die Europäer standen indessen noch immer auf einem Trupp und leise flüsternd zusammen, sahen zu, wie die Ferkel ausgenommen und geröstet wurden, und wie die Gäste schon Miene machten, ihre verschiedenen, ihnen durch den Rang angewiesenen Plätze einzunehmen.

Da trat plötzlich Toanonga, der Häuptling der Insel und Vater Hua's, aus dem Kreis der Seinen, wackelte gemüthlich auf die Matrosen zu, vor denen er, beide Hände auf seine Hüften legend, stehen blieb, und sagte:

„Chio do fa, ihr Männer — chio do fa — ihr seid nicht lange fortgeblieben und habt schöne Streiche mit eurem großen Canoe gemacht. Wi*)! — Wi, ihr Burschen, war das der Dank, daß ihr so viel Brotfrucht und Cocosnüsse und Bananen und Ferkel hier bekommen habt und so freundlich von uns aufge= nommen worden seid? — Wi! schämt euch — und wie ihr jetzt da steht! — Toanonga möchte nicht in eurer Haut stecken, nicht um alle Glasperlen der gan= zen Welt."

Wenn die Meisten der Schaar auch nicht die Worte verstanden, fühlten doch Alle deutlich genug, was der Mann eigentlich zu ihnen sagte, was er sagen und denken mußte — und er hatte Recht. Die armen Teufel befanden sich so unbehaglich wie mög= lich und sahen, nach einem spätern Vergleich Spund's, wirklich gerade so aus, wie ein Hund, den man beim Stehlen erwischt.

Der alte würdige Insulaner war dabei sehr ernst und finster geworden, und Spund, der Furchtsamste der Schaar, that schon einen Schritt vor, ihm wo möglich zu Füßen zu fallen und um Gnade zu bitten. Mac Kringo jedoch, der Einzige von ihnen, der die

---

*) Wie: Pfui — schäme dich.

Landessprache verstand und darin verkehren konnte, während die Uebrigen bis jetzt nur Worte davon begriffen, trat da vor und sagte:

„Du haft Recht, Toanonga, es war ein schlechter Streich, den dir der Capitain gespielt — aber was können wir dafür? Waren wir in dem Boot, das deine Tochter vom Lande stahl? Nicht ein Einziger. Frag sie selber, und sie muß dir meine Worte bestätigen. Du bist deshalb auch zu vernünftig, uns das entgelten zu lassen, was ein Anderer verbrochen hat."

„Schweig du, bis du gefragt wirst, mein Bursche," rief aber Toanonga, der es für unter seiner Würde hielt, sich mit einer untergeordneten Person — und er wußte recht gut, daß die Matrosen das an Bord der Schiffe waren — in ein Argument einzulassen. „Ihr steckt alle mit einander unter einer Decke, und wenn du in dem Boote gewesen wärst, würdest du eben so gut gerudert haben, und wie die Anderen es gethan, sobald es dir dein Capitain befohlen."

„Tai halla! tai halla! — gewiß!" schrieen jetzt eine Menge junger Burschen, die sich herbeigedrängt, so wie sie sahen, daß ihr Häuptling mit den Papalangis sprach, und wilde Ausrufe, hier und da auch mit Verwünschungen gemischt, kreuzten toll und laut durch einander.

Da hob Toanonga nur den Arm auf, und im Augenblick verstummte der Lärm. Auf ein zweites, eben so gebieterisches Zeichen bemächtigte sich aber eine Anzahl kleiner Burschen der Männer und suchte sie unter Lachen und Schreien von ihrer Stelle hinweg und dem Holzrand zuzuführen.

Widerstand wäre unter allen Umständen fruchtlos gewesen, und die Leute wollten dem Befehle schon ruhig gehorchen. Spund jedoch, der glaubte, daß es jetzt an ihr Leben ginge, drängte sich bis zu Toanonga hin, und vor diesem richtig auf die Knice fallend, bat er den alten ehrlichen Häuptling im breitesten Irisch um sein Leben.

Ueber das Gesicht des Alten stahl sich aber ein gutmüthiges Lächeln, denn es that ihm wohl, nicht allein den Weißen gegenüber seine Autorität gezeigt zu haben, sondern sich auch von ihnen gefürchtet zu sehen. Er war aber viel zu weichherzig, ihnen irgend ein Leid anzuthun. Seine Tochter hatte er wieder zurück, das Schiff, welches ihm hatte Schaden zufügen wollen, war verbrannt, und die paar davon an seine Insel verschlagenen Weißen dachte er nicht für Vergangenes zu bestrafen. Die jungen Burschen hatten im Gegentheil die Papalangis nur eben zum Frühstück führen sollen, das etwas abseits von den

Eingebornen für sie hergerichtet worden, und als
ihnen dies jetzt von dem alten Häuptling erklärt
wurde, war dem armen Teufel eine große Last von der
Seele gewälzt.

Der leichte Muth, den Matrosen vor allen übri=
gen Menschen so besonders eigen, gewann auch bald
bei ihnen wieder die Ueberhand, und als sie jetzt in
einem kleinen Dickicht von Pandanus, Casuarinen
und einzelnen hochstämmigen Cocospalmen, unbe=
lästigt von einem der Eingeborenen, um das reichliche
Mahl saßen, kehrte die, wenn auch nicht fröhliche,
doch sorglose Laune rasch zurück.

„Und da hätten wir endlich unseren Wunsch er=
füllt,“ brach Legs zuerst das Schweigen, „da säßen
wir auf dem Trocknen mit Schweinebraten und
Brotfrucht, statt Salzfleisches und Schiffszwiebacks,
und Cocosmilch, statt faulen Wassers und dünnen
Grogs. Jungens, wenn die Sache nicht schlimmer
wird, so können wir es hier ruhig aushalten, und
wenn erst ein paar Tage vorüber sind, daß von der
fatalen Mädchengeschichte nicht weiter gesprochen
wird, so dürfen wir am Ende gar noch unserem
Schöpfer danken, uns aus dem alten verbrannten
Kasten hieher zurückgeführt zu haben.“

„Sei nicht zu sicher, mein Bursche,“ brummte

jedoch der Schotte, „wir wissen noch gar nicht, ob
uns der Brand des Schiffes zum Heil ausschlagen
wird; denn ehe wir es uns versehen, kann uns die
braune Rotte über dem Halse sein."

„Der liebe Gott hat es jedenfalls gethan," bestätigte aber auch Spund, eben mit einem delicat ge-
backenen Rippenstück beschäftigt, und Spund gehörte
überhaupt — wo es ihm gerade paßte — einer streng
religiösen und zwar methodistischen Richtung an.
„Der liebe Gott hat es gethan, und daß er euch
nichtsnutziges Gesindel ebenfalls in seinen erbar-
menden Schutz genommen, ist nur wieder einer von
seinen unbegreiflichen, aber sicher zum Heil führenden
Wegen."

„Na, wir wollen hier nicht untersuchen, ob wir es
verdient oder nicht verdient haben," sagte da Pfeife,
„hier sind wir aber einmal, durch die gütige Für-
sehung von dem Wassertode und vielleicht noch vor
Schlimmerem bewahrt, und wie ich die Insulaner bis
jetzt gefunden, so glaube ich kaum, daß uns noch eine
Gefahr für unser Leben droht. Hätten sie Böses mit
uns im Sinne, so brauchten sie uns nur einfach er-
saufen zu lassen; kein Mensch hätte ihnen dabei einen
Vorwurf machen können. Kalter, berechneter Blut-
durst liegt aber nicht in ihrer Natur, und da sie uns

nicht im erſten Augenblicke die Schädel eingeſchlagen
haben, ſo denk' ich, dürfen wir für unſere Sicherheit
auch weiter nichts fürchten."

„Ich möchte nur wiſſen," knurrte da Lemon, einen
Seitenblick nach dem Böttcher werfend, „warum
Spund um Gnade gebeten hat, wie ſie uns zum
Frühſtück rieſen."

„Laß du nur dein Spotten, Lemon," brummte,
als die Anderen lachten, der alſo geneckte — „Gnade
haben wir alle nöthig, und ob das, was der Alte
ſagte, auf Tongaiſch hieß: Gieb ihnen ein Span=
ferkel und Brotfrucht, oder ſchneid' ihnen den Hals
ab, haſt du ſo wenig gewußt wie ich. Wenn ich nur
jetzt erſt eine Ahnung hätte, wie wir dieſen Heiden
wieder entgingen und von der Inſel fortkämen!"

„Fort?" rief Legs erſtaunt aus — „wer will
denn wieder fort? — ich wahrhaftig nicht. Ich danke
meinem Schutzgeiſt, der mich hergebracht hat, und
denke gar nicht daran, wieder an Bord irgend eines
anderen blutigen Schiffes zurück zu gehen. Mögen
die Thran ſieden, die ein Vergnügen daran finden;
ich befinde mich wohl wo ich gerade bin, und denke
Bürger und Einwohner, wie ſie bei uns ſagen, auf
Menui zu werden."

„Da kommt der Alte wieder," unterbrach Mac

Kringo das Gespräch — „nehmt euch zusammen,
Jungens, und macht ihn nicht böse. Er hat uns nun
einmal in der Tasche, und wir müssen sehen, daß wir
ihn zum Freund behalten."

Von Toanonga schien ihnen aber nichts Feind-
seliges zu drohen.

Der gutmüthige alte Mann, ohne jedoch seiner
Würde im Mindesten etwas zu vergeben, mochte sich
im Gegentheil in dem Bewußtsein behaglich fühlen,
der Protector dieser von ihm abhängigen Papalangis
zu sein. Mac Kringo hatte ihn auch darin bald
durchschaut und sein Betragen schon ganz darnach
geregelt.

Er stand auf, sobald sich der alte Häuptling ihrem
Eßplatz näherte, begrüßte ihn ehrfurchtsvoll und
fragte ihn, was zu seinen Befehlen stände, und
Toanonga, den das sichtlich erfreute, winkte ihm
huldreich mit der Hand und bedeutete ihm dann,
daß er sich freuen würde, wenn die Fremden seinen
Leuten keinen Anlaß zu Klagen geben wollten. Sie
seien allerdings für jetzt noch Gefangene, bis das
Gericht der Egis oder Häuptlinge über sie entschieden
hätte; denn dem, was diese über sie beschließen würden, müßten sie sich allerdings fügen; aber er hoffe,
daß sie mit ihrer Lage zufrieden sein sollten. Das

hänge jedoch, wie schon gesagt, lediglich von ihrem
eigenen Betragen ab. Für jetzt sei ihnen eine leer=
stehende Hütte, die er Mac Kringo an einer vor=
ragenden Landzunge zeigte, zum Wohnort angewiesen;
dorthin würden sie auch geschickt bekommen, was sie
zum Leben brauchten. — Außerdem sei ihnen aber
für jetzt der Verkehr mit den Eingeborenen, be=
sonders den Frauen, untersagt, und er erwarte, daß
sie jenen Platz nicht verlassen würden, bis sie abge=
holt würden.

Damit, und als ob er sich jetzt genug mit den
Leuten eingelassen, machte er eine höchst würdevolle,
wie verabschiedende Bewegung mit der einen Hand,
drehte sich dann ab, und verließ die darüber etwas
verdutzten Matrosen, ohne irgend einen Einwand an=
zuhören oder nur zu erwarten.

3.

Die Leute waren über diese Ankündigung, die
ihnen Mac Kringo gewissenhaft übersetzte, allerdings
etwas bestürzt. Daß sie erst noch einem Gericht der
Egis unterworfen werden sollten, hatten sie nicht
mehr geglaubt. Wer wußte denn, was diese über sie
beschließen würden? und daß ihnen nicht alle Insu=

lauer so freundlich gesinnt und auch nicht so gut=
müthig waren, wie der alte Toanonga, hatten sie
lange schon gemerkt.

Uebrigens wurden sie bald gewahr, wie die Aus=
führung der Anordnung auf dem Fuße folge; denn
kaum hatte der Häuptling sie verlassen, als sich ein
junger Bursch ihnen als Begleiter vorstellte, sie nach
ihrem vor der Hand einzunehmenden Hause oder
Gefängniß abzuführen. Daß sie ihm gehorchen muß=
ten, verstand sich von selbst.

Merkwürdig blieb aber dabei wie sehr sie von
den übrigen Eingebornen ignorirt wurden. Man that
vollkommen, als ob sie gar nicht auf der Insel seien,
und während die Männer, die ihnen auf dem schmalen
Pfade begegneten, über sie hinweg in die Wipfel
der Cocospalmen starrten, gerade als wenn sie dort
in diesem Augenblick etwas höchst Interessantes ent=
deckt hätten, glitten die Mädchen und Frauen und
Kinder, die sie unterwegs trafen, scheu in das Dickicht,
drückten sich dort hinter einen Busch oder Stamm
und ließen sie ungegrüßt vorüber ziehen.

Alle die frohen und leichtherzigen Hoffnungen,
die ihnen das Frühstück gebracht, zerstörte denn auch
dieses unheimliche Betragen wieder. Sie kamen sich
vor wie Ausgestoßene, Verfehmte, die Jeder mied,

und still und schweigend wanderten sie zuletzt ihre
Bahn, dem etwa eine halbe Stunde Wegs entfernten
Orte ihrer Bestimmung entgegen.

Der Platz dort gefiel ihnen aber gar nicht. Eine
schmale, an manchen Stellen kaum zwanzig Schritt
breite Landzunge — eigentlich nur ein mit Vegetation
bedeckter Corallenstreifen — lief zu dem Platz aus,
auf dem eine alte, halb verfallene Bambushütte
stand, und wenn die Eingeborenen wirklich etwas Bö=
ses gegen sie im Sinne hatten, waren sie dort ohne Waf=
fen, ohne Boot, vollständig in ihre Hände gegeben.

Daran ließ sich aber nichts mehr ändern, der Be=
fehl lautete: sie dort abzuliefern, oder vielmehr sie
dort sich selber zu überlassen, und der Erfolg bewies,
wie klug der alte Toanonga die Stelle ausgewählt.
Eine einzige Schildwacht nämlich, auf den schmal=
sten Theil der Landzunge postirt, konnte jede
ihrer Bewegungen überwachen, und daß sie sich
dieser nicht mit Gewalt widersetzen durften, wußten
sie recht gut.

So vergingen ihnen acht volle Tage, in denen die
Langeweile sie bald umbrachte. Der alte Häuptling
hatte ihnen allerdings ein paar hölzerne Harpunen
geschickt, um sich ihre Fische selbst damit zu fangen,
und ein altes, sehr kleines Canoe war ihnen eben=

falls gegeben werden. Der Raum aber, in dem sie umherfahren konnten, blieb immer sehr beschränkt, da ein bis an die Oberfläche steigender Corallengürtel die ganze Landzunge einfaßte. Uebrigens wußten sie mit der leichten Harpune nicht ordentlich umzugehen und fingen wenig oder gar nichts damit.

Nichts desto weniger litten sie keinen Mangel, denn jeden Morgen brachten ihn ein paar Eingeborene Brotfrucht und Cocosnüsse, mit denen sie sich freilich vor der Hand begnügen mußten. Die aber, die ihnen die Lebensmittel ablieferten, ließen sich auf gar keine Unterhaltung mit den Gefangenen ein. Die von Mac Kringo an sie gerichteten Fragen beantworteten sie kurz oder gar nicht, und nur das eine Wort mawquaw — „wartet!“ hörten sie alle Tage.

Die Eingeborenen hatten allerdings in der Zeit mehr zu thun, als sich mit den gefangenen Europäern einzulassen. Die Verbindung Hua's mit Tai manavachi wurde gefeiert — wie Mac Kringo doch herausbekommen hatte — und das CavaTrinken beschäftigte sie fast ausschließlich den ganzen Tag. Der Lärm ihrer Tänze und Sänge schallte auch oft, von der Brise getragen, bis zu den armen Gefangenen herüber; das war aber auch alles, was sie von der Feierlichkeit

genossen, denn die weißen Tuas *) durften nicht Theil
nehmen an einem Feste des ersten Häuptlings.

Am neunten Tage Morgens war Alles vorüber,
und Tai manavachi führte seine junge Frau auf
seiner kleinen Flotte mit hinweg, der eigenen Heimat
zu. Die Insulaner gaben ihnen noch eine lange
Strecke das Geleit; dann kehrten sie zurück, und es
war jetzt plötzlich so still auf Monui geworden, daß die
sonst so lebendige Insel fast wie ausgestorben schien.

Um Mittag herum waren die jungen Leute aller=
dings schon wieder zurückgekehrt, aber bei den
Matrosen ließ sich Niemand blicken als ihr gewöhn=
licher Bote, der die Lebensmittel brachte.

Spund, vor allen Anderen, war damit nun aller=
dings vollkommen einverstanden. Er lag den ganzen
Tag im Schatten einer mächtigen, unfern von ihrer
Hütte wachsenden Cocospalme, seinen Platz nur eben
so viel verändernd, wie sich die Sonne drehte. Auch

---

*) Tuas werden die zur niedrigsten Classe gehörigen Be-
wohner der Insel genannt. Ueberhaupt besteht auf den
Tonga-Inseln — wenn man es nicht gerade Kastengeist nennen will — eine strenge Absonderung der verschiedenen
Gesellschaftsschichten, die kaum schroffer in dem alten durch
und durch civilisirten Europa sein kann. Mesalliancen
kommen äußerst selten vor, und bei jedem Festmahl wird die
Rangordnung durch besondere Ceremonienmeister unerbittlich
aufrecht erhalten.

Jonas und Lemon schienen sich in diesem Leben wohl
zu fühlen. Mac Kringo dagegen verlangte es nach
einer Beschäftigung, und während er die Morgen=
stunden darauf verwandte, meist verunglückte Versuche
im Fischfang zu machen, benutzte er den Nachmittag,
ein Kartenspiel aus Holz zu fabriciren. Er hatte
nämlich eine Holzart dort gefunden, die sich ziemlich
leicht spaltete, und war mit wahrhaft eiserner Geduld
daran gegangen, mit seinem Taschenmesser, an dem
sich eine kleine Säge befand, einen Stamm abzu=
schneiden und dünne Scheiben davon herzurichten.
Wenn die Sache auch außerordentlich langsam ging,
war es für ihn doch eine Beschäftigung und versprach
später sogar eine Unterhaltung.

Legs hatte ihm im Anfange aufmerksam zugesehen.
So lange er selber nichts zu thun brauchte, war es
ihm recht, wenn ein Anderer arbeitete. Endlich aber be=
kam er auch selbst das Zusehen satt, nahm eine Harpune
und schlenderte langsam hinaus, den Strand entlang.

Dort versuchte er allerdings erst eine Weile, ein
paar der in dem krystallklaren Wasser umher=
schwimmenden Fische zu harpuniren; im tiefen
Wasser überstach er sie aber jedes Mal, und im seich=
ten stieß er die Harpune so oft und vergebens gegen
die harten Corallen, daß er bald die beinernen, über=

dies nicht sehr dauerhaften Spitzen abgebrochen hatte,
das unnütze Holz dann zu Boden und sich selber unter
einen breitästigen Pandanusbaum warf, den Sonnen=
Untergang hier in aller Ruhe abzuwarten.

Eine halbe Stunde mochte er etwa so gelegen
haben, und er fing schon an schläfrig zu werden.
Die Augenlider wurden ihm schwer, und er war eben
im Begriff, wirklich einzuschlafen, als er unfern von
sich und schon halb träumend etwas auf dem Wasser
plätschern hörte.

There she blows, murmelte er halblaut vor sich
hin, denn im Geist saß er oben im Top vom Vor=
mast auf der Lucy Walker, nach Wallfischen aus=
schauend, und das Plätschern kam ihm wie das Bla=
sen der Fische vor. Da es sich jedoch wiederholte,
wurde er auch endlich wach, schlug die müden Augen
auf und sah plötzlich, kaum hundert Schritt von sich
entfernt, eines der wunderhübschen Tonga = Mädchen
auf den Corallen im Wasser stehen.

Der ganze weibliche Theil der Bevölkerung hatte
sich nun bis jetzt — den Befehlen des Häuptlings
nach — so fern von den Papalangis gehalten, daß
ihnen die ganzen neun Tage hindurch keine einzige nur
in Sicht gekommen. Um so mehr wunderte sich
jetzt Legs, eine von ihnen so ganz in der Nähe, und

zwar auf dem den Weißen angewiesenen Fischgrunde
zu sehen.

Das Mädchen erweckte aber auch noch außerdem
seine Neugierde, was sie dort eigentlich treibe, denn
sie stand in dem seichten Wasser, das ihr bis über die
Knie ging, vollkommen ruhig, und schlug nur manch=
mal mit der rechten, flachen Hand darauf, daß es
weit hinausschallte. — Auf solche Art konnte sie doch
keine Fische fangen.

Nun war ihnen allerdings streng untersagt wor=
den, mit den Eingeborenen, besonders mit den Frauen,
zu verkehren, wenn die aber selber zu ihnen kamen,
glaubte Legs auch keiner Verantwortung unterworfen
zu sein. Jedenfalls hatten sie die Erlaubniß, dort,
wo sich die Dirne befand, zu fischen, und wenn er
davon Gebrauch machte und das Mädchen da draußen
zufällig fand, war es nicht seine Schuld. Froh auch,
etwas gefunden zu haben, die langweiligen Stunden
rascher zu vertreiben, griff er die weggeworfene und
jetzt vollkommen nutzlose Harpune wieder auf, um die
Waffe wenigstens als Beweis seiner Beschäftigung
bei sich zu haben, glitt dann unter seinem Baume vor
und langsam in das seichte warme Wasser hinein und
nahm jetzt eine solche Richtung, daß er dem Mädchen
da draußen, wenn sie wieder zum Ufer zurück wollte,

leicht den Weg abschneiden konnte. Er glaubte näm=
lich, daß sie nur hier herausgekommen wäre, weil sie
keinen der Fremden in der Nähe vermuthet hätte.

So wenig als möglich Geräusch machend, näherte
er sich dabei langsam dem jungen Ding, das viel zu
sehr da draußen beschäftigt schien, um auf irgend
etwas Anderes zu achten. Der Boden aber, auf dem
er ging, war nicht eben. Die Corallen bildeten aller=
dings hier einen ziemlich festen, bei niederem Wasser
etwa zwei Fuß tiefen Grund; hier und da waren
aber doch durch ihre Verzweigungen nicht ausgefüllte
Löcher geblieben. Legs watete dort hinaus, achtete
aber mehr auf das Mädchen als den Grund, auf dem
er hinschritt, versah eines von jenen Löchern und
schlug so lang — oder vielmehr so kurz er war, aufs
Wasser.

Etwas bestürzt, raffte er sich allerdings wieder
gleich empor und erwartete jetzt nichts Anderes, als
die erschreckte Schöne dem Lande zufliehen zu sehen.
Das Mädchen aber, das sich nun nach dem Geräusch
umgedreht hatte, blieb lachend stehen und schien sich
nicht im Geringsten zu fürchten, ja, ihn sogar zu er=
warten.

Legs, mit einem Kernfluch über seine eigene Un=
geschicklichkeit, ließ sich denn auch nicht lange nöthigen

und watete, nur allerdings vorsichtiger geworden, langsam auf die Schöne zu, die indessen ihre wunderliche Beschäftigung ruhig und unbekümmert fortsetzte.

Mit der Sprache der Leute konnte der Matrose nun allerdings noch nicht zu Stande kommen; einzelne Wörter und Benennungen hatte er sich aber doch gemerkt, besonders den Gruß der Insulaner, ihr herzlich klingendes und so oft gehörtes chio do fa, das er auch vor der Hand zur Einleitung für ein weiteres Gespräch verwandte.

Chio do fa, lächelte das hübsche Kind zurück, und Legs, um weitere Vocabeln verlegen, faßte sich endlich ein Herz und fragte auf gut Englisch, was sie da mache.

Das Mädchen, eines der hübschesten der Insel, mit weiter keiner Bekleidung als einer wunderlich geflochtenen, schmalen Matte um die Hüften und einem kurzen Stück Tapa über den Schultern, das die Bewegung ihrer Arme keineswegs beeinträchtigte, schüttelte aber als Antwort nur lachend mit dem Kopf — ein Zeichen, daß sie nicht verstehe, was er sage.

Legs fand jetzt, daß er das Englische aufgeben und sich mehr auf Zeichen beschränken müsse. Deßhalb auf das Wasser deutend und mit der Hand ihre bisherige Bewegung nachahmend, sah er sie dabei so

komisch fragend an, daß das junge Ding in fröhlichem
Uebermuth wieder laut aufjubelte und dabei ein paar
Reihen Zähne zeigte, die ihr wie Perlen zwischen
den rosigen Lippen lagen. Jedenfalls hatte sie aber
verstanden, was er meinte, denn sie nickte ihm freund=
lich zu und sagte:

„Ang-a!“

„Ang-a — ja wohl,“ brummte Legs vor sich hin
— „jetzt bin ich so klug wie vorher. Was ist
An-ga?“

„Ang-a!“ wiederholte aber das Mädchen
lauter als vorher und wie erstaunt, daß der Fremde
nicht wissen solle, was Ang-a sei. Trotzdem schüt=
telte Legs noch immer bedeutend mit dem Kopf, und
da sie wohl merken mußte, daß ihm die so deutlich ge=
gebene Erklärung doch noch immer nicht genüge, setzte
sie lächelnd hinzu — „mawquaw!“

Das Wort verstand Legs. Die vollen neun
Tage hindurch hatten sie das jeden Morgen von dem
Burschen gehört, der ihnen das Essen brachte —
warte ein wenig! — und als er darauf rasch und be=
friedigt mit dem Kopfe nickte, drehte sich die Kleine
von ihm ab und schlug aufs Neue, wie vorher, das
stille Wasser mit der flachen Hand.

Er sah jetzt, daß sie im linken Arm ein kleines

8*

Bündel mit Stücken gerösteter Brotfrucht und ande=
ren Lebensmitteln trug — aber wozu? — Wollte sie
so lange hier draußen im Wasser stehen bleiben, daß
sie sich ihr Mittagsessen gleich mit herausgenommen?
— Er war dabei näher zu ihr hinan getreten, und
der weiche, elastische Körper des Mädchens, so in
Arms Bereich von ihm gebracht, schimmerte ihm so
verführerisch aus der leichten Umhüllung entgegen,
daß er allen Warnungen zum Trotz seinen Arm lang=
sam ausstreckte und um ihre Taille legte.

Die Insulanerin nahm jedoch nicht die geringste
Notiz davon, und Legs war selber so erstaunt über
den günstigen Erfolg seiner Kühnheit, daß er ein paar
Minuten regungslos in dieser Stellung verharrte,
ohne sich natürlich weiter um, das zu kümmern, was
auf dem Wasser vorging.

„Gia-hi!“ sagte da plötzlich die braune Schöne,
indem sie ein Stück der Brotfrucht nahm und neben
sich ins Wasser warf.

Legs konnte nicht umhin, den Kopf nach jener
Richtung zu drehen, denn er sah sich dort plötzlich
etwas bewegen. Im nächsten Augenblicke erkannte
er aber auch zu seinem Entsetzen die Finne eines gar
nicht etwa so sehr kleinen Haifisches, der sich in dem=
selben Moment etwas auf die Seite warf und mit

dem geöffneten, bis über die Oberfläche reichenden
Rachen das Stück Brotfrucht aufschnappte und ver=
schlang. So nahe war ihnen die Bestie gekommen,
daß er sie hätte mit der Hand auf den Kopf schlagen
können.

„Ang-a!“ lachte das Mädchen noch einmal laut
auf, indem sie dem Ungethüm einen neuen Leckerbissen
zuwarf.

„Ang-a hell!“ schrie aber Legs, der im Todes=
schreck einen Schritt zurückprallte, denn selbst der be=
herzte Matrose fürchtet nichts mehr auf der Welt als
den Hai, seinen ärgsten Feind. „Das ist ein Hai,
bei allem, was da schwimmt!“   .

Unwillkürlich drückte er sich dabei hinter das tecke,
wilde Ding, das sich ein solch gefährlich Spielzeug
ausgesucht. Die Insulanerin aber, mit einem schel=
mischen Blick auf den Fremden, dessen Entsetzen ihr
nicht entgangen war, ließ das nächste Stück Brot=
frucht dicht neben sich und mehr nach rückwärts fallen,
so daß der Fisch in´ seinem nächsten Sprung danach
in Wirklichkeit Legs’ etwas ausgebogene Extremitäten
streifte.

Das war diesem aber außer dem Spaß, denn
während der Fisch in die Höhe schnappte, den für ihn
hingeworfenen Bissen zu ergreifen, wußte Legs jetzt

wirklich nicht, ob der Angriff ihm oder der Brotfrucht
galt, stieß einen lauten Schrei aus und that, so weit
er springen konnte, einen Satz zurück. Dabei fiel er
aber wieder, so lang er war, ins Wasser und schlug
jetzt aus Leibeskräften mit Armen und Beinen um
sich, um durch lautes Plätschern und Lärmmachen,
als einziges Hülfsmittel, den furchtbaren Feind
fern von sich zu halten.

Er hörte dabei nicht das laute glockenrein klingende
Lachen der jungen Dirne, sah nicht, daß der Hai,
durch das ungewohnte Geräusch erschreckt, schon lange
wieder hinaus aus der seichten Flut und durch irgend
ein Loch der Corallenwände in tieferes Wasser gefahren war. Nur mit jeder, von ihm selbst aufge-
schlagenen Welle, während er sich in aller Hast dem
sicheren Ufer zuarbeitete, fürchtete er das gefräßige
Ungeheuer dicht hinter sich, das vielleicht nur auf
einen günstigen Moment wartete, ihn zu ergreifen,
und wälzte sich solcher Art schreiend und mit Armen
und Beinen schlagend, bis zum nächsten Landvor-
sprung hin.

Einen solchen furchtbaren Lärm hatte er dabei
gemacht, daß seine Kameraden erschreckt aufsprangen
und der Richtung zueilten, von der sie die Hülferufe
gehört. Nicht wenig erstaunt waren sie aber, Legs

in solcher Aufregung ankommen und das Mädchen
draußen im Wasser so herzlich lachen zu sehen, ohne
daß sie auch nur die geringste Ursache für Eines oder
das Andere erkennen konnten.

Von den Eingeborenen waren indessen ebenfalls
Einige durch den Lärm herbeigerufen worden. Diese
erriethen übrigens, wie es schien, was da draußen
vorgefallen, denn sie amüsirten sich unter einander
vortrefflich, ohne jedoch den Weißen dabei zu nahe zu
kommen.

Jedenfalls verhinderte sie ein strenges Verbot
ihres Häuptlings, sie würden diese Gelegenheit sonst
gewiß nicht versäumt haben, sich nach Herzenslust
über den Fremden lustig zu machen.

Legs behielt deshalb auch volle Freiheit, sein
Abenteuer den Kameraden nach seiner eigenen Art zu
erzählen, und demnach war er draußen beim Fischen
von einem furchtbar großen Hai angegriffen und ver=
folgt worden und nur durch seine Geistesgegenwart
der Gefahr entgangen, von dem Ungeheuer erfaßt und
unter Wasser gezogen zu werden. Mac Kringo
schüttelte freilich dazu den Kopf und fragte, wie es
denn käme, daß der Hai nicht das Mädchen da brau=
ßen angegriffen, und warum die Dirne so entsetzlich
gelacht hätte. Legs jedoch meinte, die Braunfelle

hätten gut lachen; an die ginge ein Hai gar nicht,
und da sie sich selber sicher wüßten, so wäre es keine
Kunst, sich über einen Anderen lustig zu machen.

Die Aufmerksamkeit der Matrosen sollte aber bald
auf etwas Anderes gerichtet werden, denn ein Bote
von Toanonga kam gegen Abend, ihnen anzuzeigen,
daß sie sich am nächsten Morgen bereit halten sollten,
zu der Rathsversammlung der Häuptlinge abgeholt
zu werden.

Weiteres war nun aus dem Burschen nicht
heraus zu bekommen. Entweder wußte er selber
nicht mehr, oder durfte nicht mehr sagen. Den See-
leuten war aber bei der ganzen Sache nicht wohl zu
Muthe, denn die Vorladung, wie die ganze Versammlung wurde gar so feierlich gehalten.

Was wollten sie denn eigentlich noch mit
ihnen? Daß sie an dem Raub der Häuptlingstochter
unschuldig waren, wußte der alte Toanonga so gut
wie sie selber, und konnte man sie also deshalb noch
bestrafen? — Wenn man sie also nicht bestrafen
wollte, wozu dann eine Rathsversammlung halten?

Jonas schlug jetzt vor, daß sie suchen sollten, sich
in der Nacht eines Canoes zu bemächtigen und damit
aufs Gerathewohl in See zu gehen. Inseln lägen
doch noch mehrere dort herum, und eine oder die

andere würden sie schon finden, wenn sie nicht gar unterwegs ein Schiff anträfen, daß sie aufnehmen könnte. Das war aber ein verzweifelter Plan; denn erstens wußten sie, daß sie streng bewacht wurden, dann hatten sie gar keine Waffen, um sich, wenn angegriffen, zu vertheidigen, und ohne Provision und Instrumente in See zu gehen, wo ihnen der nächste Sturm außerdem verderblich werden mußte, wäre mehr als Tollkühnheit, es wäre einfach Wahnsinn gewesen.

Mac Kringo, der überhaupt als Dolmetscher ein gewisses Ansehen bei den Kameraden gewonnen hatte, stimmte gleich dagegen und erklärte, daß er auf keinen Fall sich bei einem solchen verzweifelten Unternehmen betheiligen würde. Hätten sie jetzt die ganze lange Zeit nutzlos verstreichen lassen, so bliebe ihnen nun auch weiter nichts übrig, als das Letzte abzuwarten, und daß sie nichts dabei für ihr Leben zu fürchten hätten, glaube er ihnen mit Bestimmtheit versichern zu können. Die Eingeborenen seien viel zu gutmüthig, ihnen mit vorbedachter Grausamkeit etwas zu Leibe zu thun, und seiner Meinung nach wäre die ganze Geschichte weiter nichts, als eine Idee des alten Toanonga, der sich, den Europäern gegenüber, gern ein wenig wichtig machen wolle. Das Ganze würde

darauf hinaus laufen, daß man ihnen vorhalte, wie
gut und großmüthig die Bewohner von Tonga, und
wie schlecht die Papalangis seien, und zuletzt würde
man sie auf der Insel ruhig gewähren lassen, zu treiben was ihnen gerade beliebe.

Ob er nun das Richtige getroffen oder nicht,
blieb sich gleich; darin hatte er jedenfalls Recht, daß
ein Fluchtversuch jetzt im letzten Augenblick Wahnsinn
gewesen wäre, und die Bootsmannschaft entschloß sich
denn auch endlich, das Resultat, wie es auch ausfallen
möge, geduldig abzuwarten.

4.

Der nächste Morgen kam, und die Leute versuchten, soweit ihnen das irgend möglich war, Toilette
zu machen. Damit sah es aber entsetzlich windig
aus, denn bei ihrer Flucht von Bord hatten sie nur
das Nothwendigste mitnehmen können, und bei dem
Sinken des Bootes auch selbst das noch verloren.
Nur Mac Kringo und Legs besaßen Hüte, nur
Spund und Jonas Jacken, und ihre Schuhe waren
von dem scharfen Corallenboden, auf dem sie o h n e
Schuhe gar nicht gehen konnten, schon so mitgenommen worden, daß sie kaum noch zusammen
hielten.

Die einzige Verbesserung, die sie mit sich vorneh=
men konnten, war die, daß sie ihre Hemden aus=
wuschen, um wenigstens mit reiner Wäsche vor den
Häuptlingen zu erscheinen, und was eine Kopfbedeckung
betraf, so hatten die, welche mit einer solchen nicht
mehr versehen waren, darin die Mode der Einge=
borenen nachgeahmt und sich eine Art Kopfschutz aus
den Blättern der Cocospalme gefertigt, der die
Augen wenigstens gegen das blendende Sonnenlicht
schirmte.

Nur Pfeife, einer gewissen Phantasie dabei fol=
gend, war daran gegangen, einen wirklichen Hut zu
flechten — was die Matrosen meist verstehen und sich
oft ihre Strohhüte selber machen. Das Cocosblatt
zeigte sich aber nicht geschmeidig genug dazu, und
wenn er auch wirklich eine Art Hut zusammen
brachte, so hatte derselbe doch eine so wunderliche
Form bekommen, daß selbst Lemon lachte, als er ihn
zum ersten Male sah.

Die ersten Morgenstunden vergingen übrigens,
ohne daß sie zu der erwarteten Zusammenkunft wären
abgerufen worden. Nur ihr Frühstück erhielten sie
wie gewöhnlich, dann war Alles still — nicht einmal
ein Fischer=Canoe sahen sie in dem Binnenwasser
der Riffe, so hatte die heute gehaltene Rathsversamm=

lung das Interesse der Insulaner in Anspruch ge=
nommen.

Endlich kam der, eines Theils gefürchtete, andern
Theils aber auch wieder sehnlichst erwartete Bote;
denn selbst die schlimmste Wirklichkeit kann in man=
chen Fällen oft weniger peinlich sein, als diese ewig
zögernde Ungewißheit, in der sich des Menschen Herz
in solchem Falle verzehrt.

Ein junger Bursch, der auf der Insel Constabel=
Dienste versah, sich sonst aber in nichts von den
Uebrigen auszeichnete, als wo möglich noch fauler
als der Rest zu sein, kam endlich und meldete den
Papalangis, daß Toanonga und die Versammlung
der Egis sie erwarte.

Mac Kringo theilte den Uebrigen die Botschaft
mit, und Lemon brummte halblaut vor sich hin: Die
Egis sollen verdammt sein!

Das nahm der Botschafter aber entsetzlich übel;
denn wenn er auch kein Englisch verstand, hatten die
Eingeborenen jenes Wort „verdammt“ doch so oft von
dort landenden Fremden gehört, um zu wissen, daß
es etwas sehr Böses und Häßliches bedeute. Er
hielt deshalb auch dem kleinen sauertöpfischen Bur=
schen eine lange und heftige Strafpredigt, die dieser

jedoch mit weiter nichts als einem noch viel murrischeren „Geh zum Teufel" erwiderte.

Mac Kringo gab sich freilich alle Mühe, den Frieden wieder herzustellen und den Eingeborenen zu besänftigen, indem er ihn zu überzeugen suchte, daß er den Papalangi ganz falsch verstanden habe. Der Bursche wußte aber recht gut, was er selber gehört hatte, und der Zug setzte sich endlich, von ihm angeführt, langsam in Bewegung.

„Hört einmal, Kameraden," sagte da Mac Kringo als sie schon unterwegs waren, indem er sich gegen die kleine Schaar wandte, „ich habe euch schon versichert, daß ich nicht glaube, wir hätten irgend etwas von dem rothen Gesindel zu fürchten. Sollten sie uns aber doch zu Leib wollen, und es ist immer gut, auch auf das Schlimmste vorbereitet zu sein, dann wollen wir uns auch nicht wie die Schafe zur Schlachtbank führen lassen, sondern lieber wie englische Matrosen sterben und noch so vielen der rothen Brotfruchtfresser, wie möglich, die Schädel einschlagen. Seid ihr damit einverstanden?"

„Gewiß, rief Pfeife für die Uebrigen; „irgend etwas wird man ja dort schon finden, womit man zuschlagen kann, und wenn das nicht wäre, so hat

jeder seine Fäuste und sein Messer bei der Hand, die
lumpigen Schufte nach Herzenslust zu bearbeiten."

„Gut," sagte Mac Kringo. „In dem Falle liegt
unsere einzige Aussicht auf Erfolg aber nur darin,
daß wir uns nicht trennen lassen, sondern fest zu=
sammen halten. Sechs handfeste Burschen wie wir
können es dann auch schon mit einem Schock solchen
weichlichen Gesindels aufnehmen, und im schlimmsten
Falle arbeiten wir uns zu einem Canoe durch, plün=
dern einen Brotfruchtbaum und ein paar Cocos=
palmen und gehen in See."

„Das sind schöne Aussichten!" seufzte Spund,
„und bedenkt nur dabei, daß wir sie durch Widersetz=
lichkeit immer noch erbitterter machen!"

„Wenn du dich willst fressen lassen," kreischte
Pfeife, „so hat natürlich Niemand was dawider. Ich
danke aber dafür, und wenn sie uns wirklich einmal
zu Leib wollen, so liegt nachher verwünscht wenig
daran, ob wir sie dabei in guter oder böser Laune
behalten."

„Pst — da sind sie!" flüsterte aber in diesem
Augenblicke Mac Kringo, der durch die Büsche hin
die hellen buntfarbigen Kleider der Eingeborenen
schon erkannt hatte. „Jetzt haltet euch ruhig, und im
Nothfalle fest zusammen. Unsere Messer haben wir

doch wenigstens alle im Gürtel, und was sie auch vor=
haben, sie sollen uns wenigstens nicht unvorbereitet
finden."

Weiteres Gespräch war jetzt auch unmöglich ge=
worden, denn wie sie den nächsten Busch umschritten,
sahen sie sich plötzlich der ganzen Versammlung
gegenüber, die sie sich allerdings nicht so zahlreich ge=
dacht. Die Einwohnerschaft der ganzen Insel schien
aber hier versammelt und der große weite Raum vor
Toanonga's Hütte, in dem die Egis den Mittelpunkt
bildeten, schwärmte ordentlich von braunen lebendigen
Gestalten beiderlei Geschlechts.

Inmitten des Platzes stand ein riesiger Tama=
rindenbaum, um den herum neun hochstämmige
Cocospalmen angepflanzt schienen. Daburch erhiel=
ten sie dem Platz den Schatten, die Sonne mochte
stehen, wo sie wollte*), und konnten ihre Versamm=
lungen zu jeder beliebigen Tageszeit halten.

Dort waren feine Matten ausgebreitet, welche
die Bewohner aller der Südsee=Inseln so trefflich zu
flechten verstehen, und die Egis von Monui bildeten,

*) Die Tonga=Inseln liegen, wie bekannt, innerhalb der
Wendekreise S. Br. Die größte Zeit im Jahre haben sie
also die Sonne um Mittag im Norden, einen kleinen Theil
des Jahres aber, etwa um März, im Süden.

mit Toanonga in der Reihe sitzend, einen vollkommenen
Kreis.

In demselben nahmen die verschiedenen Häupt=
linge ihre Plätze ein, aber keineswegs nach Gutdünken,
sondern sie waren ihnen vorher von dem Ceremonien=
meister angewiesen worden. Toanonga behauptete
den Ehrenplatz und saß, den Rücken seinem Hause
zugedreht, mit dem Gesicht der reizenden Bai zuge=
wandt, die hier durch rechts und links auslaufende
Landzungen gebildet werde. Zu beiden Seiten dann
von ihm ab kamen ihm zunächst die Angesehend=
sten und vom edelsten Blut, bis sich mit den ge=
ringeren Häuptlingen der Kreis ihm gegenüber wie=
der schloß.

Um die Egis aber her, und zwar so gedrängt, daß
sie fast deren Rücken berührten, saßen *) die übrigen
Eingeborenen, Männer und Frauen, bunt durch
einander, und wer dem Kreise nicht so nahe kommen
konnte, zu hören was da verhandelt wurde, ließ es
sich wenigstens von den näher Sitzenden mittheilen.

Außerhalb dieses fast dicht geschlossenen Kreises
hatten die Kinder ihren Tummelplatz gewählt, sich
haschend und überschlagend, und mit den nackten

---

*) In der Nähe der Häuptlinge gilt es nicht für schicklich,
zu stehen.

Füßen auf dem ſcharfen Corallenſande allerlei wilde
Luſt treibend.

Die Berathung war indeſſen nicht gleich von An=
fang an ſo öffentlich — wenn auch im Freien —
verhandelt worden. Bis die Egis unter ſich einig
geworden, hatte man das Volk in ehrerbietiger Ferne
gehalten, und erſt als die Hauptſache vorüber war,
ließ man die Neugierigen hinzu. Wollte jedoch
der alte Toanonga die Galerieen wieder geräumt
haben, ſo brauchte er nur ein Zeichen zu geben, und
Keiner hätte daran gedacht, ſich dem Befehle zu
widerſetzen.

Jetzt übrigens, da die gefangenen Fremden in
Sicht kamen, wurde eine andere Ordnung nöthig, um
ſie würdig zu empfangen, und einer der als Conſtabel
agirenden Burſchen ſchrie deshalb den Zuhörern zu,
Raum zu geben. Dieſe mußten auch ſchon wiſſen,
um was es ſich handle, denn ſie wichen nach rechts
und links zurück, die Fronte gegen die Bai offen laſ=
ſend, während die mit dem Rücken nach dem Waſſer
zu ſitzenden Häuptlinge ebenfalls aufſtanden.

Geſchäftige Hände ergriffen dabei raſch ihre Mat=
ten, und trugen ſie hinter Toanonga und die ihm zu=
nächſt ſitzenden Häuptlinge, wo ſie mit ihnen eine
zweite Reihe bildeten. Dadurch war der Raum vor

dem alten Häuptling frei geworden, an beiden Seiten aber lauerte die Einwohnerschaft von Monui.

„Mate,“ sagte da Legs, indem er seinen Hosenbund etwas höher über die Hüften heraufzog und aus alter Gewohnheit — denn Tabak hatte schon lange Keiner von ihnen mehr — auf die Erde spukte — „die Geschichte wird feierlich — was sagest d u dazu.“

„Mein Leben lang will ich keine Schiffsplanke betreten,“ murmelte Pfeife zwischen den Zähnen durch, „wenn ich nicht wünsche, daß ich hier fort wäre. Da stehen ein paar Hundert breitschulterige Kerle herum, mit den Waffen vielleicht hinter den nächsten Büschen versteckt, was sollen wir Sechs gegen die ausrichten?“

„Bah, so viel für die ganze Band',“ brummte der, fast um einen Kopf kleinere Matrose. „Meinen Hals setz' ich zum Pfand, daß die Kerle nicht einmal die Courage haben, uns etwas am Zeuge zu flicken. Ja, wenn wir Einer oder Zwei wären, aber einer ganzen Bootsmannschaft — wenn auch unserem Harpunier und Bootsteuerer der Hals voll Wasser gelaufen ist — kommen sie schon nicht zu nah.“

„Du, der Alte fängt an,“ flüsterte da Pfeife, indem er den Kameraden in die Seite stieß, „jetzt bin ich neugierig.“

Toanonga hatte indessen — die Hände in voller

Ruhe auf seinem Bauch gefaltet — die ankommenden
Papalangis Einen nach dem Andern aufmerksam ge=
mustert. Als sie aber auf Anordnung eines der
Leute vor ihm niedergesessen oder vielmehr gekauert
waren, und sich halb schüchtern im Gefühl der sie
umgebenden Menschenmenge, halb wieder trotzig und
im schlimmsten Falle zum Aeußersten entschlossen, im
Kreise umsahen, nickte er ihnen mit seinem gut=
müthigen Lächeln zu und sagte:

„Chio do fa, Papalangis — chio do fa!"

5.

Die Leute, die aus dem freundlichen Gesicht des
Alten neuen Muth schöpften, erwiderten den Gruß
rasch, und dieser fuhr, den Kopf dabei langsam auf
und ab neigend, einer in Bewegung gesetzten Pagode
nicht ganz unähnlich, fort:

„Ich habe euch rufen lassen, Freunde, um mit
euch ein ernstes Wort über euch und eure Zukunft zu
sprechen. Du da vorn, wie heißest du gleich? —
verstehst ja wohl unsere Sprache genug, den Anderen
wieder zu erzählen, was ich dir gesagt habe?" -

„Mac Kringo heiße ich," erwiderte der also an=
geredete Schotte, indem er den Kopf etwas neigte.

9*

„Rede nur, Toanonga; ich verstehe Alles, und es soll
kein Wort davon verloren gehen."

„Gut, Freund — desto besser.   So passe wohl
auf, denn es kommt für euch viel darauf an, daß du
auch eben recht verstehest."

„Du weißt, unter welchen Umständen wir euch
auf diese Insel zurückbekommen haben. Es war nicht
unser Wunsch, und wir hätten euch lieber in eurem
großen Canoe fortsegeln sehen.   Du weißt auch, daß
ihr oder euer Capitain — das bleibt sich gleich, denn
ihr gehörtet zusammen und standet einander bei —
mir hier, der ich euch alle freundlich aufgenommen,
ein großes Leid anthun wolltet.   Das war eure
Dankbarkeit, ich will euch das aber nicht so übel neh=
men, denn ihr Papalangis wißt es vielleicht nicht
besser, und wenn ihr erst einmal eine Zeit lang zwi=
schen uns gelebt habt, werdet ihr schon gescheidtere
und bessere Menschen werden.   Trotzdem nun hat
der wackere und tapfere Tai manavachi, während
er eurem bösen Capitain mitten im Sturm seine
Braut wieder abnahm, euch, seine Feinde, die ihr
verunglückt waret, aus dem Meer gerettet und ans
Land gebracht, und euch auch weiter nicht das geringste
Leid zugefügt.   Er hatte eurem Capitain versprochen,
euch ungestraft ziehen zu lassen, wenn er Hua, die

damals noch in eurem Canoe war, kein Leid zufügen
wollte, und da euer Capitain sie darauf frei ließ,
glaubte er auch an euch sein Wort halten zu müssen.
— Tai manavachi ist ein großer und edler Häuptling, und sein gegebenes Wort war heilig. Die Hotuas hatten es gehört, und er wußte, daß er es nicht
brechen durfte. So — sag' jetzt deinen Freunden
erst einmal, was ich mit dir gesprochen."

Mac folgte dem Befehl und übersetzte den Uebrigen die kurze und einfache Rede. Die Matrosen hörten ihm aufmerksam zu, bis ihn Legs endlich unterbrach und ausrief:

„Schon gut, schon gut, das ist eine alte Geschichte,
und das Meiste davon wissen wir schon. Er soll
uns ein frisches Garn spinnen. Hol' der Böse die
Saalbabereien!"

„Nur Geduld, Mate!" rief aber auch Jonas;
„wenn einer ein Schiff vom Stapel lassen will, muß
er erst sehen, ob Alles dicht und in Ordnung ist. Er
hat jetzt die Geschichte kalfatert und Masten einge-
setzt und Takelwerk angeschlagen. Paß einmal auf,
jetzt wird er die Segel setzen und 14 Knoten die
Stunde gehen."

„Haben sie Alles verstanden," fragte Toanonga."

„Alles," sagte der Schotte, der klug genug war,

den Alten so viel als möglich bei guter Laune zu er=
halten, „und sie bitten dich fortzufahren."

„Schön," erwiderte der alte Häuptling, zufrieden
dabei mit dem Kopfe nickend: „Ich muß dir nun
sagen, daß ich im Anfang gar keine Lust hatte, euch
hier auf der Insel zu behalten. Ihr waret Kriegs=
gefangene von Tai manavachi, und ich wollte, er
sollte euch mit hinüber nach Tonga nehmen. Tai
manavachi hat aber ein großes Herz. Er sagte,
daß seine jungen Leute sehr zornig auf euch wären,
und er nicht wisse, ob er dann sein Wort halten
könne: euch kein Leid zuzufügen. Ueberdies könnte
er euch auch nicht gebrauchen und wolle nichts mehr
mit euch zu thun haben."

Sehr freundlich von Tai manavachi, dachte
Mac Kringo, erwiderte aber laut kein Wort und ver=
zog keine Miene, und der Alte fuhr nach kurzer Pause
fort:

„Da ihm aber nach unseren Gesetzen nun das
Recht über euch zusteht, so haben wir, die Egis des
Landes, uns die Sache überlegt, euch ihm abgekauft
und beschlossen, euch hier auf Monui zu behalten."

„Abgekauft?" rief Mac Kringo erstaunt.

„Ja, Freund, sagte der Alte, ganz unbefangen und
freundlich dabei lächelnd, abgekauft. Nicht etwa,

benn ich wüßte nicht, was ich mit euch anfangen
sollte, sondern die Egis, und zu welchem Zwecke, will
ich bir gleich auseinandersetzen, wenn bu ben Uebrigen
erst meine Worte erklärt haft."

Mac Kringo that bas biesmal schnell genug, benn
bie Nachricht hatte ihn selber überrascht, Legs aber
rief lachend aus:

„Da hätte ich ben Alten für gescheidter gehalten.
Wer u n s kauft, ist bös angeführt, benn ich will ver=
bammt sein, wenn ich selbst mein e i g e n e r H e r r sein
möchte."

„Unb was wollen sie ba mit uns machen?" fragte
Spunb erschreckt; „ba sollen wir wohl a r b e i t e n?"

„Bah!" lachte Jonas; „bie Arbeit, bie b i e faulen
Burschen hier zu verrichten haben, könnte man recht
gut vor bem Frühstück fertig bringen, ehe ber Kaffee
kalt wirb; — Lumpenvolk bas, einen weißen Christen=
menschen zu k a u f e n! Aber so viel weiß ich, baß ich
mich schon bumm genug anstellen werbe."

„Unb bazu brauchst bu bich auch gar nicht zu
verstellen," brummte Lemon. „So viel ist aber sicher,
unb Legs hat Recht, ich hätte bie Rothhäute auch
für gescheidter gehalten, als baß sie Kerle wie Spunb
unb Pfeife kauften."

„Na, sei bu nur —"

„Ruhig!" unterbrach aber Mac Kringo die Ka=
meraden; „ist das jetzt eine Zeit zum Necken? Hört
erst, was der Alte weiter zu sagen hat, nachher kön=
nen wir darüber reden."

„Was sagen sie?" fragte Toanonga.

„Sie lassen dich nur bitten, fortzufahren," er=
widerte Mac Kringo.

„Gut, sehr gut," nickte der Alte wieder, während
jetzt besonders die Frauen unter den Zuhörern sich
vordrängten, als ob sie kein Wort von dem verlieren
wollten, was da verhandelt würde. „Die Egis haben euch also, wie ich dir schon vorher erzählt, gekauft,
und eigentlich blieb ihm nichts Anderes übrig; denn
was sollten wir mit euch machen? ihr habt keinen
Tabak, keine Glasperlen, keine Beile, kein Zeug, für
das wir euch zu einer weiten Seefahrt ausrüsten
könnten, und ihr werdet doch wohl einsehen, daß wir
euch das nicht auch noch obendrein schenken können,
weil ihr eines Egi Tochter habt entführen wollen und
dabei verunglückt seid."

„Aber wir können uns vielleicht selber ein Boot
bauen oder ein Canoe aushauen," unterbrach ihn jetzt
Mac Kringo, dem der Gedanke nicht recht behagen
wollte, den rothen Gesellen käuflich überlassen zu
sein.

„Womit?" fragte ihn aber ganz trocken der Alte. „Habt ihr selber Beile? Habt ihr Segel und Ruder? Habt ihr Proviant? Nein, Freund; wir haben schon Schaden genug durch euch gelitten und wollen jetzt auch einigen Nutzen aus euch ziehen."

„Aber was sollen wir thun?" fragte der Schotte ungeduldig.

„Das wirst du gleich hören," lautete die ruhige Antwort des Alten. „Die Egis haben euch allerdings gekauft, aber mit Gütern, die dem Lande selber gehören, deshalb können sie auch nicht und wollen sie nicht eure Dienste für sich in Anspruch nehmen. Krieg haben wir jetzt nicht; wir leben mit allen benachbarten Inseln in Frieden, und Tai manavachi ist unser mächtiger Bundesgenosse geworden. Wäre das nicht der Fall, so würden wir euch vielleicht in unseren Canoes verwenden können, deren Behandlung ihr bald lernen würdet. Ueberhaupt seid ihr Weißen entsetzlich unwissende Menschen, für die es ein großes Glück ist, daß sie nach unserer Insel gekommen sind — ihr könnt nicht einmal Fische fangen. Doch das alles werdet ihr wohl nach und nach begreifen, wenn ihr erst einmal selber für euch und die Euren sorgen müßt."

„Wenn wir das aber alles nicht können und

verstehen," brummte Mac Kringo, „was wollt ihr denn mit uns machen?"

„Du bist entsetzlich ungeduldig," sagte Toanonga, „ich war ja eben im Begriff, dir das zu erklären. Vor allen Dingen wollte ich dir nur erst begreiflich machen, daß wir uns den Kopf zerbrochen haben, euch eine ordentliche Stellung hier anzuweisen, und ich selber habe da endlich einen Vorschlag gemacht, dem die anderen Egis nach reiflicher Ueberlegung beige= pflichtet sind. Unser Entschluß deshalb ist der fol= gende: Auf Monui leben, seit unserem letzten Krieg im vorigen Jahre, einige Frauen ohne Männer. Diese haben also auch niemanden mehr, der für sie sorgt, und mußten deshalb von den Egis oder vielmehr von dem Lande selber erhalten werden. Unter unseren Ein= wohnern hat sich aber bis jetzt noch niemand gefunden, der sie wieder heirathen wollte; der Männer sind auch durch die vielen Kriege weniger geworden, und diese Frauen begannen für uns eine Last zu werden."

Mac Kringo hatte die Einleitung in immer wach= sendem Staunen zugehört, denn er begriff gar nicht, was ihre Verhältnisse mit dem der Wittwen auf Mo= nui zu thun haben könnten. Eben so wußte er recht gut, daß in diesem gesegneten Lande niemand dem Andern zur Last sein konnte, denn wo die Leute eben

so genügsam von Brotfrucht und Wasser oder Cocosnüssen lebten und von allem diesem übrig genug für
sämmtliche Bewohner war, konnte auch von keinem
Nahrungsmangel die Rede sein. Er schüttelte deshalb
ungläubig mit dem Kopf und sagte:

„Hatten sie denn keine Brotfrucht, die sie essen,
keine Fische, die sie fangen konnten?"

„Du verstehst mich nicht," erwiderte ruhig Toanonga. „Zu essen haben sie allerdings genug, Dank
den Hotuas *), die unsere Inseln mit Allem reichlich
gesegnet haben. Frauen verlangen aber nicht bloß
zu essen, sie müssen auch einen Beschützer haben, denn
sie fürchten sich, allein in ihren Hütten zu wohnen.
Wir haben ihnen deshalb bis jetzt ein großes Haus
eingeräumt, in dem sie zusammen leben konnten, aber
sie wollten sich dort nicht mit einander vertragen.
Sie haben sich gezankt und Streitigkeiten unter
einander angefangen, die dann von den Egis wieder
geschlichtet werden mußten, und es ist kein Friede
zwischen ihnen geworden."

„Segne meine Seele," knurrte Lemon, „das ist
ein langer Palaver, und mir schlafen die Beine schon
ein. Was sagt er, Lord Douglas?"

---

*) Hotuas sind die obersten Götter.

„Pst — warte nur noch einen Augenblick, be=
schwichtigte ihn der Schotte, der zu begreifen begann,
was man von ihnen verlange, und ein heimliches La=
chen kaum unterdrücken konnte.

„Damit das anders werde," fuhr Toanonga lang=
sam und bedächtig fort, „haben wir e u ch ausersehen,
und eurem Schutz sollen diese Frauen übergeben wer=
den."

Mac Kringo glaubte noch immer, der Alte wollte
sich einen Spaß mit ihnen machen; dazu aber sah er
doch viel zu ernsthaft aus, und er fragte jetzt, immer
noch seinen Ohren nicht recht trauend —

„W i r?"

„Ja, I h r," erwiderte Toanonga, gravitätisch mit
dem Kopfe nickend. „I h r sollt sie h e i r a t h e n,
dann zieht ihr Jeder wieder in ein besonderes Haus,
und der ewige Scandal hört einmal auf. Es ziemt
sich auch nicht, daß die Frauen die Felder bestellen,
gumala und ufi*) darin zu ziehen. Das ist des
Mannes Sache, und ihr werdet das fortan über=
nehmen. Du weißt jetzt unseren Willen und wirst
ihn deinen Freunden mittheilen. Hast du mich ver=
standen?"

*) Süße Kartoffeln und Yams.

„Gewiß," rief Mac Kringo rasch, und mußte an
sich halten, daß er nicht gerade hinaus lachte, denn
die Sache kam ihm doch zu komisch vor.

„Was will er?" fragte aber jetzt auch Spund,
der sich vor Neugierde kaum lassen konnte.

„Nun, Meßmates," redete da Mac Kringo die
Kameraden an, indem er sich gegen sie wandte und so
ernsthaft wie nur irgend möglich dabei auszusehen
versuchte, „jetzt ist die Bombe endlich geplatzt, und
so viel kann ich euch vor der Hand sagen: gehängt
werden wir nicht."

„Aber was ist's? — was will das alte dicke
Rothfell? — wozu haben sie uns gekauft?" fragten
die Uebrigen durch einander.

„Ja, es ist freilich was Erschreckliches," schmunzelte Mac Kringo, indem er die ziemlich abgerissene
Schaar vor sich überblickte, „und wenn man euch hier
nach einander ansieht, sollte man eigentlich kaum glauben, daß ihr recht dazu passen würdet."

„Na, zum Teufel, Lord Douglas," rief jetzt aber
auch Jonas, den bei der langen Vorbereitung schon
ganz unheimlich zu Muthe wurde — „so schieß einmal los! Was sollen wir denn thun?"

„Wir sollen heirathen," antwortete Mac Kringo
mit einem so ernsthaften Gesicht, als ihm das irgend

möglich war; die fünf Seelen brachen aber in ein schallendes Gelächter aus, das, merkwürdiger Weise, auch die als Zuschauer umherkauernden Indianer anstecken mußte. Was sich wenigstens an jungen Männern dort hinzugedrängt, stimmte plötzlich aus vollem Herzen in das Lachen mit ein, und die bis zu diesem Augenblicke noch so ernste Rathsversammlung schien in diesem Ausbruch unerwarteter Fröhlichkeit ihren ganzen Respect zu verlieren.

Da hob Toanonga den Arm empor, und während die Insulaner augenblicklich schwiegen, fühlten selbst die Seeleute, daß sie den alten Häuptling, in dessen Gewalt sie sich doch nun einmal befanden, nicht ärger= lich machen durften.

„Hast du deinen Freunden gesagt, was ich dir mitge= theilt?" fragte der Alte — „und weshalb lachen sie?"

„Sie freuen sich, daß du so gnädig mit ihnen ver= fahren willst," erwiderte Mac Kringo, rasch gefaßt. „Es gefällt ihnen hier auf der Insel, und sie wollen gern bei euch bleiben. Die Hauptsache freilich, daß du uns jetzt die Frauen zeigest, die wir nehmen sollen, damit wir unsere Wahl treffen."

„Es ist gut — das hat noch Zeit," erwiderte der Häuptling. „Vor allen Dingen möchte ich erfahren, wer ihr eigentlich selber seid."

„Wir?" sagte Mac Kringo erstaunt — „nun, Seeleute."

„Ja — das weiß ich," erwiderte Toanonga, „denn ihr seid alle auf dem großen Canoe gekommen. Aber ich weiß auch, daß ihr auf euren Canoes verschiedene Beschäftigungen habt. Euer Capitain hat mir erzählt, daß es Unterhäuptlinge darauf gibt, dann aber auch Leute, die das Holz bearbeiten und Boote machen, solche, die große Fässer arbeiten, solche, die Eisen hämmern, solche, die mit Tauen und Segeln umzugehen wissen, und so weiter; Was seid ihr also? Was bist bu gewesen?"

„Ich?" erwiderte Mac Kringo, der recht gut einsah, daß er sich hier in den Augen der Eingeborenen, ohne daß seine Kameraden das Geringste davon zu erfahren brauchten, einen höheren Rang und dadurch mehr Ansehen geben konnte. „Ich war ein Unterhäuptling."

„Das habe ich mir gedacht," sagte Toanonga, „und die Anderen?"

„Hm," brummte der Schotte, „das mögen sie dir lieber selber sagen," und sich dann zu den Kameraden wendend, übersetzte er ihnen rasch, daß der Alte ihren Stand am Bord zu wissen wünsche.

„Nun, ich bin Böttcher!" rief Spund.

„Allerdings,“ nickte Mac Kringo — „der hier,
Toanonga, ist der Mann, der die großen Fässer
macht.“

„Gut — sehr gut!“ rief der Häuptling, „er mag
deren hier für uns machen, Cocosnußöl hinein zu
thun — und weiter?“

„Du, Jonas hast dem Zimmermann ja manchmal
geholfen,“ redete diesen der Schotte an. „Soll ich
dich als Zimmermann aufführen? die Rothhäute
haben nachher mehr Respect.“

„Meinetwegen,“ antwortete Jonas, „viel zu zim-
mern werde ich hier doch nicht bekommen.“

„Und dies, Toanonga,“ sagte der Schotte, „ist der
Mann, der das Holz behaut.“

„Sehr gut! Laß die Zwei bei Seite sitzen.“

„Nun, Lemon,“ wandte sich der Schotte jetzt an
diesen, „soll ich dich als Schmied vorstellen?“

„Schmied,“ brummte der Matrose, „ich habe in
meinem Leben keinen Hammer in der Hand gehabt.“

„Was thut das,“ lachte Mac Kringo, „du wirst
auch hier weder Hammer noch Amboß finden, um
dadurch in Verlegenheit zu kommen.“

„Dann meinetwegen,“ sagte Lemon, so lange sie
kein Handwerkszeug haben, will ich wohl ihr Schmied
sein, wenn sie dann nur Frieden geben.“

Toanonga wurde jetzt also auch mit dieser neuen Eigenschaft bekannt gemacht, schien sich aber über eine solche Entdeckung noch mehr zu freuen, als über die anderen Handwerker. Er machte sogar Miene, von seinem Sitze aufzustehen, besann sich aber doch noch in Zeiten, daß sich das nicht recht für ihn schicken würde. Dem also entdeckten Schmiede winkte er jedoch sehr gnädig mit der Hand und befahl ihm, als besondere Auszeichnung, daß er an seine Seite käme.

Lemon wußte nicht recht, was er aus der ganzen Sache machen solle, und schnitt ein bitterböses Gesicht, folgte aber nichts desto weniger dem Befehle.

Fast alle Matrosen sind halbe Segelmacher, und Pfeife wurde deshalb von dem Schotten als solcher vorgestellt. Jetzt blieb also nur noch Legs für ein selbst zu erwählendes Metier, und da die Leute ge= merkt hatten, daß ihnen das mehr Ansehen gab, wollte natürlich Keiner mehr gemeiner Matrose sein.

„Hol's der Henker," sagte Legs, „wenn ihr Alles weggenommen habt, bleibt nichts weiter für mich übrig, wie Koch. Stell mich dem alten runzeligen Rothfell deshalb als Koch vor, Lord Douglas."

Das geschah; diese Entdeckung schien aber die beabsichtigte Wirkung nicht hervorzubringen; denn Toanonga sah den kleinen Burschen mit einem halb

mitleidigen, halb geringschätzigen Blicke an und
wiederholte mehrmals das ihm von Mac Kringo ge=
nannte Geschäft des Mannes:

„Tangata fe-umu, Tangata fe-umu," wobei er
den dicken Kopf von einer Schulter auf die andere
warf.

„Na?" steht das dem Alten nicht an," fragte
Legs, etwas bestürzt über diese augenscheinlichen Be=
weise des Mißfallens — was schneidet er denn für
Gesichter?"

„Laß nur gehen, Legs," beschwichtigte ihn aber der
Schotte, „ob es ihm recht ist oder nicht, bleibt sich
gleich. Er weiß nun alles, was er wissen will, und
jetzt, denke ich, werden uns die Frauen vorgeführt
werden."

„Ich weiß, wen ich nehme," schmunzelte da Legs,
der an das wunderschöne Mädchen dachte, das er
draußen im Wasser gefunden. „Nachher kann ich's
hier schon eine Weile auf der Insel aushalten. Wenn
wir nur Tabak hätten!"

„Sprich mir nur nicht von Tabak," brummte
Spund, „ich bin froh, wenn ich ihn einmal einen
Augenblick vergessen habe. Wie ich das Wort nur
nennen höre, läuft mir das Wasser schon im Maul
zusammen."

„Hallo, da kommen die Frauen!" rief Legs, der indeſſen überall umher geſchaut hatte, das Mädchen von geſtern unter der Schaar heraus zu finden, ſie aber bis dahin noch nicht entdecken konnte, „na, nu wird's losgehen."

6.

Legs hatte ganz recht geſehen. Unter den Frauen entſtand in dieſem Augenblicke eine auffallend lebhafte Bewegung, und während bis dahin die Männer hauptſächlich den innern Ring der Zuſchauer gebildet hatten, drängte ſich jetzt der weibliche Theil der Bevölkerung vor, um an der Verhandlung und ihrem weiteren Verfolge vielleicht thätigen Antheil zu nehmen.

Jedenfalls geſchah dieſes auf ein Zeichen, vielleicht auf einen Befehl Toanonga's, der indeſſen ſeine Augen aufmerkſam im Kreiſe umhergehen ließ und die ihm näher drängenden Frauen zu muſtern ſchien. War das wirklich der Fall geweſen, ſo kam er damit bald zu einem Reſultate; denn er ſah nach wenigen Minuten ſchon wieder ſtill und nachdenkend vor ſich nieder, nur dann und wann nach den Egis hinüberhorchend, die indeſſen eine deſto lebhaftere Debatte führten.

Sie sprachen aber so rasch, daß Mac Kringe nur einzelne Worte davon verstehen konnte. Der alte Hew oder König schien jedoch mit allem, was sie sagten, einverstanden; nur einmal protestirte er, und die Sache mußte den neben ihm sitzenden Lemon betreffen, auf den er wiederholt deutete. Lemon merkte ebenfalls etwas Aehnliches, und der mürrische Blick, mit dem er den Alten betrachtete, hatte etwas unendlich Komisches. Toanonga nahm aber weiter nicht die geringste Notiz von ihm, und die übrigen Egis schienen sich endlich seiner ausgesprochenen Meinung zu fügen.

„Ma Kino," sagte da plötzlich der Alte, indem er sich an den Schotten wandte, „ich und die Egis sind darüber einig geworden, wie sie euch versorgen wollen, und ich will dich kurz mit ihrem Entschluß bekannt machen, welche Frauen euch zugetheilt werden sollen."

„Zugetheilt?" fragte der Schotte rasch, „das ist in unserem Lande nicht Sitte und meine Kameraden sind völlig damit einverstanden, daß wir uns lieber die, welche uns am besten gefallen, aussuchen wollen."

„Das glaube ich euch recht gern," sagte der alte Toanonga gutmüthig, während die zunächst sitzenden Frauen unter einander kicherten und flüsterten.

„Wenn aber hier überhaupt eine Wahl Statt finden
sollte, so wären es unsere Frauen, die dazu ein Recht
hätten. Von euch kann gar keine Rede sein. Da die
Frauen aber in Geschäftssachen sehr kurzsichtig sind,
und die Männer für sie denken müssen, so haben die
Egis das übernommen, und du wirst jetzt hören, was
wir darüber beschlossen."

„Aber meine Kameraden werden damit nicht einverstanden sein," warf Mac Kringo ein.

„Bah — ich habe dich für einen vernünftigen
Papalangi gehalten," sagte kopfschüttelnd der Alte.
„Was wollt ihr denn thun? — haben wir euch nicht
gekauft? — Könnten wir euch nicht die Schädel einschlagen, wenn wir sonst Lust dazu hätten, und habt
ihr das etwa nicht auch verdient? — Wer kümmerte
sich hier um euch, wenn wir euch in ein durchlöchertes
Canoe setzten und euch hinaus in die Bai ziehen ließen, dort nach Gefallen zu sinken oder zu schwimmen,
he? also sprich nicht solch dummes Zeug und sei gescheidt. Wenn ihr etwas an der Sache ändern könntet, so hätten wir euch um Rath gefragt. Da das
nicht der Fall war, so habt ihr für jetzt weiter nichts
zu thun als zu gehorchen."

Der Alte sprach diese Worte mit seiner gewohn-
ten, gutmüthigen Freundlichkeit, aber doch auch mit so

viel Entschiedenheit im Ton, daß Mac Kringo bald
merkte, wie sie mit ihm und den Eingeborenen über=
haupt standen. Die Schaar der Insulaner war sich,
den unbewaffneten Weißen gegenüber, ihres Ueberge=
wichts wohl bewußt, und an Widersetzlichkeit von ihrer
Seite war in der That nicht zu denken. Klug genug
also, die nicht für den Augenblick zu reizen, die einmal die
Gewalt in Händen hatten, beschloß Mac Kringo, sich
vor der Hand allem zu fügen, was sie über ihn und
die Kameraden verhängen würden. Mit der Zeit
kam dann auch Rath, und sie fanden vielleicht Mittel
und Wege, sich einer ihnen lästig werdenden Gefangen=
schaft zu entziehen.

Toanonga kümmerte sich indessen wenig um das,
was sein Dolmetscher etwa denken oder beabsichtigen
mochte. Er hatte ihn mit dem Willen der Egis, der
vor allen Dingen auch der seinige war, bekannt ge=
macht, und daß der durchgeführt werden mußte, ver=
stand sich von selbst.

„Ma Kino,“ begann er deshalb nach kurzer
Pause, denn das Wort Mac Kringo konnte er nicht
gut aussprechen, indem er den vor ihm sitzenden
Schotten fest und scharf ansah, „du bist, wie du sagst,
auf eurem großen Canoe ein Egi gewesen, und es ist
deshalb auch in der Ordnung, daß mit dir der Anfang

gemacht wird. Die Anderen kommen nachher in der Reihenfolge, die ihnen gebührt. Da du nun unsere Sprache verstehst, gedenke ich dich in meiner Nähe zu behalten, welcher Ehre du dich hoffentlich würdig machen wirst, und zu dem Zweck und um dich auch zugleich recht wohnlich bei uns einzurichten, habe ich dir eine passende Frau bestimmt, die du gut behan= deln und für die du sorgen wirst. Hast du mich verstanden?"

Mac Kringo nickte schweigend mit dem Kopf, denn der Alte fing an, ihm in seiner Ruhe und Bestimmt= heit zu imponiren. Die Veränderung fiel ihm auch auf, wie sich Toanonga jetzt und damals benahm, als ihr Capitain noch mit seiner ganzen Schiffs= mannschaft hier lag. Damals war er ihnen weit mehr als Freund und guter Bursche entgegenge= kommen, während er jetzt, von seinem ganzen Stamme umgeben und den wenigen Weißen gegenüber, nicht ernst und würdevoll genug aussehen konnte. Doch das alles zuckte ihm nur in flüchtigen Gedanken durch das Hirn, denn der gegenwärtige Moment war für ihn selber viel zu entscheidend, um sich mit anderen Beobachtungen aufzuhalten.

Toanonga winkte nämlich einer Frau, die, nicht mehr ganz jung, aber doch noch in den besten Jahren,

den Kopf gebeugt, in dem vorderen Ringe saß. Auf
das Zeichen, das sie unter den gesenkten Augenlidern
vor gesehen haben mußte, richtete sich aber etwas auf
und sah Toanonga an. — Mac Kringo war für sie
gar nicht da.

„Mefo Hupe," sagte Toanonga, die Frau an=
redend, „du bekommst hier einen Versorger. Ma
Kino wird mit dir in deine Hütte ziehen und das Feld
für dich und deine Kinder bearbeiten."

„Deine Kinder?" rief der Schotte erstaunt, wäh=
rend die Frau wieder, als Zeichen des Gehorsams,
den Kopf senkte, „sind denn Kinder auch dabei?"

„Allerdings," erwiderte freundlich der alte Hew,
„und um so viel besser für dich, denn du hast gleich
eine Familie, in der du zu Hause bist. Mefo Hupe
war die Frau eines tapferen Egi's, Luttanaki mit
Namen, der in dem letzten Kampfe gegen die Hagai=
Leute getödtet wurde. Er hatte vorher sieben Hagai=
Krieger mit eigener Hand erschlagen; du wirst des=
halb nicht verfehlen, die Frau ehrerbietig zu behan=
deln. Geh jetzt in deine Wohnung, Mefo Hupe, und
bereite dich zu der üblichen Feierlichkeit vor."

Die Frau stand auf und verließ, ohne auch nur
einen Blick auf ihren künftigen Gatten zu werfen, die
Versammlung, und Mac Kringo wußte wirklich kaum,

ob das hier alles nur ein Scherz sein sollte, ober ob die Insulaner wirklich Ernst machten. An dem Letzteren brauchte er aber kaum zu zweifeln, denn Toanonga sah gar nicht wie Spaßen aus. Wie er sich aber noch überlegte, ob es nicht vielleicht schicklich wäre, daß er wenigstens ein paar Worte mit seiner künftigen Frau spräche, wandte sich der Alte schon wieder an ihn, und zwar um zwischen ihm und dem jetzt an die Reihe kommenden Lemon zu dolmetschen.

Nun war dem How ober König bieser Insel nichts erwünschter, als einen Schmied unter ben Papalangis gefunden zu haben; denn ben großen Nutzen, den ihnen eiserne Werkzeuge gewährten, hatte er schon lange kennen gelernt. Diesen beschloß er deshalb auch unter seine ganz besondere Protection zu nehmen und für sich selber zu benutzen. Daß ein Schmied auch Werkzeug haben muß, ehe er eine Arbeit liefern kann, fiel ihm nicht ein. Der Fremde war nun einmal ein Schmied, und damit die Sache abgethan.

Für Lemon hatte er deshalb auch eine der jüngsten zu vergebenden Frauen bestimmt, und Mac Kringo mußte ihn mit dem seiner harrenden Glücke bekannt machen. Toanonga erstaunte aber nicht wenig, als der Matrose, der die ganze Sache immer

noch für einen schlechten Spaß hielt und mürrischer
als je war, ein Gesicht zu der Eröffnung schnitt, als
ob er den Dolmetscher hätte umbringen können.

„Unsinn!" knurrte er dabei, „laß dich doch nicht
von dem alten Rothfell zum Narren haben, Lord
Douglas!"

„Aber er ist in vollem Ernst."

„Bah — Dummheiten — sag ihm nur, ich wollte
keine Frau haben. Erstlich möcht' ich überhaupt
nicht heirathen, und dann — hätte ich auch schon zwei
Frauen in England."

„Zwei?" rief der Schotte überrascht.

„Na, wenn die Erste nicht in der Zeit gestorben,
brummte der sauertöpfische Gesell — „ich habe mich
wenigstens nie darum bekümmert, und weiß jetzt nicht
einmal wo meine zweite ist."

„Was sagt er," fragte Toanonga, der sich den
sichtbaren Unwillen des Fremden nicht erklären
konnte.

„Hm," meinte Mac Kringo — „er — er sagt, er
hätte schon eine Frau, und nach unseren Gesetzen
dürfen wir nicht mehr nehmen."

„Oh — weiter nichts?" lachte Toanonga gut=
müthig, „da sag' ihm nur, daß er sich deshalb keine
Sorgen mache, denn hier sind wir auf Monui, und

ich selber habe neun Frauen. Doch das findet sich
alles; ich erlaube ihm, daß er die Frau nimmt, die
ich ihm gebe, und an das Andere hat er sich nicht zu
kehren. Außerdem wird er seine Hütte auf meinem
Grund und Boden haben und unter meinem ganz be-
sonderen Schutze stehen. Sag' ihm das!"

Die zweite Frau stand auf ein Zeichen Toanonga's
ebenfalls auf und verließ den Kreis. Lemon aber,
den Mac Kringo den neuen und verschärften Befehl
übersetzt hatte, konnte von dem Schotten nur mit
Mühe beruhigt werden, daß er sich hier nicht gleich
vor der ganzen Versammlung widersetzte. Die ihm
bestimmte Frau hatte er nicht einmal angesehn.

Toanonga aber nahm weiter keine Notiz von ihm,
da er noch die Verlobungen der vier anderen Weißen
zu beseitigen hatte. Mit diesen verfuhr er jedoch
ziemlich summarisch, wenigstens nahm er Jonas,
Pfeife und Spund zusammen, zeigte dabei auf drei
neben ihm sitzende Frauen, von denen zwei kleine Kinder
auf dem Schooß hatten, und ließ die drei Matrosen
durch Mac Kringo bedeuten, daß sie dieselben zu
Frauen bekommen sollten, wie sie gerade in der
Reihe säßen. Als Empfehlung wahrscheinlich bemerkte er nur nebenbei, daß die eine vier, die andere
drei und die dritte fünf Kinder habe.

Auf eine Antwort der betreffenden Personen war=
tete er ebenfalls nicht. Kam es doch hier nur darauf
an, daß er eben seinen Willen kund that und die ver=
schiedenen Partieen gewisser Maßen einander vor=
stellte.

Jetzt war nur noch Legs übrig, der bis dahin ver=
gebens gesucht hatte, Mac Kringo zu bewegen, ein gut
Wort für ihn in Betreff des Mädchens einzulegen,
das er mit vielem Vergnügen heirathen wolle. Mac
Kringo aber war bis dahin von Toanonga viel zu sehr
in Anspruch genommen worden, ihm willfahren zu
können und erst jetzt, da der alte Häuptling den
sechsten Mann fast vergessen zu haben schien, hielt
er es an der Zeit, die Aufmerksamkeit des Alten auf
ihn zu lenken.

„Hier, How,“ sagte er dabei, „ist noch Einer, der
dir gern eine Bitte vortragen möchte.“

„Der?“ sagte Toanonga, indem er einen fast
verächtlichen Blick nach der Stelle hinüber warf, wo
Legs saß, ohne diesen selbst anzusehen — „der ist gut
für nichts — das ist blos der Koch *).“

„Der soll also gar keine Frau haben?“ fragte

*) Auf den Tonga=Inseln ist der Koch der verachtetste
unter den verschiedenen Handwerkern.

Mac Kringo, und bereuete ſchon, daß er ſich nicht ſel=
ber als Koch anſtatt als Egi angegeben hatte.

„O ja,“ erwiderte aber Toanonga — „es waren
ſieben Frauen da, für euch ſechs. — Der Koch be=
kommt die beiden letzten. Sind ein Bischen alt und
nicht gerade hübſch, haben aber zuſammen ſieben Kinder
— gut genug für den Koch. Die da drüben ſind's.“

Mac Kringo mußte an ſich halten, daß er nicht
laut auf lachte. Legs gönnte er übrigens die beiden;
denn der kleine Burſche war, trotz ſeiner anſehnlichen
Statur, immer der geweſen, der ſich ſchon an Bord
am unbändigſten gezeigt und nicht ſelten Streit ange=
fangen hatte. Unendlich komiſch kam es ihm dabei
vor, ſich den etwas krummbeinigen Kameraden als
doppelten Familienvater zu denken, und daß ſeine Ehe
intereſſant und keineswegs langweilig werden würde,
dafür bürgten die Geſichter der beiden Frauen.
Schienen ſie doch ſelbſt in dieſem Augenblick ſchon
nicht übel Luſt zu haben, einander in die Haare zu ge=
rathen.

„Nun, Lord Douglas, was ſagt er?“ fragte Legs,
der ſich ſchon ſo mit dem Gedanken vertraut gemacht
hatte, ein wackerer Bürger von Monui zu werden,
daß er die Zeit kaum erwarten konnte. „Soll ich
den kleinen Wildfang zur Frau haben? Hol's der

Teufel, wir passen auch in der Figur zusammen und müssen ein prächtiges Paar geben!"

„Legs," erwiderte aber Mac Kringo, der sich nicht enthalten konnte, bei dieser Bemerkung einen Blick nach den gebogenen Extremitäten des Seemanns hinunter zu werfen, „es thut mir leid, daß der Alte deine Wünsche nicht berücksichtigen kann. Ob die fragliche Schöne schon versprochen ist, oder ob er viel= leicht selber ein Auge auf sie geworfen hat und sie zu seiner zehnten Frau machen will, weiß ich nicht. Er wird dich aber, in Rücksicht deiner Verdienste, entschädigen, und du sollst zwei andere dafür be= kommen."

„Zwei?" rief Legs erstaunt auffahrend.

„Ja, mein Junge;" die beiden Schönheiten da drüben mit der braunen, etwas runzeligen Haut und den Unmassen Blumen und bunten Lappen um sich her gesteckt."

„Mach keinen dummen Spaß!" rief Legs ärger= lich, indem er einen halb zornigen, halb scheuen Blick nach den beiden Unholdinnen hinüberwarf.

„Na, wahrhaftig, mein Junge," sagte aber Mac Kringo gutmüthig, „es ist dem Alten da drüben grimmiger Ernst, und nach Tisch, so viel ich ver= standen habe, werden wir alle zusammengespließt

werden. Von uns hat Jeder schon seinen Theil angewiesen bekommen, wie du ja auch gehört hast, und
die Beiden sind mit sieben dazu gehörenden Kindern
für dich aufgehoben. Na, hoffentlich führt ihr eine
recht glückliche Ehe zusammen."

„Verdammt will ich sein," rief aber Legs, in
allem Eifer in die Höhe springend, „wenn ich mich
solcher Art zum Narren halten lasse. Sollte der
alte Holzkopf aber wirklich im Ernst meinen, daß ich
mich dazu hergäbe, ein Alt-Weiber-Spittel und eine
Klein-Kinder-Bewahr-Anstalt auf der Insel anzu-
legen, so kannst du ihm nur sagen, Lord Douglas,
daß er sich da verwünscht in der Person geirrt hat.
Wenn er einen von uns dazu haben wolle, so konnte
er Spund nehmen, mich aber soll er ungeschoren lassen, so viel weiß ich."

„Und was willst du machen?"

„Was ich machen will? dem den Schädel einschlagen, der mir irgendwie zu nahe kommt."

„Unsinn!" sagte Mac Kringo ruhig, „du siehst,
daß wir Andern uns alle in das Unvermeidliche ge-
fügt haben, und du allein kannst nicht gegen die ganze
Insel anspringen. Bietet sich einmal eine günstige
Gelegenheit, dann kannst du dich darauf verlassen,
daß Keiner von uns säumen wird, sie zu benutzen, und

je fester wir dann zusammen halten, desto besser. Bis dahin aber bleibt uns nichts Anderes übrig, als uns denen zu fügen, die für den Augenblick das Heft in Händen halten. Zeigst du dich ihnen widerspänstig, so ist gar nicht abzusehen was sie mit dir anfangen, und wenn sie dich selbst todtschlügen, kann sie kein Mensch-daran verhindern und würde sich Niemand später darum kümmern."

„Und die beiden Vogelscheuchen sollt' ich hei= rathen?"

„Du kommst in eine ganz anständige Familie," lachte Mac Kringo — „aber jetzt paß auf, der Alte entläßt die Versammlung und wird noch Aufträge für mich haben. Halt' dich indessen zu Spund und den Anderen, damit ihr zusammen seid, wenn man uns verlangt."

Toanonga winkte ihm auch wirklich in diesem Augenblick, denn es galt nichts Geringeres, als die nöthigen Vorbereitungen für die Trauungs=Ceremonie der Fremden zu treffen, die auf den Inseln außer= ordentlich streng genommen werden. Daß diese alle heidnischer Art waren, versteht sich von selbst; den Weißen konnten sie aber nicht erlassen werden, da nur durch dieselben ihre Ehen geheiligt und gesetzlich wurden.

7.

Die verſchiedenen Bräute hatte man indeſſen
ſchon entfernt, um ſie für die Feierlichkeit anzukleiden,
und Toanonga übergab jetzt die Fremden einer Anzahl
ſeiner jungen Leute, ſie etwas anſtändig und paſſend
auszuſtatten.

Ihre Kleider waren nämlich durch ihren letzten
Unglücksfall ſo arg mitgenommen worden, daß ſie ihre
Blöße kaum mehr bedeckten; beſonders hingen ihnen
die Hemden in Lumpen von den Schultern. Toanonga
ließ deshalb Jedem ein Stück Tapa *) reichen, und
die Inſulaner wieſen ſie dabei auf das freundlichſte
an, wie ſie ſich mit Blumen und einigen anderen
Schlingpflanzen würdig ſchmücken konnten. Nur
Mac Kringo jedoch, der klug genug war, ihnen zu
Willen zu ſein, und Spund, der dem Frieden noch
immer nicht traute und Alles geduldig mit ſich ge=
ſchehen ließ, fügten ſich dem Vorſchlage. Die Uebri=
gen mit Lemon an der Spitze verweigerten jede ſolche
Aufmerkſamkeit für ihre zukünftigen Frauen.

*) Tapa iſt das aus der Rinde verſchiedener Bäume aus=
geſchlagene Zeug, das die Frauen auf allen Südſee = Inſeln
ſelber verfertigen.

Von den Eingeborenen hatten sie aber in der That nichts mehr zu befürchten, denn von dem Augenblick an, wo Toanonga und das Gericht der Egis ihre Aufnahme erklärt und dadurch geheiligt hatte, betrachteten die Leute sie als Freunde und als ihres Gleichen, und brachten ihnen jetzt sogar von verschiedenen Seiten Lebensmittel herbei, damit sie sich erholen und stärken konnten.

Nach der einfachen Sitte dieser Stämme hatten sie aber auch in der That weit mehr gethan, als irgend ein civilisirtes Volk, sei es noch so fromm und christlich, an ihrer Stelle gethan haben würde. Die Leute, die ihnen, trotz aller empfangenen Wohlthaten und trotz der früheren freundlichen Aufnahme, vorsätzlich Böses zugefügt und im Begriff gewesen waren, dem alten Häuptling der Insel sein liebstes Kind zu stehlen, strafte man nicht allein nicht, als man sie in Händen hatte, sondern man nahm sie sogar als gleichberechtigt mit den übrigen Bewohnern des Landes auf, gestattete ihnen den Besitz von Grund und Boden, und ließ sie unmittelbar in die Familien des Landes eintreten.

Es ist wahr, der erste Antrag einzelner Häuptlinge hatte dahin gelautet, kurzen Prozeß mit ihnen zu machen und die Gefangenen das büßen zu lassen, was der Capitain oder Häuptling derselben verbrochen, wie diese Stämme auch fast immer ihre Kriegsge= fangenen tödten. Toanonga aber, neben seiner ange= borenen und natürlichen Gutmüthigkeit, war klug ge= nug gewesen, auf einen Ausweg zu sinnen, durch den er die Gefangenen und ihre Kräfte für die Insel ver= werthen konnte. Was hätte er oder einer der anderen Insulaner davon gehabt, wenn man die Weißen vor den Kopf schlug oder in die See warf? — gar nichts. Die letzten Kriege hatten ihnen dagegen mehr waffen= fähige Männer gekostet, als die kleine Insel entbehren konnte, und jetzt halfen sie sich mit den Fremden so gut, wie sie eben konnten und so weit diese reichten.

Mit dieser Aufnahme in ihren Staats = und Familienkreis war aber auch jeder Haß, jedes Gefühl der Rache oder Feindseligkeit gegen die Fremden aus ihrem Herzen geschwunden. Es waren eben keine Fremden mehr, denn sie gehörten von da an mit zu Menui so gut wie einer der dort Geborenen.

Aehnliches findet man fast unter allen wilden Stämmen, die sehr häufig einzelne aus ihren Kriegs= gefangenen, während sie die übrigen mit durchdachter Grausamkeit zu Tode martern, zurückbehalten und mit der größten Herzlichkeit in ihre Familien als Söhne aufnehmen.

Anders betrachteten dieses allerdings die Matro=
sen, die sich durch solche gezwungene Heirathen auf
das schlimmste mißhandelt glaubten. Legs verlangte
auch von den Uebrigen, als die Eingeborenen ihre
Versammlung aufgehoben und die Papalangis sich
selber überlassen hatten, daß sie sich gemeinschaftlich
solchem Urtheilsspruch widersetzen sollten. Waffen
hätten sie dabei wohl auch bekommen können, sobald
sie nur in des alten Toanonga Hütte einbrachen.
In der ersten Ueberraschung wäre ihnen das jedenfalls
gelungen, und dort wurden, wie sie von früher wuß=
ten, eine Anzahl von Beilen und Keulen aufbewahrt.

Hiergegen, als ein ganz wahnsinniges Unter=
nehmen, das jedenfalls den Untergang Aller zur
Folge haben mußte, stimmte aber Mac Kringo, von
Spund und Jonas unterstützt, auf das entschiedenste,
und da Lemon und Pfeife ihren Zustand ebenfalls
noch nicht so unerträglich fanden, um gleich zu einem
so verzweifelten Mittel zu greifen, so wurde Legs voll=
ständig überstimmt.

Die Ceremonie nahm indessen ihren Anfang und
wurde, trotzdem, daß man mit den Fremden nicht
eben viel Umstände nöthig glaubte, doch ziemlich
feierlich betrieben.

Hier zeigte sich auch wieder die Gutmüthigkeit der

Inſulaner. Dieſe wußten natürlich, daß die Weißen
als Schiffbrüchige an ihre Inſel gekommen waren
und gar nichts zum Leben Nöthiges gerettet hatten,
und brachten ihnen jetzt eine Menge Geſchenke, um
ſie zu ihrem neu zu errichtenden Haushalt auszu=
ſtatten: Tapa zum Kleiden und ſtarke Matten zum
Schlafen, Fiſcher = Geräthſchaften und ſogar Waffen,
wie Keulen und Bogen und Pfeile, um bei einem
möglichen Angriff eines Feindes in die Reihen der
Krieger mit eintreten zu können.

Als die Fremden nun mit allem ausgerüſtet wa=
ren, was ſie zu ihrem anſtändigen Erſcheinen unter
den Inſulanern gebrauchten, denn um ihre Lebensbe=
dürfniſſe durften ſie keine Sorgen haben, verſammel=
ten ſich, wie es ſchien, faſt alle Bewohner der Inſel,
um an der Feſtlichkeit Theil zu nehmen. Die ſieben
Bräute waren ſchon in das für die Trauung beſtimmte
Haus abgeholt, und Toanonga, an der Spitze ſeiner
Egis, winkte die Fremden heran und überlieferte ih=
nen, mit einigen mahnenden Worten, ſich gut zu be=
tragen und ihrem neuen Vaterlande Ehre zu machen,
ihre künftigen Frauen, die ſich dann aber augenblick=
lich wieder in ihre verſchiedenen Wohnungen zurück=
zogen. Den Fremden dagegen wurde bedeutet,
zurückzubleiben, um an einem Cava-Feſt — der

Hauptsache bei der ganzen Feierlichkeit — Theil zu nehmen.

Diese Cava *)-Partie schien auch erst die vorher=
gegangene einfache Formalität der Heirath zu be=
stätigen und zu kräftigen; denn dadurch, daß die
Häuptlinge es der Mühe werth´hielten, eine solche
anzuordnen und die Fremden daran Theil nehmen zu
lassen, heiligten sie den eben geschlossenen Bund, der
jetzt ohne Toanonga's Bewilligung nicht wieder gelöst
werden konnte.

Einen schweren Stand hatten die Seeleute aber
erst noch bei dem Cava-Fest, denn die Bereitung die=
ses Trankes kannte Keiner von ihnen, nicht einmal
Mac Kringo. Pfeife besonders, als er merkte, was
dort vorging, wurde steinübel, und Legs wollte schon
aufspringen und hinauslaufen. Der Schotte aber,
der sich leicht denken konnte, daß etwas Derartiges

---

*) Die Cava ist die Wurzel einer pfefferartigen Pflanze
(auf den übrigen Inseln Ava genannt), aus der ein gährendes
und besonders bei festlichen Gelegenheiten benutztes Getränk
bereitet wird. Nur die Art der Zubereitung ist für den nicht
daran Gewöhnten widerlich und abstreckend, indem die
Wurzeln von den daran Theil nehmenden Eingeborenen ge=
kaut und dann in eine Schüssel gelegt werden, wo man sie
nachher mit Wasser übergießt. Dieses Wasser, nachdem es
den Saft aus den Wurzeln gezogen hat, wird als eine Deli=
catesse getrunken.

von den jetzt nur freundlich gesinnten Eingeborenen
als die größte Beleidigung angesehen werden würde,
bewog sie mit großer Mühe, sitzen zu bleiben und auch
dieses noch über sich ergehen zu lassen. Später konn=
ten sie ja solchen Einladungen schon weit eher aus=
weichen. Spund stimmte ihm darin auch vollkommen
bei, und während die Anderen, als die Schale an sie
kam, nur so thaten, als ob sie schluckten, nahm er,
seinen Willen und Gehorsam zu zeigen, einen langen
und herzhaften Schluck.

Das sollte er aber schwer büßen. Kaum hatte er
die Mischung hinunter, als sich ihm der Magen ge=
waltsam umdrehte, und er mußte, unter dem Geläch=
ter der Eingeborenen, von seinen Kameraden hinaus=
geschafft werden.

Damit war indessen auch jedem Anspruch, den
die Egis noch an sie machen konnten, Genüge geleistet.
Während die Insulaner noch bei ihrer Cava=Partie
blieben, deren Freuden sie sich oft bis in später Nacht
hingeben, wurden die Seeleute, jetzt jeder Aufsicht und
Ueberwachung enthoben, von jungen Leuten in die
ihnen zugewiesenen Wohnungen abgeführt und durften
sich von dem Augenblick an als Bürger von Menni
betrachten.

Der Schooner.

1.

Die Brotfrucht war zum zweiten Male gereift, und die Bäume standen mit diesem wunderbaren Geschenk beladen, das ein gütiger Himmel den glücklichen Bewohnern jener Inseln gespendet. Ueberall auf Monui herrschte Ueberfluß, und die leichtherzigen Eingeborenen hätten jeden Tag als Fest feiern können. Das rege, thätige Leben auf der Insel galt aber einem andern Zweck, und nicht zu Lust und Frieden sammelten sich die Männer in häufigen Berathungen und suchten aus allen Ecken die fast vergessenen Waffen wieder hervor.

Was hilft den Menschen ein Paradies, wenn sie darin nicht ihre Leidenschaft zähmen können! Was hilft ihnen der Ueberfluß an allem zum Leben Nöthigen, wenn sie sich mit dem, womit Gott sie in so reichem Maaße überschüttet, nicht begnügen können oder wollen! Die Südsee-Inseln sind uns darin ein lebendiges Beispiel. Hier bringt die Natur alles hervor, was der Mensch zum Leben braucht. Ohne Arbeit, ohne Anstrengung, von einer wundervollen Scenerie umgeben, in ihrem Familienleben glücklich, von Krankheiten wenig heimgesucht, könnten diese Men-

schen ein wahrhaft glückliches Dasein führen — wenn
sie eben den Anderen das gönnten, was sie selber so
reichlich besitzen. Selbst in diesem reizenden Lande
schlummern aber die Leidenschaften nicht, und Herrsch=
sucht, Ehrgeiz und Aberglauben lassen sie das nicht
friedlich genießen, wonach sie in ihrer unmittelbaren
Umgebung nur die Hand auszustrecken brauchten, um
es zu erreichen.

So hatten auch die Bewohner von Monui fast
zwei Jahre in Frieden mit den Nachbar=Inseln gelebt.
Kaum aber waren die Wunden der letzten Kämpfe
oberflächlich verharrscht, als sie des ruhigen Lebens
schon wieder überdrüssig wurden.

Von Hapai aus war ihnen bis jetzt nämlich,
einem alten Abkommen nach, ein jährlicher, höchst un=
bedeutender Tribut von Gnatu*) und Cava=Wurzeln
bezahlt worden, und das Ganze mehr eine Form ge=
wesen, als daß sie je einen wirklichen Nutzen davon
gehabt. Diesen Tribut hatten die Hapai=Insulaner
in diesem Jahre nicht bezahlt, und auf eine Mahnung
deshalb die Bewohner von Monui wissen lassen, sie
hielten sich nicht mehr für daran gebunden. Das

---

*) Das aus einer Art Baumrinde bereitete und gedruckte
Zeug. Das ungedruckte heißt Tapa.

Ganze betraf auch in der That nur eine religiöse Ceremonie, die auf Monui schon lange abgeschafft worden. Wie das aber mit alten Verpflichtungen manch=
mal so geht, waren diese Geschenke noch eine Zeit
lang beibehalten, bis es die Hapai=Leute selber müde
wurden.

Monui allein hätte mit ihnen auch keinen Krieg
anfangen können, das wußten sie recht gut; jetzt aber,
da der tapfere Tai manavachi Toanonga's Schwie=
gersohn geworden war, beschlossen die Egis oder
Häuptlinge, dessen Hülfe in Anspruch zu nehmen und
mit Speer und Keule das einzutreiben, zu dessen Be=
sitz sie sich berechtigt glaubten. Ihrer Meinung nach
war es ihnen zur Ehrensache geworden, die paar
Kleinigkeiten nicht aufzugeben; was kümmerte es sie,
daß sie um ein paar Stück Gnatu und einen Korb
voll Wurzeln den Frieden ihres Landes und ihr Fa=
milienglück in die Schanze schlugen!

Möglich ist dabei, daß sie durch die Verstärkung
der sechs Papalangis auf ihrer Insel noch mehr in
ihrem kriegerischen Entschluß bestärkt wurden. Von
einem Wallfischfänger, der vor einigen Monaten bei
ihnen angelegt, hatte Toanonga zugleich mit einigem
Handwerkszeug auch mehrere Musketen und Muni=
tion dazu eingehandelt, und allerdings konnten ihm

da die Weißen, die mit solchen Waffen ordentlich um=
zugehen wußten, eine wichtige Hülfe leisten. Als jenes
Schiff anlegte, wußte der alte schlaue Häuptling,
außer dem Schotten, alle seine Gefangenen fern da=
von zu halten. Er ließ auch gar kein Boot ans Ufer,
sondern trieb den Tauschhandel, nur von Mac Kringo
begleitet, durch seine Canoes.

So wurden denn jetzt auf Monui die Kriegs=
rüstungen mit möglichstem Eifer betrieben, und ein
Canoe war schon an Tai manavachi abgeschickt wor=
den, ihn zu einer bestimmten Zeit nach Hapai zu be=
stellen, auf welche Insel sie ihre Angriffe vereint
machen wollten. Die sechs Europäer hatten indeß
ihre Wohnungen auf Monui so zerstreut angewiesen
bekommen, daß sie einander nur selten zu sehen beka=
men. Mac Kringo und Lemon behielt Toanonga je=
doch, wie schon früher erwähnt, in seiner Nähe. Mac
Kringo lebte überhaupt dabei am unabhängigsten, da
er sich wohlweislich für einen Egi seines Schiffes aus=
gegeben.

In der That hätte er auch mit dem neulich dort
angelaufenen Wallfischfänger wieder in See gehen
können; denn so bald er es verlangt, würde ihn der
Capitain schwerlich ausgeliefert haben. Einestheils
mochte er aber die Kameraden nicht im Stich lassen,

und anderntheils war ihm das bequeme, müßige Leben am Lande noch viel zu neu, um es gleich wieder mit der harten Arbeit am Bord eines Wallfischfängers zu vertauschen. In den letzten Monaten aber, und besonders seit er erfahren, daß sie sich alle mit an einem Kriegszuge betheiligen sollten, bei dem sie nicht das mindeste Interesse hatten und ihr Leben um nichts aufs Spiel setzen mußten, fing er doch an, sich wieder hier fort zu sehnen, und bereute schon, die letztgebotene Gelegenheit nicht benutzt zu haben.

Alle Matrosen machen es so, besonders die in der Südsee kreuzenden. So lange sie an Bord sind, verwünschen sie ihr Schicksal, fühlen eine ungeheure Sehnsucht nach festem Lande und benutzen regelmäßig die erste, beste Gelegenheit, zu desertiren. So wie sie aber eine Weile auf dem festen Lande gelebt haben, auf das sie sich vorher so sehr gewünscht, wird ihnen die Sache langweilig, und sie ruhen nicht, bis sie wieder das Deck eines Fahrzeuges unter den Füßen fühlen.

Mac Kringo besonders hatte sich in der letzten Zeit viel mit allerlei Planen zu ihrer Flucht beschäftigt, die aber jetzt viel schwieriger auszuführen schienen, als je. Da die Insulaner nämlich einen Ueberfall auf Hapai beabsichtigten, und die Drohung, den Tribut von dort gewaltsam einzufordern, schon hinüber gesandt hatten, mußten sie auch von daher ein Gleiches fürchten, und bewachten deshalb alle Landungsplätze Tag und Nacht auf das Sorgfältigste. Wie sollte da ein Canoe unbemerkt, unverfolgt entkommen?

Der Schotte gab übrigens deshalb die Hoffnung nicht auf, und war ziemlich fest entschlossen, die erste passende Gelegenheit zu benutzen. So schlenderte er eines Tages durch die Berge der nicht sehr großen aber wunderschönen Insel, und zwar in der Absicht, den höchsten Gipfel ihrer Anhöhen zu besteigen und von dort aus zu schauen, ob er nicht in irgend einer Richtung hin eine andere Insel erkennen könne. Gelang es ihnen nur, auf eine solche zu entkommen, wo sie nicht mehr als gekaufte Gefangene betrachtet wurden, so durften sie von dort auch weit eher hoffen, entweder von einem Schiff erlöst zu werden oder vielleicht in einem Canoe Neuseeland oder Australien zu erreichen.

Der Schotte konnte seinen Weg ziemlich ungehindert verfolgen, denn Monui war noch nicht so durch die aus Brasilien nach diesen Inseln gebrachten Guiaven-Büsche überwuchert worden, wie es einige der Gesellschafts-Inseln sind. Die schlanken Palmen

und andere hochstämmige Waldbäume hielten hier
das kleine Holz noch ziemlich unter, und die Wälder
in der Nähe des Strandes waren verhältnißmäßig
licht. Erst auf den Höhen wurden die Büsche dichter,
und als Mac Kringo einmal die verschiedenen An-
pflanzungen von süßen Kartoffeln und Yams im
Rücken hatte, mußte er sich schon sorgfältiger seinen
Weg suchen.

Da hörte er plötzlich, in nicht gar weiter Entfernung von sich, die regelmäßigen Schläge eines Beils,
denen er eine Weile horchte, denn er hatte keine besondere Lust, hier mit einem Eingeborenen zusammen
zu treffen. Das anhaltende Arbeiten des Holzhackenden
überzeugte ihn aber bald, daß das kein Indianer sei,
und ziemlich erfreut, einen seiner Kameraden da zu
finden, drängte er sich rasch durch das Gebüsch der
Richtung zu, von der das Geräusch herüber tönte.

Er hatte sich auch nicht geirrt; denn vorsichtig
aus einem kleinen Dickicht herausschauend, erkannte
er bald seinen früheren Kameraden Jonas, und zwar
emsig beschäftigt, einen starken, hochstämmigen Baum
zu fällen.

„Hallo! Jonas!" rief er ihn endlich an, nachdem
er dem Eifrigen eine kleine Weile zugeschaut, „du ar-
beitest ja, als wenn du die Geschichte im Accord hättest."

„Lord Douglas! so wahr ich lebe!" rief der Matrose erfreut, indem er seinen alten Kameraden erkannte. „Wo kommst du her, mein Bursche? Es ist eine halbe Ewigkeit, daß wir einander nicht gesehen haben, und es thut dem Auge ordentlich wohl, eine weiße Haut unter diesen Rothfellen zu treffen. Jetzt kann man doch wieder einmal ein vernünftiges Wort Englisch sprechen, denn die Zunge habe ich mir schon fast mit dem Radebrechen ihrer vermaledeiten Sprache abgedreht."

„Aber du siehst gut aus!" rief ihm der Schotte entgegen. „Das Leben als glücklicher Familienvater scheint dir vortrefflich zu bekommen! Wie befinden sich die jungen Jonasse?"

Der Matrose antwortete mit einem lästerlichen Fluche.

„Da kannst du auch noch lachen?" setzte er dann hinzu, „aber es ist wahrhaftig ein Scandal, einem ehrlichen Christenmenschen eine solche dunkelbraune Ehehälfte und ein Nest voll junger Heiden aufzuhängen. Verdammt will ich sein, wenn ich das diesem alten, wackeligen Toanonga nicht gedenke."

„Hast du nichts von Legs gehört?" fragte der Schotte.

Jonas lachte.

„Das ist das Einzige, was mich noch tröstet," ·
schmunzelte er mit einem breiten Grinsen über das
Gesicht: „der großmäulige kleine Bursche ist noch
schlimmer angekommen, als wir."

„Und wie verträgt er sich mit seinen Frauen? Er
muß ja doch in deiner Nähe wohnen?"

„Ja wohl, unsere beiden Häuser stehen kaum
fünfhundert Schritt aus einander," lachte Jonas,
„und ich habe in der ersten Zeit immer ganz genau
hören können, wenn er sich mit seiner Familie
unterhielt."

„Und jetzt nicht mehr?"

„Jetzt haben sie ihn unter. Die ersten Wochen
prügelte er seine Frauen abwechselnd, und, wie ich
glaube, nach jeder Mahlzeit, wahrscheinlich um sich
etwas Bewegung zu machen. Das bekamen sie aber
bald satt, und nahmen sich Hülfstruppen ins Haus.
Ein ganzer Schwarm Vettern und Basen, und was
weiß ich, wer sonst noch! quartierte sich bei ihm ein
und zehrte von ihm, und als er die eines schönen
Morgens hinauswerfen wollte, fielen sie über ihn her
und prügelten ihn, von den beiden Frauen redlich
dabei unterstützt, windelweich. Ich hörte den Lärm
und lief hinüber; da man sich aber nicht in fremde
Familienstreitigkeiten mischen soll, störte ich sie auch

nicht in ihrem Vergnügen und ging wieder zu Hause.
— Was macht denn Lemon?"

„Lemon," sagte der Schotte, „kommt aus dem
grimmigsten Aerger gar nicht heraus, aber nur deshalb, weil es ihm so gut geht, und er gar nicht weiß,
worüber er vernünftiger Weise schimpfen könnte.
Er hat mir noch heute Morgens versichert: er wollte
lieber auf dem schmierigsten Wallfischfänger Tag und
Nacht Thran auskochen, ehe er noch acht Tage auf
der Insel bliebe."

„Und wenn wir heute wieder an Bord säßen,
wäre er der Erste, der sich fortwünschte. Weißt du
nichts von Pfeife?"

„Keine Silbe. Seit sechs Monaten, glaube ich,
habe ich den mit keinem Auge gesehen."

„Und wo steckt Spund?"

„Spund wohnt auch eine Strecke von uns entfernt, kommt aber doch manchmal hinauf, da er für
den Alten zu arbeiten hat. Er beschäftigt sich übrigens jetzt eifrig mit der Bekehrung seiner Familie, die
er absolut zu Christen machen will, und behauptet:
der liebe Gott hätte ihn nur zu dem Zweck auf die
Insel gesetzt, den Heiden das Evangelium zu bringen.
Auch mit dem alten Toanonga hat er schon ein paar
Versuche gemacht, der ist aber so zäh wie Leder und

läßt sich auf nichts ein. Wie das Schiff neulich da war, ruhte Spund sogar nicht eher, als bis ich ihm eine Bibel von Bord mitbrachte."

„Ein Schiff war da?" rief Jonas erstaunt, „und davon haben wir kein Wort erfahren?"

„Ja, der Alte hat sich wohl gehütet, daß Ihr's gewahr wurdet!" lachte der Schotte. „Die Boote durften nicht einmal an's Land, womit der Capitain auch vollkommen einverstanden schien; denn er fürchtete wahrscheinlich, daß ihm welche von seinen Leuten durchbrennen würden. Lemon ist übrigens mit dem Schiff der schlimmste Streich passirt, denn er hat Schmiedewerkzeug gekriegt, und soll nun arbeiten und kann nicht. Das Einzige, was er mit Mühe und Noth fertig bringt, sind Pfeilspitzen, die er gar kläg= lich aus Nägeln zurecht hämmert."

„Hör' einmal, Lord Douglas," sagte er da, nach= dem er eine Weile stillschweigend vor sich hingesehen, „ich glaube doch beinahe, daß wir damals mit dem — mit dem Feuer, du weißt schon — einen dummen Streich gemacht!"

„Je weniger wir dann davon reden, desto besser ist's," meinte der Schotte, „denn geschehene Dinge sind nun einmal nicht zu ändern. Was hatten wir denn auf dem blutigen Blubberkasten, daß wir nicht,

wenn wir's hier einmal satt bekommen, auf jedem
anderen Schiffe eben so gut wiederfinden?"

„Das ist schon wahr, und wenn wir's hätten
haben können, wie wir's uns im Anfang gedacht, wär'
ich der Letzte, der die Veränderung bereute; aber gleich
als Versorger von einer Frau und vier Kindern hin=
gestellt zu werden, das heißt die Häuslichkeit doch ein
Bißchen übertreiben. Wer steht uns außerdem dafür,
daß wir nicht, wenn ihnen hier wieder ein halb
Dutzend Ehemänner wegsterben, vielleicht noch Jeder
ein oder zwei Frauen zugelegt bekommen, und dann
sieh Legs an, wie's dem jetzt geht! — Hast du denn
schon von dem neuen Kriegszug gehört?"

„Gewiß; sie rüsten schon mit aller Macht, und die
Geschichte wird nächstens losgehen."

„Na, ja," sagte Jonas, „und wir sollen auch
dabei sein und unsere Haut zu Markte tragen; das ist
aber gegen den Contrakt, und ich müßte mich sehr
irren, wenn ich nicht gerade in der Zeit sterbenskrank
würde."

„Hallo! ein Segel!" rief da Mac Kringo plötzlich,
der, während Jonas sprach, durch die Büsche hin auf
das Meer hinausgesehen hatte. „Das Weiße dort
drüben muß ein Segel sein!"

„Gewiß ist das ein Segel!" bestätigte Jonas,

nachdem er eine Weile — feine Augen mit der Hand gegen die Sonne fchützend — nach der angedeuteten Richtung hinausgefchaut hatte.

"Das muß aber noch weit fein, denn es kommt mir fo klein vor. Kannst du ausmachen, nach welcher Richtung es steht?"

"Spitz jedenfalls, und am Ende nach uns zu, denn wenn es hier vorbeigefegelt wäre, hätten wir es fchon früher fehen müffen. — Das kann auch kein Wall= fifchfänger fein, man kann ja den ganzen Rumpf erkennen, und doch zeigt er nicht viel Segel."

"Am Ende ist das einer der kleinen Schooner," fagte der Schotte, "die zwifchen den Infeln herum= kreuzen und Cocosöl und Perlmutterfchalen ein= taufchen. Das wäre am Ende eine Gelegenheit, von hier fortzukommen."

"Aber wer weiß, wie wir es nachher finden?" meinte Jonas, "und folche kleine Fahrzeuge haben auch felten viel Platz an Bord. Ja, wenn man wüßte, daß man damit nach Auftralien könnte! Dort foll ein tüchtiger Arbeiter in ein paar Jahren ein reicher Mann werden."

"Auf einen Wallfifchfänger gehe ich nicht wieder, fo viel weiß ich," fagte der Schotte; "hol' der Teufel das Hundeleben, die Pferdearbeit, und die Capitaine,

die wahrhaftig gar nicht wiſſen, wie ſie einen armen
Teufel von Matroſen nur genug quälen und ſchinden
ſollen!"

„Wahrhaftig, das Schiff hält gerade auf uns zu!"
rief jetzt Jonas, der indeſſen keinen Blick von dem
fernen Segel verwandt hatte. „Hinunter möchte ich doch
jedenfalls, wenn es vielleicht ein Boot ans Land ſchickte."

„Hör einmal, Jonas, ich will dir was ſagen,"
meinte der Schotte, nachdem beide eine Weile ſchwei=
gend das anſegelnde Fahrzeug betrachtet hatten.
„Wozu ich ſelber Luſt habe, weiß ich in dem Augen=
blicke ſelbſt noch nicht, und um zu einem Entſchluß zu
kommen, muß man natürlich doch erſt wiſſen, was
das für ein Fahrzeug iſt und wohin es geht. Jeden=
falls wollen wir aber unten in der Nähe ſein, wenn
es wirklich landet oder wenigſtens ein Boot herüber=
ſchickt; denn in die Corallenriffe wird es ſich keines=
falls hereingetrauen. Wann glaubſt du, daß es heran
ſein kann?"

„Heute Abend kaum mehr," ſagte Jonas, „der
Wind iſt faſt ganz eingeſchlafen, und es kann nur
langſam vorwärtsrücken. Hat es übrigens Luſt,
Monui anzulaufen, ſo können wir uns feſt darauf
verlaſſen, daß es morgen früh mit Tagesanbruch vor
den Riffen liegt."

„Gut, dann sei du morgen, gleich nach Tagesan=
bruch, unten bei Toanonga; eine Ausrede wirst du
schon finden; bringe aber Legs mit, denn es ist am
Ende besser, daß wir so viel als möglich von uns bei=
sammen sind."

„Wenn wir nur wüßten, wo Pfeife steckt!"

„Den hat der Alte jedenfalls in die Nähe der
Canoes gesetzt," sagte Mac Kringo, „das Segelwerk
derselben in Ordnung zu bringen, und Spund wird
dort wohl mit ihm zusammengekommen sein. Spund
sehe ich aber jedenfalls heute Abend, denn Toanonga
hat ihn hinbestellt, etwas mit ihm zu besprechen."

„Verstehen sie denn einander?".

„Vortrefflich! Spund, in der festen Ueberzeugung,
daß er die Leute hier bekehren muß, hat das Unglaub=
liche geleistet und spricht die Sprache schon fast so gut
wie ich; dem Alten wird er aber langweilig, weil er
ihn nie zufrieden läßt."

„Seit wann ist denn da die Frömmigkeit bei ihm
zum Durchbruch gekommen?"

„Ach, du weißt ja," lachte der Schotte, daß er uns
schon immer am Bord Predigten gehalten hat; es ist
einmal seine schwache Seite. Aber ich will machen,
daß ich wieder hinunter komme, denn er möchte früher
dort sein, und ich finde ihn nachher nicht mehr."

„Wird aber der Alte nichts merken, wenn wir dort alle zusammentreffen?" fragte Jonas.

„Hm!" meinte der Schotte, „besser ist es freilich, wir lassen uns nicht gleich alle zusammen sehen, wenn wir nur in der Nähe sind. Legs mag deshalb auf die Landspitze hinaus gehen, wo wir damals die Woche gesessen haben, und dorthin soll Spund auch Pfeife schicken, wenn er ihn auftreiben kann. Wir Uebrigen müssen dann sehen, wie wir uns am besten in der Nähe halten. Wirst du übrigens fortgeschickt, so widersprich nicht, sondern geh' in den Wald hinein, als ob du nach Hause wolltest, und sieh dann zu, daß du ebenfalls unbemerkt zu den Andern auf die Land= spitze kommst."

„Und sollen wir Waffen mitbringen?"

„Wenn es heimlich geschehen kann, ja! Man weiß nie, was vorfällt; die Eingeborenen gehen ja auch jetzt alle schwer bewaffnet umher; aber je weniger ihr euch damit sehen laßt, desto besser ist es."

„Gut, das wäre also abgemacht. Auf Wieder= sehen morgen! Hol's der Teufel! es ist doch endlich einmal eine Abwechselung in diesem so verzweifelt langweiligen Leben. Ob wir nun dableiben oder nicht, jedenfalls können wir doch von dem Schiff etwas Tabak bekommen, und ich kann dir versichern, ich

habe einen ordentlichen Heißhunger darauf. Donnerwetter, da fällt mir ein! haft du denn neulich von
dem Wallfischfänger keinen mitgebracht?"

„Ein verwünscht kleines Stückchen," sagte zögernd
der Schotte. „Die Leute waren schon drei Jahre aus,
und der Capitain hielt sie furchtbar knapp mit Tabak."

„Haft du welchen bei dir?" fragte Jonas gierig.

„Hm, ich weiß selber nicht einmal — einen Mund
voll höchstens."

„Junge, Junge! und da läßt du mich hier die
ganze Zeit mit trockenem Maule stehen! Du wirst
doch wahrhaftig mit mir theilen?"

Mac Kringo suchte eine lange Weile in seinen
Taschen, endlich brachte er ein kleines Stückchen
heraus, daß er indessen mühsam von einem größern
in der Tasche abgedreht.

„Das ist alles, was ich noch habe, kaum ein
Bissen, aber schneide dir die Hälfte herunter, daß du
wenigstens einmal wieder den Geschmack davon bekommst."

„Hurrah! Tabak!" schrie Jonas, der das Stück
schon vorher mit den Blicken verschlang. „Junge,
wenn ich meine Familie gegen Tabak und Grog eintauschen könnte, so wollte ich mir kein besseres Leben,
wie das hier auf der Insel, wünschen. Na, vielleicht

bekommen wir morgen einen ordentlichen Vorrath.
So viel weiß ich, ich packe meiner Frau ganze Toilette
morgen ein, um wenigstens zum Tauschen irgend
etwas bei der Hand zu haben. Und nun good-bye!
mit Tagesanbruch morgen früh bin ich unten bei
Toanonga's Haus."

Damit winkte er dem Freunde einen kurzen Gruß
zu und verschwand bald in den Büschen. Mac Kringo
verharrte noch eine Weile auf seiner Stelle, sich über
die Richtung des Segels größere Gewißheit zu ver=
schaffen. Es blieb aber bald keinem Zweifel mehr
unterworfen, daß es wirklich näher kam. Mit dem
Winde hätte es auch gar nicht von ihnen fortsegeln
können, und darüber beruhigt, stieg er den Weg zurück
ins Thal, den er vorher herauf gekommen.

2.

Mit Tagesanbruch am nächsten Morgen herrschte
an der Landung von Monui ein außerordentlich reges
Leben und Treiben. Schon gestern Abends hatten
die Insulaner von ihrem Strand aus das nahende
Segel erkannt, und Früchte und Gemüse wurden ge=
pflückt und ausgegraben und alle möglichen anderen
Gegenstände hervorgesucht, um, sobald das fremde
Fahrzeug herankäme, einen lebhaften Tauschhandel mit

ihm zu eröffnen. War doch schon vieles, was ihnen die weißen Männer bringen konnten, auf der sonst so einfachen Insel zum Bedürfniß geworden, während sie jetzt bei dem bevorstehenden Krieg auch noch hofften, mehr Feuerwaffen und Munition und damit den gewissen Sieg über die feindlichen Stämme zu erlangen.

Mac Kringo hatte Spund noch am vorigen Abend getroffen und ihm seinen Plan mitgetheilt. Zu seinem Erstaunen schien der würdige Bursche aber nicht die mindeste Lust zu haben, darauf einzugehen. Seit er nämlich die Bibel erhalten und fleißig darin gelesen hatte, war das, was bei ihm früher nur eine Art von stiller Neigung gewesen, zur wirklich fixen Idee geworden, daß er nämlich berufen sei, diese Heiden zu Christen zu machen.

Vergebens suchte ihm der Schotte eine solche Idee auszureden und ihm begreiflich zu machen, daß er ganz gewiß ein tüchtiger Matrose und Böttcher sei, höchst wahrscheinlich aber einen nur sehr mittelmäßigen Prediger abgeben würde. Spund ließ sich nicht irre machen; entgegnete, daß Petrus auch nur ein Fischer gewesen sei, also auch nicht einmal ein Böttcher, und Alles nur eben auf den Beruf ankomme. Dabei war er fest überzeugt, daß ihr Schiff,

die „Lucy Walker," nur seinetwegen verbrannt sei,
um ihn hier, an dieser für ihn bestimmten Stelle fest=
zuhalten, und die Uebrigen — Mac Kringo wie die
anderen Kameraden — konnten Gott danken, daß sie
mit ihm in einem Boote gewesen seien, sonst wären
sie auch zu Grunde gegangen.

Ueber den Brand des Fahrzeuges hätte ihm nun
allerdings der Schotte einen besseren Aufschluß ge=
ben können, und schien einmal nicht übel Lust dazu zu
haben, überlegte sich aber doch die Sache anders und
schwieg. Vergebens waren aber alle Versuche seiner=
seits, den Kameraden von dem einmal gefaßten Vor=
satz abzubringen. Nur dazu verstand er sich, ihren
Planen, wenn sie wirklich fliehen wollten, kein Hinder=
niß in den Weg zu legen, ja, sie eher nach besten
Kräften zu fördern. Und das geschah noch in seinem
eigenen Interesse; denn von dem Christenthum der
Kameraden hielt er außerordentlich wenig und fürch=
tete eher, in seinen neuen und frommen Planen durch
die Anderen gestört und verspottet zu werden. Je
früher sie also die Insel verließen und ihm das Feld
räumten,. desto eher durfte er hoffen, ein Resultat zu
erreichen.

Das Fahrzeug war indessen mit der frischen
Morgenbrise rasch näher gekommen, und es ließ sich

jetzt deutlich erkennen, daß es keineswegs ein großer
Wallfischfänger, sondern, wie die beiden Matrosen ge=
stern Abends richtig gesehen hatten, nur ein kleiner
Schooner von vielleicht hundert oder hundertzwanzig
Tonnen war. Im Anfang hatten die Insulaner auch
ihre Canoes bereit gehalten, mit denen sie das fremde
Fahrzeug anlaufen wollten, und Mac Kringo über=
legte sich schon dabei, ob es in dem Falle nicht mög=
lich sein würde, ein Canoe selbst mit Gewalt zu neh=
men und einen offenen Fluchtversuch zu wagen. Da
änderten die Indianer plötzlich ihren Plan. So wie
das Fahrzeug nahe genug kam, die Stärke desselben
deutlich erkennen zu können, hatte Toanonga seine
Egis zu einer raschen Berathung zusammenberufen.
Die Unterredung mußte auch sehr wichtig sein, denn
sie besprachen sich lange und heimlich mit einander,
und als sich ihnen der Schotte nähern wollte, wurde
er zurückgewiesen.

Das sah nun allerdings aus, als ob die Indianer
etwas im Schilde führten; aber was konnten sie be=
absichtigen? einen offenen Angriff? Ihre Canoes la=
gen sämmtlich in einer kleinen, durch Mangrove=
Büsche geschützten Bai, um aber mit ihnen hinaus
in See zu kommen, mußten sie über das offene, wohl
eine halbe Stunde breite Binnenwasser, das zwischen

den Corallenriffen und dem Ufer lag, und nur ein
einziger schmaler Weg blieb ihnen durch die Riffe
und die darüber stürzende Brandung ins Freie. Das
fremde Fahrzeug hätte also in einem solchen Falle
entweder Zeit genug behalten, sich gegen einen solchen
Angriff zu rüsten oder demselben auch, mit der jetzt
frisch wehenden Brise, leicht entgehen können.

Das schien aber auch nicht in der Absicht der
Eingeborenen zu liegen, denn ihre Canoes wurden
nicht gerüstet. Nur ein einzelnes, ganz kleines ru=
derte, von zwei Insulanern bemannt, hinaus, der
Einfahrt zu.

Bis jetzt hatte sich nun allerdings Mac Kringe
als Dolmetscher der Insel betrachtet, und daß Toa=
nonga diesmal seine Hülfe nicht in Anspruch nehmen
wollte, machte ihn stutzig. Jedenfalls aber bekam er
dadurch einen Vorwand, den alten Häuptling nach
der Ursache zu fragen, und ging deshalb langsam auf
ihn zu. Hatte er ein Geheimniß, so wollte er es bald
aus ihm heraus bekommen.

Jonas war vor einer Viertelstunde, der gestrigen
Verabredung gemäß, richtig eingetroffen, von dem
Alten aber augenblicklich wieder fortgeschickt worden
und befand sich jetzt mit Legs auf der Landzunge und
ziemlich in der Nähe. Nur von Pfeife hatte der

Schotte nichts erfahren können. Spund wußte seiner Aussage nach allerdings die Stelle, wo seine Wohnung stand, wollte ihn aber in den letzten vier Wochen mit keinem Auge gesehen haben und behauptete nur, daß er einige Mal längere Unterredungen mit Toanonga selber gehabt.

Der alte Häuptling saß wie gewöhnlich vor seiner Hütte und nickte dem Schotten, als er ihn kommen sah, freundlich und herablassend zu.

„Willst du keinen Handel mit dem Schiff treiben, Toanonga?" fragte ihn dieser, als er, neben ihn angekommen, sich bei ihm niedergelassen hatte. „Brauchst du keinen Tabak und keine Beile mehr?"

„Je nun, Ma Kino," schmunzelte der Alte, „können immer Alles gebrauchen. — „Wenn Papalangis aber mit Toanonga handeln wollen, mögen sie selber herüberkommen."

„Aber ein Canoe ist doch schon zu ihnen hinübergefahren."

„Ja," sagte der Alte gleichgültig, „habe es auch gesehen; sind neugierige junge Leute, die vielleicht einmal zuschauen wollen, was die Papalangis an Bord haben."

Mac Kringo wußte recht gut, daß sich der Alte nur so stellte, als ob jenes Canoe aus freien Stücken

dort hinüber gefahren sei. Ohne seine Erlaubniß
durfte nämlich gar kein Fahrzeug das Binnenwasser
verlassen, mit irgend einem Schiffe Handel zu treiben.
Er ließ sich jedoch nichts merken und antwortete nur
ruhig:

„Sie werden aber nicht verstehen, was die Papa=
langis zu ihnen sagen."

„Bah!" lachte der Alte, „ist auch nicht nöthig!
was werden die Papalangis viel sagen? Aber weißt
du, Ma Kino, was das für ein Schiff ist? doch keines,
das herumfährt, Wallfische zu fangen?"

„Ich glaube kaum," sagte der Schotte, und denke
eher, daß es zu euch kommt Cocosnußöl einzutauschen."

„Hm, das habe ich mir auch gedacht! Ob sie
wohl Kanonen an Bord haben?"

„Jedenfalls," meinte Mac Kringo, der dadurch
alle etwaigen Gelüste des Häuptlings auf das Schiff
abzuwenden suchte. „Bewaffnet sind derartige Schiffe
immer gut, denn sie wissen nie, ob sie Freunde oder
Feinde auf den Inseln finden."

Toanonga erwiderte nichts hierauf, sondern sah
eine Weile nachdenkend vor sich nieder; endlich sagt er:

„Wär' ein vortrefflich Ding, wenn wir auch Ka=
nonen hätten; was meinst du, Ma Kino? könnten
nach Hapai hinüberfahren und die ganze Insel weg=

nehmen. Bum — bum! wie die Hapai = Burschen
laufen würden, wenn Toanonga mit solchen großen
Dingern zu ihnen kä...

„Die Papalangie ...aufen nur nicht gern ihre
Kanonen,“ meinte der Schotte, „sie brauchen sie immer
selber und können hier keine anderen dafür wieder be=
kommen.“

„Wär' auch gar nicht nöthig,“ sagte Toanonga
finster, „brauchen hier nicht herzukommen und
Tonga=Leute todt zu schießen — Tonga=Leute gehen
auch nicht zu den Papalangis und fangen dort
Krieg an.“

Wieder machte er eine Pause, und Mac Kringo
schwieg ebenfalls, da er nicht recht wußte, was er
ihm darauf erwidern sollte! Jedenfalls merkte er aber,
daß der Alte etwas auf dem Herzen habe und nur
nicht recht mit der Sprache herauswollte.

„Sag einmal, Ma Kino,“ fuhr da endlich Toa=
nonga fort, „gefällt es dir auf Monui?“

„Mir? gewiß!“ erwiderte durch die Frage etwas
überrascht der Schotte, denn bis jetzt hatte sich der
alte Häuptling entsetzlich wenig darum gekümmert,
ob ihnen das Leben dort zusagte oder nicht.

„Und möchtest du wieder hinaus und Wallfische
fangen?“

„Ich danke schön, wenn es nicht sein muß, gewiß nicht!" lachte der Matr

Toanonga schien mit   wort zufrieden, denn er nickte leise vor sich hin.

„Gut," sagte er dann, „   wenn wir jetzt so ein paar Kanonen und solch ein großes Schiff hätten, dann könnten wir's bald noch besser bekommen. Wenn Ma Kino mit nach Hapai geht und dort viel Beute macht, kann er sich Frauen nehmen, so viel er will, die Mädchen von Hapai sind jung und schön."

„Wo, zum Henker! will der Alte hinaus?" dachte der Schotte. „Hat er doch am Ende Absichten auf das Schiff, und sollen wir ihm die Castanien aus dem Feuer holen? darin irrst du dich aber, mein Bursche, denn was du wegschenkst, ist auch gewöhnlich nicht werth, daß man es aufhebt."

„Pfeife ist ein guter Bursche," sprang da plötzlich Toanonga auf ein anderes Thema über, „und Spund sehr gut, nur ein Bißchen dumm, Jonas nicht viel werth, Schmied gar nicht, und Koch ganz schlechter Kerl — werde ihm noch zwei Frauen geben, wenn er mit denen nicht Frieden hält."

Mac Kringo lachte, denn er dachte in dem Augen= blicke daran, was ihm Jonas gestern Abends erzählt

und welche schwere Zeit der arme Legs schon jetzt mit
seinen Frauen hatte. Die Gelegenheit war aber auch
zu günstig, etwas von ▮▮▮s Aufenthalt zu erfahren,
und er fragte deshal▮ ▮▮lten, wo er stecke und was
er treibe.

„Pfeife,“ sagte Toanonga, der nur die Spitznamen
der Matrosen erfahren hatte und sie danach nannte,
„Pfeife geht es sehr gut. Braver Papalangi, arbei-
tet fleißig und macht Segel für die Canoes, und Lemon hilft ihm.“

„Lemon ist bei ihm?“ rief Mac Kringo schnell.

Toanonga antwortete ihm nicht darauf, denn seine
Aufmerksamkeit wurde in diesem Augenblicke zu sehr
durch den Schooner in Anspruch genommen. Dieser
kreuzte jetzt dicht vor den Riffen und hatte gerade das
zu ihm ausgekommene Canoe langseit genommen.
Mac Kringo lag auch nichts daran, sich jetzt noch länger hier aufzuhalten, denn er wußte Alles, was er
wissen wollte, und da Toanonga das Gespräch nicht
wieder aufnahm, erhob er sich und verließ langsam,
als ob er in den Wald wieder hineinschlendern wollte,
den Platz. Sobald er dem Alten übrigens aus
Sicht war, eilte er, jeden gebahnten Weg vermeidend,
so rasch er konnte, der Laubspitze zu, auf der er die
Kameraden wußte. Diesen mußte er seine Vermu-

thungen mittheilen und gemeinschaftlich mit ihnen
einen Plan berathen.

Mac Kringo hatte ge   einen Weg ziemlich
unbemerkt verfolgen zu kö   Das, sah er bald,
war nicht möglich, denn von allen Seiten kamen In=
sulaner und besonders Frauen herbei, und zwar die
letzteren nur aus Neugierde, einen so seltenen Gegen=
stand, wie ein fremdes Schiff, zu betrachten. Im An=
fange suchte er ihnen auszuweichen, da er aber da=
durch Verdacht zu erregen fürchtete, folgte er zuletzt
dem offenen Fußweg und unterhielt sich mit denen,
die ihm begegneten. Allerdings wurde er einige
Male gefragt, warum er nicht am Strand bliebe und
wohin er wolle; er gab aber ausweichende Antworten
und meinte, es würde wohl noch eine Weile dauern,
bis die Weißen ans Land kämen, und er könne viel=
leicht indessen selber einige Yams aus einem dort in
der Nähe liegenden und ihm gehörenden Felde holen,
um sie nachher gegen Tabak einzutauschen.

So kam er endlich zu dem Gebüsch, das die Land=
spitze begränzte, und einmal dort, traf er auch Nie=
manden mehr, denn die da draußen stehende Hütte
lag unbewohnt. Nur die Fischer übernachteten

manchmal in derselben, wenn sie von dort aus mit
der Morgendämmerung ▮▮▮▮en Fang gehen wollten.

An der bezeichn▮▮▮▮elle fand er übrigens die
ihn schon ungeduldig▮▮▮enden Kameraden und zu
seiner Freude auch ▮▮▮den Jonas in der Nähe
der Canoes angetroff▮▮▮▮ dorthin bestellt hatte.

„Donnerwetter! daß ist gut, daß du kommst,
Lord Douglas!" schrie ihm Legs, der eine mächtige
Kriegskeule in der Hand trug, schon von Weitem
entgegen. „Ich weiß hier ganz in der Nähe ein klei=
nes Canoe, und in einer halben Stunde können wir
draußen an Bord und in Sicherheit sein. Hol'
der Teufel das Hundeleben auf der Insel! Ich
hab's zum Sterben satt und will mein Lebtag an
Monui denken."

„Unsinn!" sagte aber Jonas, „wenn wir jetzt hier
mit einem Canoe abfahren, schneiden sie uns den
Weg ab, ehe wir halb aus der Bai hinaus sind, und
dann dürfen wir uns nur jeden Gedanken an Flucht
vergehen lassen."

„Wo ist Pfeife?" fragte Mac Kringo, „den dür=
fen wir doch auf keinen Fall zurück lassen."

„Pfeife steckt drüben bei den Canoes," rief Lemon,
und näht Segel. Da müssen wir Spund aber auch
mitnehmen, und wenn wir warten wollen, bis wir

erst alle Sechse einmal zusammen haben, können wir uns auch darauf verlasse̶n̶ ̶ ̶ ̶ ̶ wir sitzen bleiben.

„Jungens," sagte da ̶ ̶ ̶ ̶ Ringo, der indessen gesucht hatte, durch die ̶ ̶ ̶ n̶ Mangrove=Büsche einen Ueberblick nach der i̶n̶nern Bai zu gewinnen, „mit eurem Plane ist es nichts. Da draußen fährt eben das Schiffsboot, von dem Canoe begleitet, das heute Morgen hinausgegangen ist, durch die Riffe, und das anzurufen, dazu sind wir zu weit entfernt, und es würde auch die Insulaner augenblicklich auf=merksam machen.

„Und weshalb brauchen wir es anzurufen?" rief Legs ärgerlich, „laß die immer fahren. Wenn wir nur erst einmal an Bord sind, sollen uns die Roth=felle wahrhaftig nicht wieder herunter bringen."

„Du redest, wie du's verstehst," erwiderte ruhig der Schotte, „und glaubst du denn, Toanonga hat nicht Verstand genug, die Weißen in dem Falle als Geißel an Land zu behalten? So wie der merkte, daß wir ihm durchs Netz gingen, machte er die Klappe zu und hätte die Anderen fest, und der Capitain von dem Schooner wird uns wahrhaftig nicht mit in See nehmen und seine eigenen Leute dafür zurück lassen.

„Dann ist die ganze Geschichte wieder faul!" fluchte Legs; „das kommt aber von dem ewigen Trö=

deln und Berathen her! Erst hat d e r ein Bedenken und dann d e r, und dabei bleiben wir richtig jedesmal in der Falle sitzen. — Ich sag' ich euch, wenn sich mir irgend eine Gelegenheit zur Flucht bietet, auf euch warte ich nicht, denn mit euren überklugen und ewigen Bedenklichkeiten kommt ihr überall zu kurz."

„Renn' du nur mit dem Kopf gegen die Wand," sagte Mac Kringo ruhig, „so wirst du schon bei Zei= ten finden, wo du bleibst. Uebrigens sei so gut und schrei nicht so, denn wir sind keineswegs so weit vom Wege entfernt, und deine und Pfeife's Stimme hört man eine Meile durch den Wald."

„Na gut," sagte Lego, der Warnung jedoch Folge leistend und nicht so laut als vorher, „wenn du denn so genau weißt, was wir thun und lassen müssen, so erzähl' uns auch jetzt, was nun werden soll und was du im Sinne hast!"

„Ja, wenn ich überhaupt etwas im Sinne hätte!" entgegnete Mac Kringo, „darüber scheinen wir aller= dings einig zu sein, daß wir hier fort wollen, um auf irgend einer andern Insel als freie Männer auftreten zu können. Ob das aber mit diesem Schiffe geschehen kann, ist noch die Frage. Wir wissen ja nicht einmal, ob der Capitain Platz für uns an Bord und über= haupt Lust hat, sich mit uns einzulassen. Manche dieser Herren sind verdammt mißtrauisch, und hüten sich, besonders in der Nähe von Australien, englische Matrosen in größerer Zahl zunehmen. Sie trauen nicht, ob es nicht am Ende statt verunglückter oder entlaufener Seeleute entspringene Sträflinge aus den dortigen Colonien sind."

„Ja, wozu sind wir aber dann hier zusammen= gekommen?" rief Lemon. „Wenn wir nicht wenig= stens einen Versuch machen, führt das Boot wieder ab, und wir bleiben so klug wie vorher."

„Lord Douglas steckt überhaupt immer voller Plane, aus denen nie etwas wird!" rief Legs ärger= lich. „Wie klug konnte er damals sprechen, als die Lucy Walker noch hier lag! und wäre das Feuer nicht da zufällig ausgebrochen, so schwämmen wir jetzt wieder ganz ruhig mit dem alten Kasten im Eismeer umher und ruderten mit Fausthandschuhen hinter schmierigen Wallfischen drein.".

„Ja, aber" ... wollte Jonas etwas darauf ent= gegnen, der Schotte unterbrach ihn jedoch und sagte:

„Wenn wir mit dem Maul hier wegzubringen wären, Legs, dann glaube ich allerdings, daß du uns allein helfen könntest. Jetzt aber sei so gut und laß uns mit deinem Unsinn zufrieden, und hört erst ein= mal meinen Vorschlag. Wißt ihr dann was Besseres,

so soll es mich freuen, ich bin gern erbötig, euch Folge
zu leisten."

„Na, da komm endlich einmal klar, und reib' nicht
so lange auf dem Sand herum!" rief Lemon; „die
Zeit vergeht, und wir haben wahrhaftig keine übrig."

„So hört," sagte Mac Kringo, „ich muß vor
allen Dingen jetzt zum Alten, um dort zu dolmetschen,
wenn die Fremden nichts von der Tonga-Sprache
verstehen. Dort will ich mit dem Steuermann oder
wer nun gerade an Land gekommen ist, schon Gelegenheit finden, ein paar Worte allein zu sprechen.
Wollen sie uns mitnehmen, dann findet sich auch eine
Gelegenheit, fortzukommen, und in dem Fall habe ich
selber nichts dagegen, daß wir es zum Aeußersten
treiben und Gewalt brauchen, wenn wir eben auf
keine andere Weise fortkommen können. Können sie
uns freilich nicht mitnehmen, dann bleibt es für uns
das Beste, uns so ruhig wie möglich zu verhalten.
Jeder geht nachher wieder seiner Beschäftigung nach,
und wir warten eine günstige Gelegenheit ab."

„Doch wie dem auch sei, von da drüben werde ich
euch ein Zeichen geben, damit ihr wißt, was ihr zu
thun habt. Seht ihr jene in die Bai auslaufende
spitze Corallenbank, auf der ein einzelner Pfahl steckt?
— Die behaltet im Auge. Rudert das Boot dort-

hin, und winken sie euch von Bord aus, so gilt das
als ein Zeichen, daß sie uns mitnehmen können, dann
kommt so rasch ihr könnt an die Landung, bringt auch
irgend eine Waffe mit, im Nothfall unseren Weg mit
Gewalt zu erzwingen. Bekommt ihr aber von dem
Boot kein Zeichen, dann heißt das so viel, daß sie
uns nicht haben wollen, und dann versteht es sich
von selbst, daß wir für jetzt jeden Fluchtversuch aufgeben."

„Das klingt doch endlich einmal wie Vernunft,"
brummte Legs. „Nun mach' aber, daß du fortkommst,
denn mir brennt der Boden schon unter den Füßen.
Ha, ha, ha, wie sich meine Familie freuen wird, wenn
ich heute nicht zum Essen komme."

„Und was wird aus Pfeife?" fragte Jonas.

„Ihr habt ja Zeit genug, dem unsern Plan mit-
zutheilen," entgegnete der Schotte; „kommt ihr mit
dem Canoe, so nehmt ihn ein; im andern Falle sagt
ihm nur Bescheid, aber kommt mir nicht Alle in einem
Klumpen, sondern vertheilt euch hübsch, daß die Insulaner nichts merken. Es muß aussehen, als ob ihr
nur zufällig an den Strand kommt. Und jetzt good-
bye! wenn das Glück gut geht, sehen wir uns vielleicht an Bord wieder!"

4.

Toanonga hatte indeſſen in aller Ruhe der An=
kunft eines Bootes von dem fremden Fahrzeug ent=
gegengeſehen, und an ihm bemerkte man nicht das
Geringſte von der Aufregung, die unter den Egis
ſelber zu herrſchen ſchien. Daß dieſe dagegen etwas
Beſonderes und Außergewöhnliches erwarteten, war
augenſcheinlich. Waffen wurden herbeigebracht und
in der Nähe verſteckt, und in Toanonga's Hauſe ſelber
die bis dahin eingepackten Musketen hervorgeſucht
und geladen, ohne daß ſich jedoch der alte Häuptling
im Geringſten ſelbſt darum bemüht hätte. Er ließ
das alles ſeine Häuptlinge beſorgen, und wenn man
ihn ſo daſitzen ſah, würde man kaum geglaubt haben,
daß all das thätige Leben um ihn her nur einzig und
allein von ihm ſelber ausgegangen ſei.

Um die Papalangis hatte ſich indeſſen Niemand
bekümmert, und eigentlich war es Toanonga ganz
recht, daß ſie ſich gerade jetzt nicht am Strand befan=
den. Spunk allein kam endlich langſam dort herauf
geſchlendert, und ohne ſich an die geheimnißvolle Ge=
ſchäftigkeit der Inſulaner zu kehren oder ſelbſt be=
ſonders auf das Schiff zu achten, das ihn doch
eigentlich hätte intereſſiren müſſen, ſchien er ein ganz
anderes Ziel im Auge zu haben.

Feierlich schritt er auf den alten Häuptling zu, mit dem er sich in seiner Sprache schon recht gut unterhalten konnte. Wenn es auch manchmal ein wenig verkehrt herauskam, verstand doch Toanonga immer, was er eigentlich sagen wollte.

„Ah Spund," redete ihn der Häuptling freundlich an, „es ist gut, daß du gerade kommst. Ma Kino steckt wer weiß wo im Busch, und wenn Papalangis ans Land kommen, muß doch Jemand da sein, der mit ihnen spricht; Papalangis schrecklich dummes Volk! müssen erst immer zu Tonga=Inseln kommen, um die Sprache zu lernen!"

Spund ließ sich ohne Weiteres neben dem alten Häuptling nieder und sagte:

„Ja, Toanonga, Papalangis mögen in Manchem dumm sein, aber sie haben doch wenigstens den rechten Glauben."

„Glauben? Glauben haben wir auch!" sagte Toanonga. „Ich glaube, daß da drüben von dem fremden Schiff gerade jetzt ein Boot abstößt und zu uns herüber kommen wird."

Spund seufzte tief auf.

„Ach," stöhnte er, „daß du nur immer an irdische Dinge denken willst, Toanonga! Weißt du denn, was uns bevorsteht, wenn wir plötzlich sterben?"

„Sterben? wer denkt an Sterben!" lachte Toanonga. „Wenn das kommt, ist es Zeit genug, und
dann gehen wir hinüber nach Bolutu *) und werden
Hotuas."

„Ja, Hotuas!" ächzte Spund, „man wird euch
behotuan! Sieh, Toanonga!" setzte er dann gutmüthig
hinzu, du bist sonst ein braver Mann, und ich mag

---

*) Bolutu ist nach dem Glauben der Tonga-Inseln der
Aufenthalt der Seligen. Sie denken sich diesen Ort als eine
große, wunderbar schöne Insel, mit allen Früchten reich ge-
segnet, die weit gegen Nord-Westen liegt — so weit in der
That, daß sie dieselbe mit ihren Canoes nicht erreichen können.
Dort werden ihre Seelen zu Hotuas oder göttergleichen
Geistern, die auch — besonders die Seelen der Häuptlinge —
im Stande sind, Einfluß auf das Leben der Sterblichen aus-
zuüben. Sie erzählen sich, daß einmal ein Boot von den
Tonga-Inseln dorthin verschlagen sei, und die Leute wären
aus Land gesprungen und hätten sich von den prachtvollen
Früchten pflücken wollen; sie hätten aber keine ergreifen
können; denn unter ihren Händen wurden sie zu Luft. Auch
durch die Bäume, die dort wuchsen, konnten sie gerade hin-
durchgehen. Sie standen leibhaftig vor ihnen, bildeten aber
keinen festen Körper. Ein Hotua kam da zu ihnen und er-
mahnte sie, die Insel so rasch als möglich zu verlassen, und
voll Angst schifften sie sich augenblicklich wieder ein. Der
Wind blies auch so günstig und scharf, daß sie Tonga schon
nach einigen Tagen erreichten; aber am Ufer angekommen,
mußten sie alle sterben. Ihre Körper hatten die Luft von
Bolutu nicht vertragen können. An eine Strafe nach dem
Tode glauben die Tonga-Insulaner nicht.

dich gern leiden, und deshalb thut es mir immer leid, wenn ich dich ansehe, und weiß, in welcher entsetzlichen Gefahr du schwebst."

„Gefahr?" sagte der alte Häuptling, und sah rasch und mißtrauisch in die Augen des Seemannes, „und was weißt du von Gefahr?"

„Ich weiß, was hier in dem Buche steht," sagte Spund, auf die Bibel zeigend, die er sorgfältig unter dem linken Arme trug. „Und daß wir einmal an einen sehr bösen Platz kommen, wenn wir uns hier nicht zum rechten Glauben bekehren."

„So?" lächelte Toanonga, vollkommen beruhigt, denn die Bekehrungsversuche des Matrosen hatten ihn bisher außerordentlich gleichgültig gelassen. Er selber versuchte übrigens nie einen der Weißen zu der An= nahme seines eigenen Glaubens zu bewegen, weil er sich nicht denken konnte, daß Papalangis auf Bolutu zugelassen würden. Was hätte es ihm also geholfen, seine Zeit damit zu vergeuden? Seine augenschein= liche Gleichgültigkeit gegen die Schrecken nach dem Tode reizte den Matrosen aber nur noch mehr, ihm nachdrücklich in das Gewissen zu reden, und das Buch vor sich auf die gekreuzten Beine legend, rief er aus:

„So? du sagst ganz ruhig: so?' wenn wir aber sterben, werden wir nicht mehr so sagen; dann kom=

men wir an einen Ort, wo da ist Heulen und Zähne=
klappern und ein schreckliches Feuer, in dem wir ge=
brannt werden von Ewigkeit zu Ewigkeit.“

„Ist das euer Glaube?“ fragte Toanonga, „und
kommen die Papalangis wirklich an solchen Platz?“

„Allerdings!“ rief Spund, der jetzt endlich des
Häuptlings Aufmerksamkeit dahin gelenkt hatte, wo=
hin er sie haben wollte. „Wenn wir nicht fromm
und gottesfürchtig auf dieser Erde leben, wenn wir
nicht an Gott glauben, wenn wir sündhafte, schlechte
Menschen sind und uns nicht zu dem bekennen, was
in diesem Buche steht, dann erleiden wir furchtbare
Strafen, Strafen, wo einem jetzt schon die Haut
schaudert, wenn man nur daran denkt. Und was
sagst du nun, Toanonga?“

Der alte Häuptling hatte ihm aufmerksam zuge=
hört und nickte dabei langsam mit dem Kopfe.

„Hm, hm, hm!“ sagte er dann, „das ist sehr
schlimm für Papalangis!“

„Für Papalangis?“ rief Spund überrascht, den
diese Wendung ganz außer Fassung brachte.

Toanonga deutete aber mit ausgestreckten Armen
auf die Bai, auf der das Boot der Weißen jetzt, von
einem Canoe begleitet, schon heranglitt, und das Ge=
spräch war dadurch natürlich abgebrochen.

„Berdammter, dickköpfiger Heide!" murmelte
aber Spund in sehr unchristlicher Entrüstung halblaut
und ärgerlich vor sich hin. „Na, daß du einmal den
ganzen Weg bergunter gehst, wenn du stirbst, darauf
kannst du dich doch fest verlassen."

Toanonga nahm aber nicht mehr die geringste
Notiz von ihm.

Einer der Egis war wieder zu ihm getreten und
hatte ihm etwas ins Ohr geflüstert, und der alte
Häuptling stand auf, die Fremden zu begrüßen.

Die Leute im Boot ließen sich jetzt deutlich er=
kennen. Am Steuer saß ein Europäer, die vier Ru=
dernden waren aber sogenannte Kanakas, Eingebo=
rene der Sandwichs=Inseln, die jedoch mit den Rie=
men ganz vortrefflich umzugehen wußten. Einige der
Insulaner liefen ihnen entgegen, und halfen ihnen
das Boot auf den Corallensand ziehen, während sie
mit den Fremden ihre Begrüßungen wechselten. Die
Sandwichs = Insulaner haben jedoch eine von den
Tonga's sehr verschiedene Sprache, und die Indianer
konnten sich nicht unter einander verständigen, wäh=
rend der Fremde die Tonga=Sprache vollkommen gut
und fließend redete.

Es war eine breitschulterige, kräftige und ächte
Seemanns=Gestalt, die den Engländer nicht ver=

läugnen konnte, mit blauen, klaren Augen, wetter-
gebräunten Zügen und festgelocktem hellbraunem Haar.
Er ging auch ohne Weiteres auf Toanonga, den er
bald als den How der Insel erkannt hatte, zu,
schüttelte ihm die Hand und redete ihn mit dem
üblichen Gruße der Insel an. Auf Spund, der mit
der Bibel unter dem Arm nicht weit davon stand,
warf er nur einen flüchtigen und wie überraschten
Blick — denn der Bursche sah in seiner halb india-
nischen halb Matrosen-Tracht, mit dem dicken Buch
unterm Arm und dem gar nicht recht dazu passenden
breiten Gesicht, komisch genug aus. Er nickte ihm aber
nur zu und achtete weiter nicht auf ihn. Hatte er doch
lange genug die verschiedenen Inselgruppen besucht,
um daran gewohnt zu sein, Missionare und weggelau-
fene Matrosen auf ihnen zu finden, wenn er auch
nicht gleich wußte, zu welcher der beiden so verschiedenen Classen der Weiße hier gehören mochte.

Seine Absicht war, wie er Toanonga gleich von
vorn herein erklärte, Alles von Cocosnußöl, was auf
der Insel vorräthig sei, aufzukaufen und dafür
Waaren, wie sie die Insulaner gerade gebrauchten,
einzutauschen.

Toanonga hörte ihm aufmerksam zu und sagte ihm
dann, daß er die nöthigen Befehle dazu geben werde.

Damit ließ er den Fremden stehen und wandte sich
seinen eigenen Leuten wieder zu, wo bald einer der
jungen Bursche, der mit dem Canoe draußen an Bord
des Fahrzeugs gewesen war, an seine Seite glitt.

„Nu, Tibi—ano," sagte da der Alte, als er weit
genug von dem Fremden entfernt war, um nicht von
ihm gehört zu werden, „wie viel Weiße sind draußen
auf dem großen Canoe?"

„Noch fünf, Toanonga;" lautete die Antwort,
„außer dem hier und noch drei Kanakas. Der hier
Capitain."

„Ah, vortrefflich!" nickte Toanonga, „sehr gut
das! und haben sie Kanonen?"

„Zwei; nicht sehr große."

Der alte Häuptling schmunzelte vergnügt vor sich
hin, und warf dabei vorsichtig den Blick umher, sich
zu überzeugen, ob seine Anordnungen ausgeführt
würden. Neben dem Schiffsboot standen zwei der
Egis und sechs oder acht andere Insulaner, während
die Kanakas, von einem der Monui-Leute geführt, zu
einer kleinen Gruppe von Cocospalmen gegangen
waren, dort eine Anzahl Nüsse herunter zu werfen.
Der Capitain des Schooners stand neben Spund, der
ihm gerade Bericht über den Untergang der Lucy
Walker abstattete.

Eben jetzt kam Mac Kringo aus dem nächsten Pandanus-Dickicht und ging auf den Capitain zu. Zu seinem Erstaunen sah er aber, daß nicht allein eine Menge Indianer bewaffnet waren, sondern ein Theil von ihnen sogar im Dickicht versteckt blieb. Mit den Sitten der Insulaner bekannt, zweifelte er keinen Augenblick daran, daß sie irgend etwas Böses gegen die Fremden beabsichtigen, und je eher er deshalb den Bedrohten warnen konnte, desto besser.

Der Fremde war indessen mit Spund in ziemlich lebhaftem Gespräch schräg an der Corallenbank hinaufgeschritten. Toanonga hatte ihm eben gewinkt, zu ihm zu kommen. Dort aber, wo der Corallensand aufhörte und der Fruchtboden begann, stand ein kleiner Streifen von Casuarinen mit ein paar Pandanus-Bäumen und einem Unterwuchs von einzelnen niederen Büschen. Im Schatten derselben lagen etwa acht oder neun Insulaner. So wie jedoch der Capitain an ihnen vorüberschritt und hinter dem kleinen Buschstreifen vom Bord seines eigenen Schiffes aus nicht mehr gesehen werden konnte, sprangen diese plötzlich empor und warfen sich auf ihn.

·Ueberrascht wie er war, gelang es dabei Zweien, sich seines linken Armes zu bemächtigen, aber sicher zu ihrem Schaden, denn mit dem rechten schlug er sie,

mit zwei rasch geführten Stößen, auch schon im näch=
sten Augenblick bewußtlos zu Boden. Die Ueberzahl
war jedoch zu groß; ehe er sich gegen die Anderen
wenden konnte, hingen diese überall um ihn her, und
trotz seinem wüthenden Sträuben fand er sich bald
gebunden und in der Gewalt der Feinde.

Spund war ein höchst überraschter Zeuge des
Ganzen gewesen, und Alles so schnell gekommen, daß
er wirklich gar nicht einmal daran dachte, dem Lands=
mann beizustehen.

Mac Kringo, der ebenfalls in der Nähe war, hatte
allerdings etwas Aehnliches gefürchtet, aber er über=
sah auch mit einem Blick, daß sie hier mit Gewalt
gegen die Uebermacht der Eingeborenen nichts aus=
richten konnten und verhielt sich deshalb gleichfalls
ganz ruhig.

„Hallo, ihr Halunken!" schrie dabei der Engländer
in der Tonga=Sprache, „ist das eure Gastfreundschaft,
mit der ihr einen Fremden bewillkommt, und ihm
vorher euer verrätherisches chio do fa entgegen ruft?
und ihr da," wandte er sich gegen die Weißen, als er
Mac Kringo gerade erblickte, „zwei Engländer und
lassen mich hier von den verdammten Rothfellen miß=
handeln? Ihr seid schöne Canaillen! hätte ich nur
Einen von meinen weißen Leuten hier an Land, ein

14 *

ganzes Schock dieser braunen Schufte wäre mir nicht
zu nahe gekommen."

Die Kanakas hatten allerdings ihrem Capitain im
Anfang zu Hülfe springen wollen, da sie aber von
allen Seiten kriegerische und bewehrte Gestalten auf=
tauchen sahen, wichen sie scheu zurück, es ihrem Füh=
rer überlassend, sich allein aus dieser Verlegenheit
heraus zu arbeiten.

Vollkommen ruhig bei diesem plötzlich hereinge=
brochenen Kampfe war Toanonga geblieben, der nun
erst, als er den Weißen gebunden und unschädlich ge=
macht sah, zu ihm trat.

„Ist das die Freundschaft, die du mir durch dein
Canoe hast anbieten lassen, wortbrüchiger Häupt=
ling?" rief ihm der gereizte Engländer entgegen.

„Ruhig, mein Freund!" suchte ihn indessen Toa=
nonga zu beschwichtigen. „Du bist jetzt in unserer
Gewalt, und es ist außerordentlich leichtsinnig von
dir, durch nutzloses Schimpfen einen mächtigeren
Feind zu reizen. Wenn wir dir hätten ein Leids zu=
fügen wollen, so brauchten wir dir nur den Schädel
einzuschlagen, und die Sache wäre abgemacht gewesen.
Wenn du dich aber ruhig verhältst und das thust,
was wir von dir verlangen, so hast du nicht allein für
dich oder die Deinen nichts zu fürchten, sondern kannst

auch nach einiger Zeit deine Reise ungehindert fort=
setzen."

„Und was verlangst du von mir?" fragte der
Fremde. „Wenn es etwas ist, das ich erfüllen kann,
wär' es doch wohl vernünftiger gewesen, mich auf
andere Weise darum zu fragen, als so über mich her=
zufallen!"

„Daß du es erfüllen kannst, wußte ich vorher,"
erwiderte vorsichtig Toanonga, „nur darauf kam es
an, ob du es erfüllen wolltest, und ich hielt es des=
halb für besser, mir eben diesen guten Willen vorher
zu sichern."

„Eine verdammt schöne Art!" fluchte der Ca=
pitain, „wenn du dich nur nicht darin geirrt hast!"

„Ich glaube kaum," sagte vollkommen gleich=
müthig der Häuptling. „Wie heißest du?"

„Jacobs," brummte der Fremde verdrießlich.

„Und dein Schiff?"

„Bonito."

„Sehr gut. Nun sieh, wir brauchen hier auf
Monui dein Schiff und deine Kanonen, um nach
Hapai hinüber zu fahren, und die Häuptlinge zu züch=
tigen, die ihre Verbindlichkeiten gegen uns nicht er=
füllt haben."

„Mein Schiff!" schrie Jacobs wild emporzuckend,

„den Teufel auch! das brauche ich selber! und
wenn ihr das haben wollt, so holt es Euch
draußen; seid aber versichert, daß euch mein Steuer=
mann auf eine Art empfängt, die euch nicht behagen
wird.“

„Das habe ich mir etwa gedacht,“ lachte der
Alte, „und dich hier festgehalten, um uns die Mühe
zu ersparen. Du bist in unserer Gewalt, wie du
recht gut weißt, und meine Egis haben beschlossen,
dir das Leben zu nehmen, wenn du nicht nach unserem
Willen thust. Fügst du dich aber in das, was du
doch nicht mehr verhindern kannst, so verspreche ich
dir, daß wir dein Schiff allerdings jetzt nehmen und
deine Kanonen gebrauchen werden, daß du es aber
wieder bekommen sollst, wenn wir in Hapai gesiegt
haben.“

„Der Teufel trau’ euch!“ rief Jacobs, „und im
allergünstigsten Falle hätte ich ein paar Monate von
meiner besten Zeit verloren. Nein! Thut mit mir,
was ihr wollt, aber das Schiff bekommt ihr nicht.
Und darauf verlaßt euch, daß mein Bruder, der
Steuermann an Bord des Bonito ist, blutige Rache
nehmen wird, wenn ihr mir ein Leides thut.“

„Sei vernünftig, Freund! Was kann er uns zu=
fügen?“ sagte Toanonga, „er muß froh sein, wenn

er unferen Canoes entgeht. Du haft nur noch fünf
weiße Männer an Bord, und der Wind draußen wird
schon schwächer. Wenn wir noch ein paar Stunden
warten und rudern dann hinaus, so könnt ihr nicht
einmal fort, und dann ift das Schiff unfer, und du
bekommft nie etwas davon wieder."

Jacobs wollte heftig darauf erwidern, Mac Kringo
aber, der indeffen hinzugetreten war, blinzelte ihm
heimlich zu und fagte dann zu dem Alten:

„Laß mich mit ihm reden, Toanonga; er wird
Vernunft annehmen, wenn er einfieht, daß er doch
nichts daran ändern kann."

Toanonga fah den Schotten etwas überrafcht
an, denn er hatte fein Kommen gar nicht bemerkt
und mochte ihm auch vielleicht nicht fo ganz trauen.
Da er die Fremden aber ganz in feiner Gewalt
wußte, fchien er dem Vorfchlage nach einiger Ueber=
legung beizuftimmen.

„Gut, Ma Kino," fagte er, „fprich du mit ihm."

„Und was willft du, daß er thun foll?" fragte
der Schotte.

„Er foll hinausfchicken und die anderen weißen
Männer an Land rufen. Er mag ihnen fagen laffen,
daß fie Meffer und Tabak mitbringen, um dafür
Cocosöl einzutaufchen!"

„Daß ich ein Esel wäre!" rief Jacobs. „Ich soll mir selber die Hände binden, nicht wahr?"

„Seid ihr der Capitain des Schooners?" fragte ihn der Schotte in englischer Sprache.

„Ja wohl, der bin ich. Waret ihr mit auf der Lucy Walker?"

„Ja. — Wie viel Weiße habt ihr noch am Bord, auf die ihr euch fest verlassen könnt?"

„Fünf, mit dem Steuermann."

„Den Steuermann können wir nicht rechnen," sagte der Schotte, „der muß an Bord bleiben. Wissen die anderen Vier mit Gewehren umzugehen?"

„Vortrefflich. Drei sind Franzosen von Taiti, und der Vierte ist ein Deutscher. Aber glaubt ihr wirklich, daß die Rothfelle ihre Drohung aus= führen würden?"

„Ich fürchte fast, ja. Sie sind sonst gutmüthig und friedlich genug, aber jetzt gerade zu einem Kriege gerüstet, und ich möchte euch nicht rathen, sie zum Aeußersten zu treiben."

„Aber wenn ich das Boot ans Ufer kommen lasse, bin ich verloren, denn sobald sie ihre Canoes hinaus= schicken, kann mein Steuermann mit den paar Kana= kas das Fahrzeug nicht allein halten.

„Habt ihr Musketen an Bord?"

„Gewiß."

Mac Kringo schwieg eine Weile und sah nach=
denkend vor sich nieder. Toanonga aber, der ein paar
Schritte davon entfernt mit einem Häuptling sprach,
wurde schon ungeduldig und drehte sich nach ihnen um.
„So wie so ist es eine verzweifelte Geschichte,"
sagte da der Schotte. „Gebt ihr euch ihnen nicht gut=
willig, so brauchen, sie Gewalt, und euer eigenes
Leben ist dann in ihren Händen. Mit so schwacher
Besatzung hättet ihr nicht so leicht an Land kommen
sollen. Trotzdem ist es doch am Ende noch möglich,
sie anzuführen, wenn ihr euch verpflichten wollt, uns
Europäer von dieser Insel mit fortzunehmen."

„Wie viel seid Ihr?"

„Sechs; und so tüchtige Matrosen, wie ihr euch
wünschen könnt."

„Aber hier stehen wenigstens sechszig bewaffnete
Insulaner um uns her."

„Deßhalb müssen wir euere vier Leute noch vom
Boot zu Hülfe haben."

„Und dann sollen wir uns mit Gewalt durch=
schlagen?"

„Wir müssen es versuchen! Ich weiß wenigstens
keine andere Möglichkeit, euch zu helfen."

„Und wer bürgt mir dafür, Freund, daß ihr es

ehrlich mit mir meint?" sagte Jacobs. „Ihr habt
mich hier ohne Warnung den Rothfellen in die Hände
laufen lassen, und wie kann ich wissen, ob ihr nicht
mit ihnen unter Einer Decke steckt!"

„Das Mißtrauen muß ich euch allerdings zu
Gute halten," sagte Mac Kringo, „und wenn ihr
meinem ehrlichen Gesicht nicht glaubt, habe ich keine
weitere Bürgschaft für euch, als die Versicherung,
daß uns allen, oder wenigstens Fünfen von uns, der
Boden hier unter den Füßen brennt, und wir Gott
danken wollen, wenn wir die Insel im Rücken haben.
Jetzt thut was ihr wollt; wenn ihr einen anderen
Rath wißt, euch zu helfen, so ist es mir lieb, wo nicht,
so sagt mir euere Meinung bald, denn wie ich sehe,
fängt der Alte da hinten an, die Geduld zu verlieren."

„Ihr habt Recht," sagte Jacobs nach kurzer
Pause, „es ist das die einzige Rettung. Im aller-
schlimmsten Falle kann dann mein Bruder, der
Steuermann, doch am Ende noch mit den paar Kanakas und dem Fahrzeug entkommen, sobald er merkt,
daß für uns Alles verloren ist. Aber auf welche
Art kann ich ihm Kunde schicken? Wenn die Insulaner wenigstens meine Leute zurückrudern ließen!"

„Ich glaube schwerlich, daß Toanonga das zu-

giebt," sagte der Schotte, „denn der günstige Erfolg
seiner ganzen List beruht nur darauf, daß die am
Bord keinen Verdacht schöpfen. Aber da kommt er
selber, jetzt wollen wir gleich hören, wie er sich die
Sache weiter ausgedacht hat."

Toanonga war wirklich ungeduldig geworden,
denn da er sich nun einmal mit dem Gedanken ver=
traut gemacht hatte, das Schiff den Fremden wegzu=
nehmen und zu seinen eigenen Zwecken zu verwenden,
erschien es ihm höchst rücksichtslos von dem Papa=
langi, daß er ihn auch noch so lange darauf war=
ten ließ.

„Nun mach rasch, Ma Kino," sagte er, als er
zu ihm trat, „meine Leute wollen nicht länger warten,
und wir haben auch keine Zeit zu verlieren, denn der
Tag vergeht. Was sagt der Papalangi?"

„Er fügt sich deinem Willen," erwiderte der
Schotte; „wenn ihr keinem von ihnen ein Leides
thun und ihnen das Fahrzeug, sobald ihr es gebraucht
habt, zurückgeben wollt."

„Nun versteht sich, versteht sich," erwiderte der
Alte, ungeduldig mit dem Kopfe schüttelnd.

„Aber der Steuermann hat Antheil an dem Fahr=
zeug," fuhr Mac Kringo fort, „und wird es nicht
gutwillig hergeben wollen."

„Nicht gutwillig hergeben wollen?" lachte Toanonga, „wenn wir die Weißen erst an Land haben,
brauchen wir ihn nicht lange zu fragen."

„Aber wie willst du die an Land bekommen, Toanonga?" fragte der Schotte.. „Wer soll hinüberfahren, sie zu holen? Denn eine Flagge haben wir
nicht hier, ihnen ein Zeichen damit zu geben."

„Du hast Recht," sagte Toanonga, und sah
sinnend vor sich nieder. Den Papalangi selber durfte
er nicht schicken, der wäre natürlich nicht wieder gekommen, und die Kanakas durfte er auch nicht hinüber lassen, da die ja Zeuge des Ueberfalls ihres
Capitains gewesen waren.

Mac Kringo, wie einem der anderen Weißen
auf der Insel traute er ebenfalls nicht, und das Einzige blieb, daß er ein paar von seinen eigenen Leuten
hinüber rudern ließ. Dabei konnte er sich aber nicht
verhehlen, daß die Fremden kaum einem Befehl Folge
leisten würden, der ihnen von den Eingeborenen einer
fremden Insel gebracht wurde. Ein paar Mal kam
ihm freilich der Gedanke, ohne Weiteres mit seinem
Canoe hinauszufahren und den Schooner, der doch
nicht ohne seinen Capitain absegeln konnte, zu entern;
aber er fürchtete die Kanonen und durfte seine kriegs-
fähigen, jungen Leute, gerade im Begriff, einen

Kriegszug zu unternehmen, nicht also gefährden; so lange er deshalb hoffen durfte, seinen Plan mit List durchzusetzen, wollte er jede Gewaltthat gern vermeiden.

„Spricht jemand bei euch an Bord die Tonga-Sprache?" fragte da Mac Kringo, während der Alte noch mit sich zu Rathe ging, den fremden Capitain in englischer Sprache.

„Nein, kein Mensch," sagte dieser.

„Desto besser," nickte der Schotte und fuhr dann, zu Toanonga gewendet, fort: „Darf ich dir einen Vorschlag machen, die Leute an Bord das wissen zu lassen, was du willst?"

„Allerdings, sehr gern!" rief der Alte, dem damit ein großer Gefallen geschehen wäre.

„Nun gut, so schicke Spund mit zwei Tonga-leuten hinüber."

„Spund?" fragte Toanonga, und schüttelte bedenklich mit dem Kopf.

„Spund ist eine gute, ehrliche Haut," beruhigte ihn der Schotte, „und wenn du dem drohest, du würdest ihm den Schädel einschlagen, sowie er das Geringste verriethe, warnte er seinen eigenen Vater nicht. Außerdem braucht er gar nichts zu bestellen, denn du weißt, daß die Papalangis die Kunst verstehen, auf ein weißes

Stück Zeug Zeichen zu malen, die einem Anderen sagen, was er wissen soll.“

„Da kann der Fremde aber darauf setzen, was er will!“

„Er mag es in der Tonga=Sprache thun, und du kannst dich dann selber überzeugen, daß er nichts sagt, als was du von ihm verlangst.“

Toanonga begriff noch nicht recht, wie das Ganze gemeint sei. Auf Spund glaubte er sich übrigens am ersten verlassen zu können, und wollte jetzt wenig=stens sehen, was die Fremden im Sinne hätten. Er gab auch des Gefangenen Hände frei, und dieser ging rasch auf Mac Kringo's Plan ein, nahm seine Brief=tafel aus der Tasche, riß ein Blatt heraus und schrieb darauf in der Tonga=Sprache: Schicke mir augen=blicklich die vier Papalangis herüber und laß sie Messer und Tabak mitbringen; darunter aber setzte er in Englisch nur die Worte: Verrath! schicke die vier Matrosen gut bewaffnet!

Toanonga hatte neben ihm gestanden und ihm aufmerksam zugesehen, war aber sehr erstaunt, daß der Fremde so rasch damit fertig wurde.

„Und da sollen sie jetzt wissen, was das be=deutet?“ fragte er lachend. „Nun wartet, das wol=len wir gleich erfahren. Geh' einmal weg, Ma

Kino, der Fremde soll mir allein sagen, was er dar=
auf gemalt hat."

Der Schotte trat zurück, und Jacobs las Toa=
nonga die im Tonga=Dialekt geschriebenen Worte
langsam vor. Darauf ging der Häuptling mit dem
Zettel zu Mac Kringo, und war aufs Aeußerste er=
staunt, als dieser ihm jede Silbe genau wiederholte,
wobei sich dieser jedoch wohl hütete, das Englische
mitzulesen. Toanonga traute aber noch immer nicht;
denn die Beiden konnten sich auch über diese Worte
vorher verständigt haben. Er ging also wieder zu
Jacobs zurück und flüsterte ihm zu, die beiden Worte
Monui und Toanonga aufzuzeichnen. Davon
konnte Mac Kringo jetzt nichts wissen, als er aber
diesem das Blatt zeigte, und der die Worte ohne
Schwierigkeit ablas, kannte sein Erstaunen keine
Gränzen. Besonders konnte er sich gar nicht denken,
daß er Monui gleich erkannt habe, da die fünf sehr
auffälligen Bergspitzen der Insel gar nicht darin zu
unterscheiden waren.

Er machte den Versuch auch noch mit ein paar
andern Worten, und würde sich wahrscheinlich den
ganzen Tag damit unterhalten haben, hätte die Zeit
nicht gedrängt. Von dem also abgefaßten Briefe
versprach er sich aber einen außerordentlichen Erfolg,

nahm Spund zur Seite und flüsterte lange und heim=
lich mit ihm. Spund schien auch mit Allem einver=
standen und nickte in Einem fort mit dem Kopfe. Die
beiden Insulaner, die vorher mit dem Canoe an Bord
gewesen waren, wurden dann in dem Boot der Weißen
mit Spund abgeschickt, und dieser würdige Mann war
jetzt nur in Verlegenheit, wohin er mit seinem Buche
indessen sollte. An Land durfte er es nicht lassen;
denn die Eingeborenen, die es sich einmal in den
Kopf gesetzt, daß es Beschwörungen und Zauber=
formeln enthalte, hatten ihm schon eine Menge Blät=
ter herausgerissen, wo sie deren nur habhaft werden
konnten. Mac Kringo wollte er es auch nicht anver=
trauen, und beschloß deshalb, es lieber mitzunehmen.

Der Schotte stand mit vorn am Bug, als sie das
auf den Corallensand gezogene Boot wieder in tiefes
Wasser schoben. Wie Spund aber bei ihm vorbei
an Bord stieg, flüsterte er ihm zu: „Bringe Hülfe,
oder wir sind verloren!"

„Ja, aber!" rief Spund ganz verblüfft, da er der
erhaltenen Befehle Toanongas gedachte. Mac Kringo
ließ sich jedoch auf keine weitere Erklärung ein, im
nächsten Augenblick war das Boot flott, und die beiden
Indianer ruderten es rasch dem Eingang der Bai
entgegen.

5.

Mac Kringo war jetzt mit seinem Plan im Reinen; die Kameraden durften keinen Fluchtverſuch im Canoe machen, ſo lange noch der Capitain des Schooners am Ufer gefangen gehalten wurde. Ihre einzige Rettung lag im Gegentheil darin, daß ſie mit der Verſtärkung vom Schooner, die jedenfalls Gewehre mitbrachte, ihre eigene Schaar herbeizogen, und dann den Indianern weit eher die Spitze bieten konnten. Langſam ging er deshalb auf die, ſeinen Schiffsgenoſſen ſchon im Voraus bezeichnete Corallenbank hinaus, blieb dort einen Augenblick ſtehen, und kehrte dann zum Ufer zurück. Er wußte jetzt, daß er die Kameraden bald in der Nähe hatte, und gelang es ihnen dann, ſich bei dem Boote zuſammen zu drängen und dieſes in Beſitz zu nehmen, ſo durften ſie hoffen, ihre Flucht glücklich zu bewerkſtelligen.

Allerdings waren alle in der Nähe wohnenden Indianer an der Landung verſammelt, da Toanonga ſeine Leute zuſammen halten wollte, um die vier Matroſen in Empfang zu nehmen. Gelang es ihnen jedoch, das Boot zu beſetzen, ſo hatten ſie dadurch auch wieder den Vortheil, daß die Indianer die wohl eine Viertelſtunde entfernt liegenden Canoes nicht ſo

rasch erreichen konnten und ihnen einen tüchtigen
Vorsprung lassen mußten. In dem Bewußtsein
freilich, daß sich jetzt der entscheidende Augenblick
näherte, und daß ihnen entweder Freiheit winkte,
oder im Falle des Mißlingens die größte Gefahr von
den gereizten Eingeborenen drohe, schlug ihm das
Herz stürmisch und ängstlich in der Brust. Die Mi=
nuten dehnten sich ihm zu Stunden aus, und in der
Unruhe, in der er sich befand, schritt er den Büschen
zu, vielleicht einem der Kameraden zu begegnen und
ihm Vorsicht zu empfehlen.

Dort kam er an Toanonga's Haus vorbei, und
wenn die Eingebornen auch eines Häuptlings Wohnung
nicht betreten dürfen, besonders wenn sich die Frauen
darin aufhalten, ohne von ihnen dazu aufgefordert
zu sein, hatte man es mit ihm, der als ein Häuptling
der Weißen und als ein Fremdling betrachtet wurde,
nie so genau genommen. Im Gegentheil war er von
Anfang an den Frauen stets willkommen gewesen, da
er, der Sprache mächtig, ihnen viel vom Lande und
von den Frauen der Papalangis erzählen konnte. So
trat er auch jetzt einen Augenblick hinein, um die ihm
nachschauenden Indianer glauben zu machen, er
schlendre nur wie gewöhnlich absichtslos in der Nach=
barschaft umher.

Hatte er sich aber wirklich dort nur ein paar Mi=
nuten aufhalten wollen, so änderte er bald seinen
Plan; denn seinem scharfen in dem inneren Raum
umhergeworfenen Blick entgingen nicht die in einer
Ecke lehnenden sechs oder acht Musketen, die hier
jedenfalls zu plötzlichem Gebrauch bereit gelegt schie=
nen. Den Frauen kam er dabei sehr erwünscht, denn
diese brannten vor Neugierde, etwas Näheres über
das zu hören, was außen vorging. Etwas Außer=
gewöhnliches war jedenfalls im Werke, darüber konn=
ten sie sich nicht täuschen, wären die Gewehre auch
nicht hervorgeholt worden. Toanonga hatte ihnen
jedoch nicht eine Silbe davon erzählen wollen, und
Niemanden sahen sie deshalb jetzt gerade lieber als
Mac Kringo.

Aber von dem Schotten bekamen sie im Anfang
nur verworrene und unzusammenhängende Antworten;
denn in dessen Kopfe bildete sich ein neuer Plan, ob
er sich mit den Kameraden nicht vielleicht dieser Ge=
wehre bemächtigen könnte. Nirgends aber entdeckte
er die dazu gehörige Munition, und mißlang der
Versuch, so waren sie alle verloren. Trotzdem ge=
lang es ihm aber doch vielleicht, die Waffen wenig=
stens für die Insulaner unbrauchbar zu machen, und
darüber mit sich im Reinen, begann er plötzlich eine

15*

lebendige Erzählung. Er beschrieb den Frauen, wie
sie nun bald in Besitz eines großen Schiffes mit Kanonen sein würden, mit dem sie nach Hagai hinüberfahren und die dortigen Insulaner züchtigen könnten.
Dabei schilderte er mit lebhaften Gestikulationen ihre
Landung dort und ihren Angriff, und erfaßte dazu,
um das anschaulicher zu machen, eines der Gewehre.
Die Frauen, die den Knall dieser für sie furchtbaren
Waffen kannten, wandten erschreckt die Köpfe und
baten ihn, die Muskete hinzulegen. Mac Kringo
that das, aber nicht ohne vorher den Stein aus dem
Schlosse entfernt zu haben, den er geschickt in seine
eigene Tasche schob. Immer aufs Neue kam er dabei auf
den Angriff zurück, bis er von sämmtlichen Gewehren
die Steine entfernt hatte. Die Frauen aber schöpften
natürlich keinen Verdacht, denn sie konnten nicht
wissen, daß der Papalangi in solcher Schnelligkeit und
vor ihren Augen im Stande sein sollte, die Waffen
vollständig unbrauchbar zu machen.

Darüber war wohl eine halbe Stunde vergangen,
und der Schotte sah jetzt durch die offenen Bambus-
stäbe der Hütte, daß Jonas draußen angekommen und
von Toanonga gesehen war. Das Boot mußte auch
den dicht vor der Einfahrt kreuzenden Schooner schon
erreicht haben, und es drängte ihn, zu wissen, ob die

übrigen Kameraden in der Nähe und seines Rufs ge=
wärtig seien.

Sein erster Blick, so wie er ins Freie trat, war
nach dem Schiffe hinüber. Dieses hatte eben gewen=
det und hielt von den Riffen ab, denn der Wind war
so schwach geworden, daß die Mannschaft an Bord
nicht mit Unrecht fürchten mochte, auf die Corallen
getrieben zu werden. Aber das Boot war schon auf
dem Rückweg, und die nächste halbe Stunde brachte
ihnen entweder Hülfe oder sah sie schlimmer in Ge=
fangenschaft als je.

Toanonga schien indeß gar nicht mit der Ankunft
des andern Weißen einverstanden, ging auch ohne wei=
tere Umstände auf Jonas zu und fragte ihn, was er
da schon wieder wolle.

„Was ich da will?" entgegnete dieser etwas ver=
blüfft, „Tabak, bei Gott, wenn das Boot landet,
denn ich denke, es ist lange genug, daß wir keinen ge=
sehen haben."

„Gut, Freund," entgegnete Toanonga ruhig, „du
sollst Tabak haben, jetzt aber geh hin, wo du herge=
kommen bist, und laß dich nicht eher wieder hier
sehen, als bis ich dich rufe."

„Aber ..." sagte der Matrose, der jetzt nicht
wußte, ob er dem erhaltenen Befehle folgen solle oder

nicht. Der alte Häuptling ließ ihn jedoch gar nicht ausreden.

„Hast du gehört, was ich mit dir gesprochen?" fragte er, und zwar viel ernster, als er ihn noch je gesehen. „Komm her, Ma Kino, schicke mir den Zimmermann einmal fort; ich habe gesagt, er soll weggehen, und ich will ihn hier nicht länger sehen."

Mac Kringo war, schon nichts Gutes ahnend, herangetreten. Wollten sie sich aber jetzt schon dem Befehl widersetzen, so mußte er fürchten, daß ihr ganzer Plan scheitern würde. Unter einer Viertel= stunde konnte das Boot nämlich nicht heran sein, und bis dahin würden die Eingeborenen sie leicht bewäl= tigt haben.

„Komm, Jonas," sagte er deshalb zu dem Ka= meraden, „geh zurück in den Busch, es hilft jetzt nichts, wir müssen ihm gehorchen — aber nicht zu weit fort. Wo sind die Anderen?"

„Nicht hundert Schritte von hier, wo da drüben die rothen Blumen stehen."

„Desto besser, in einer Viertelstunde kann das Boot da sein; so wie ihr mich aber Hülfe schreien hört, kommt herbei, so rasch euch eure Füße tragen."

Jonas ging fort. Toanonga hatte jedoch ihrem Gespräch mit unruhigem Blicke gelauscht. Es gefiel

ihm nicht, daß sich die Beiden jetzt gerade in ihrer
Sprache so lange unterhielten, und natürlich wäre
es ihm sehr unbequem gewesen, Leute in der Nähe zu
haben, die am Ende den andern Weißen hätten bei=
stehen können. Uebrigens ließ er sich gegen Mac
Kringo nichts merken, nahm eine junge neben ihm
am Boden liegende Cocosnuß auf und sagte zu dem
Schotten: „Hast du ein Messer bei dir?"

„Ja wohl," erwiderte rasch dieser, dem daran
lag, Toanonga nicht auch gegen sich mißtrauisch zu
machen. „Soll ich sie dir öffnen?"

„Laß nur sein," erwiderte der Alte, „ich thue es
selber." Damit nahm er das Messer und stach ein
Stück aus der weichen Schale der Nuß heraus, trank
den Saft und warf die Schale bei Seite. Mac
Kringo streckte die Hand aus, das Messer wieder zu=
rück zu empfangen, Toanonga aber schob es mit voll=
kommener Gemüthsruhe in sein eigenes Lendentuch
und sagte:

„Warte noch ein wenig, Ma Kino, du brauchst
es doch jetzt nicht, nachher sollst du es wieder bekom=
men. Sieh, das Boot ist schon beinahe am Ufer, und
unsere Freunde werden gleich da sein."

Der Schotte biß die Zähne auf einander vor
Wuth, von der alten Rothhaut auf eine solche Art

um seine einzige Waffe gebracht zu sein. Im ersten
Augenblick hatte er auch nicht übel Lust, auf ihn zu
springen und es ihm mit Gewalt zu entreißen. Ge=
rade jetzt aber kamen vier der Egis an ihm vorbei
und gingen nach der Landung hinunter, während sich
von den übrigen Seiten die Insulaner ebenfalls her=
beizogen, die ankommenden Weißen gleich in Empfang
zu nehmen. Wenn er sich nun doch mit den Kame=
raden in die Hütte warf und die dort liegenden Ge=
wehre aufgriff — es war das vielleicht die letzte Hülfe,
und in dem ersten panischen Schrecken der Eingebo=
renen durfte er hoffen, das rasch herbeischießende
Boot zu erreichen. Aber auch zu jenen Waffen war
ihm der Weg abgeschnitten, denn eine Anzahl dunkler
Krieger sammelte sich eben vor dem Eingang der
Hütte.

Da sah er, wie Toanonga langsam auf den Ca=
pitain des Schooners zuschritt und neben ihm stehen
blieb, und in der Todesangst, seinen ganzen Plan
gescheitert zu sehen, griff er zu dem letzten verzwei=
felten Mittel. Er schritt auf die Beiden zu und
fragte den Engländer mit vor innerer Aufregung
bebender Stimme, ob er keine Wehr, kein Messer,
kein Pistol bei sich habe.

„Nichts," sagte dieser, „als meine Hände; ich

habe keine Gefahr gefürchtet, und als ich vom Bord ging, nur mein kleines Taschen-Teleskop eingesteckt."

„Bei Gott, das thuts!" lachte Mac Kringo wild vor sich hin. „Zieht es heimlich in der Tasche aus, faßt dann den Alten, haltet es ihm vor den Kopf, und droht ihm, daß ihr ihn über den Haufen schießen wollt, so wie er sich rührt."

„Mit dem Teleskop?" fragte der Capitain über= rascht.

„Was wissen die von einem Teleskop?" rief Mac Kringo, „sie sehen das blitzende Metall und halten das — aber wir versäumen die Zeit, es ist kein Au= genblick mehr zu verlieren."

Toanonga hatte den Schotten, während er sprach, aufmerksam betrachtet, als ob er den Sinn der ihm fremden Worte errathen wolle. Das Boot war aber kaum noch hundert Schritte vom Ufer entfernt, und die rudernden Matrosen hatten in diesem Augen= blicke ihre Riemen eingeworfen, weil sie wahrschein= lich nicht näher an die vielen Eingebornen fahren wollten.

Toanonga wandte sich, dort hinunter zu gehen, als er plötzlich die Hand des Fremden auf seiner Schulter fühlte. Erstaunt drehte er den Kopf nach ihm um, stieß aber ein überraschtes und erschrecktes

Oiau! aus, als er plötzlich vor seinen Augen das un=
bekannte drohende Instrument erblickte.

„Rühre dich, und du bist des Todes!" schrie da=
bei der Engländer, und „Hülfe! Hülfe!" tönte Mac
Kringo's gellende Stimme über den Platz.

Die ihm nächsten Insulaner wollten herzuspringen,
ihrem Häuptling beizustehen. Mit ausgebreiteten
Armen warf sich ihnen aber Mac Kringo entgegen
und rief: „Halt! halt! um Toanonga's willen, er
bringt ihn um, so wie ihr euch ihm naht!"

„Hurrah, Jungen! Hurrah!" tönte in diesem
Augenblicke Legs' Jubelruf durch den Lärm, „hier
sind die Burschen! Nieder mit den Rothfellen!"

Ueberrascht wandten die Insulaner dorthin den
Kopf, als vom Wasser her schnell hinter einander
zwei Schüsse fielen und die Kugeln dicht über ihnen
in die Stämme der Palmen schlugen. Jacobs stieß
zugleich einen scharfen, eigenthümlichen Schrei aus,
ein Zeichen für seine Leute, und während die beiden
Tonga=Insulaner, die mit im Boot waren, erschreckt
über Bord sprangen und dem Lande zu schwammen,
griffen zwei der Leute wieder zu den Rudern, und die
andern Beiden stießen Patronen in ihre abgeschossenen
Gewehre nieder.

Mac Kringo war aber indessen auch nicht müßig

gewesen. Mit raschem Griff hatte er sich wieder in
den Besitz seines Messers gesetzt, und sein scharfer
Pfiff zeigte den Gefährten die Stelle, auf der er sich
befand. Panischer Schrecken schien indessen die In=
sulaner erfaßt zu haben, die mit dem bedrohten Howw
vor sich und den Feinden an beiden Seiten nicht wuß=
ten, welcher Gefahr sie zuerst begegnen sollten.

„Nach dem Boot! Nach dem Boot!" rief Mac
Kringo, der recht gut fühlte, daß sie diesen ersten
Moment der Bestürzung benutzen mußten, und mit
der Rechten Toanonga's Arm ergreifend, während er
in der linken das gezückte Messer hielt, folgte Jacobs
an der andern Seite seinem Beispiel. Dieser hielt
aber sein Teleskop noch immer drohend vor, in dessen
blitzender Nähe der erschreckte Häuptling sein Leben
aufs. Aeußerste gefährdet glaubte.

Auch die am Ufer postirten Indianer hatten be=
stürzt Raum gegeben, da sie nur unbewaffnete Weiße
zu empfangen gedachten, keineswegs aber darauf vor=
bereitet waren, den auf sie gerichteten Gewehren zu
begegnen. Das Boot berührte in diesem Augenblick
den Strand, und Spund, der nur ein halb freiwilliger
Theilnehmer des Angriffs gewesen war, sprang in
demselben Moment ans Land, als Legs mit Jonas,
Pfeife und Lemon durch die Schaar der am Ufer ge=

trängten Männer und Frauen hindurchbrach, den
sicheren Bord zu erreichen. Rechts und links theil=
ten sie dabei Keulenschläge aus, und Jonas, Pfeife
und Lemon erfaßten schon den Rand des Bootes und
schwangen sich hinein, als zwei der Frauen sich plötz=
lich und rüsichtslos auf Legs warfen und ihn schreiend
zurückhielten.

„Du bist unser, du darfst nicht fort!" schrien sie
dabei, und eine ergriff die kurze Kriegskeule, die er
geführt, und riß sie ihm aus den Händen, während
sich die andere an seinen Hals hängte und laute Weh=
klagen dabei ausstieß.

Mac Kringo und Jacobs hatten indeß den ihnen
Schutz gebenden Häuptling bis fast zum Boote ge=
schleppt. Jetzt aber brach auch die Wuth der Ein=
geborenen aus, die wahrscheinlich glauben mochten,
die Papalangis wollten ihren How gefangen mit fort=
führen. Mit wildem Aufschrei stürmten sie herbei,
und eben von Toanonga's Hause wieder kam ein klei=
ner Trupp von Kriegern mit den dort aufgegriffenen
Musketen gesprungen.

„Hieher, Legs! hieher Spund!" schrie da Mac
Kringo, indem er Toanonga los ließ und an Jacobs'
Seite mit flüchtigen Sätzen zum Boot hinunter floh.

„Bestien!" knirschte auch Legs zwischen den zu=

sammengebissenen Zähnen hindurch, und ohne die ge=
ringste Rücksicht auf das zarte Geschlecht versetzte er
den beiden Frauen ein paar so wohl gezielte Schläge
zwischen die Augen, daß sie mit einem Weheruf zurück=
taumelten. Im nächsten Augenblicke war er frei und
rannte an Toanonga vorüber dem Boote zu. Die
Eingeborenen aber, die jetzt ihren Häuptling außer
Gefahr sahen, sandten ihnen einen Hagel von Pfeilen
nach, während die mit Musketen Bewaffneten an=
legten, aber vergebens die Hähne schnappen ließen.

Diese vorbeschriebenen Scenen waren blitzesschnell
auf einander gefolgt. In demselben Moment aber,
in dem Legs seinen beiden Frauen entsprang, war
Spunb vollständig einig mit sich geworden, seine Ka=
meraden allein flüchten zu lassen. Zu seinem Ent=
setzen hatte er nämlich die halbe Mißhandlung be=
merkt, die Toanonga, den er sehr schätzte, erlitten, und
eilte jetzt rasch auf ihn zu, ihm seine Hülfe anzubieten.
Toanonga dagegen hielt gerade Spunb für den ärg=
sten Verräther von Allen, da er, anstatt die Weißen
in seine Hände zu liefern, die Leute an Bord jedenfalls
gewarnt und sie bewaffnet herüber gebracht hatte.
So ruhig und leidenschaftlos er sich deshalb auch
sonst benahm, so zornig und empört war er jetzt. War
nicht die Häuptlingswürde in ihm geschändet? hatten

die Weißen nicht gewagt, Hand an ihn, den How die=
ser Insel, zu legen? Deshalb also dem ihm nächsten
Krieger eine Keule entreißend, führte er einen so gut=
gemeinten und raschen Schlag nach dem Schädel des
armen Teufels, daß er ihm jedenfalls verderblich ge=
worden wäre. Zu seinem Glück schleppte Spund aber
noch immer das Buch mit sich herum, daß er fast un=
willkürlich mit beiden Händen empor hob, als er die
Keule niedersausen sah. Allerdings brach der dicke
Band die Gewalt des Schlages in etwas; derselbe
war aber zu kräftig geführt worden, um sich ganz auf=
halten zu lassen, und wie das getroffene Buch auf
Spund's Kopf niederprallte, warf es den Böttcher
hinterrücks auf die scharfen Corallen.

Toanonga sah ihn stürzen, kümmerte sich aber
nicht weiter um ihn, denn wichtigere Sachen erforder=
ten seine Aufmerksamkeit. „Nach den Canoes, nach
den Canoes!" donnerte seine Stimme die Bai entlang,
und während die mit den Musketen bewehrten Insu=
laner noch immer umsonst versuchten, die verstüm=
melten Waffen abzudrücken, sprang die Mehrzahl der
jungen Leute flüchtigen Fußes am Wasserrand hin,
die Canoes zu erreichen. Konnten sie doch dem schwer
geladenen Boot der Papalangis noch immer den Weg
abschneiden.

Einzelne waren jedoch noch zu Toanonga's Schutze zurückgeblieben und ein paar von diesen sprangen auf Spunk zu, den also Niedergeworfenen völlig abzufertigen. Mac Kringo hatte aber im Boot die Gefahr des Kameraden gesehen, und während die Mannschaft desselben das halb auf den Strand gerathene Fahrzeug zurück in ein tiefes Wasser drückte, griff er eine der Musketen auf und feuerte sie über die Köpfe der Insulaner in die Luft. Das rettete Spunk. Bei dem Schuß fuhren die Wilden unwillkürlich zurück, während derselbe auf den Matrosen gerade die entgegengesetzte Wirkung hervorbrachte. Mit einem Satze war er in die Höhe, und Buch wie Glaubenseifer hinter sich lassend, warf er sich Hals über Kopf in das Wasser hinein, den Kameraden zu folgen. Der mit so grimmer Wuth nach ihm geführte Schlag des alten Häuptlings hatte ihn, wenn auch nicht beschädigt, doch so erschreckt, daß er gar nicht daran dachte, einen zweiten derartigen Angriff abzuwarten.

6.

Die Engländer kletterten, so wie das Boot flott war, hinein und griffen die Ruder auf, während die Mannschaft des Schooners mit den Gewehren im Anschlag stehen blieb, ihren Rückzug zu decken. Das

Boot ging aber durch die vermehrte Besetzung ziem=
lich schwer im Wasser und machte keineswegs so ra=
schen Fortgang, wie Mac Kringo gehofft hatte.

„Teufel noch einmal!" flüsterte er Lemon, der auf
der Ruderbank vor ihm saß, zu, „die Rothfelle bekom=
men doch am Ende Zeit, uns mit ihren Canoes den
Weg abzuschneiden."

„Wenn ich ihnen den Spaß nicht verdorben hätte!"
lachte aber Lemon ingrimmig vor sich hin. „In alle
die Canoes, die dort lagen, habe ich ein wunderhüb=
sches Loch hineingebohrt, und bis sie die jetzt wieder
ausschöpfen und flott machen, sind wir lange draußen.

„Das war gescheidt, mein Bursche!" rief der
Schotte, „hehehe, wie sie uns verwünschen werden,
wenn sie den Streich merken! Das war aber auch
nöthig; denn das alte runde Ding hier schleicht ge=
rade so durchs Wasser, als wenn wir in einem Spül=
faß säßen."

Ein paar Schüsse wurden in diesem Augenblicke
vom Ufer ihnen nachgefeuert. Entweder hatten die
Insulaner den Verlust der Steine bemerkt und ersetzt,
oder noch andere Musketen gehabt. Keine der Ku=
geln traf jedoch das Boot; eine zischte vorüber, und
die anderen fielen schon zu kurz.

Sie näherten sich jetzt dem schmalen Eingang

ber Riffe, als sie bie erften Canoes ber Verfolger aus einer geschützten Bucht vorschießen sahen. Durch Lemon's List waren sie aber hinlänglich aufge= halten worden, um ben Flüchtigen einen ziemlichen Vorsprung zu gestatten, und da Leute genug im Boot saßen, einander abzulösen, so ließen sie die Ruber aus Leibeskräften arbeiten.

Die Indianer schienen ihre Canoes auch nicht alle auf einmal flott bekommen zu haben; benn als bas Boot die Riffe verließ, folgten ihnen erst zwei, und ein drittes wurde eben sichtbar; bann entzog bie über bie Corallen stürzende Brandung das innere Wasser ber Bai ihren Blicken, und sie konnten nichts weiter von bem, was bort vorging, erkennen.

Der Schooner lag etwa eine halbe englische Meile weiter braußen. Der Steuermann hatte aber vom Masttop aus die Flucht des Bootes und die verfol= genden Canoes bemerkt, ja, sogar bie Schüsse von bort herüber gehört und, troß ber Gefahr, die ihm selber von ben Riffen brohte, bie Segel backgebraßt, seine Leute erst wieder aufzunehmen. Noch waren biese auch eine ziemliche Strecke vom Schooner entfernt, als bie erften Canoes schon im Eingang ber Bai sicht= bar wurden und mit reißenber Schnelle näher kamen; aber überholen konnten sie bas Boot nicht mehr. Jetzt

lief es langseit, und wenige Secunden später kletterten
schon die Matrosen mit lautem Jubelruf an den ihnen
zugeworfenen Tauen empor.

Alle wußten aber, daß sie sich trotzdem nicht eher
für gerettet halten konnten, als bis sie die Insel
windwärts brachten und die drohenden Riffe hinter
sich ließen. Die Segel flogen deshalb herum, um
auch den geringsten Luftzug zu fangen, den ihnen die
schwache Brise bot, und während der Bug nach Westen
abfiel, an den Riffen hinzulaufen, sprang Mac Kringo
an der Want des Vordermastes empor, einen Ueberblick nach der Insel zu gewinnen.

Er kannte nämlich das Binnenwasser von Mouui
genau und wußte, daß gerade nach Westen zu den
übrigen Canoes ein anderer Paß blieb. Den mußten
sie nehmen, wenn sie ihnen den Weg abschneiden
wollten; und daß der Schooner nicht nach Osten
entkommen konnte, war den Eingeborenen bekannt genug. In dieser Vermuthung hatte er sich denn auch
nicht geirrt, denn oben kaum angelangt, erkannte er
schon sieben stark bemannte Canoes, die über die
glatte Bai herüberschossen und denen der Schooner
gar nicht mehr vorbeilaufen konnte.

Es blieb ihnen jetzt nichts Anderes übrig, als sich
zu einem Kampfe zu rüsten; denn daß die Insulaner,

solcher Art um die schon sicher geglaubte Beute be=
trogen, ihren Angriff mit erbitterter Wuth machen
würden, ließ sich denken. Jacobs erfuhr übrigens
kaum die neue Gefahr, die ihm drohte, als er auch
mit gutem Muth den Befehl gab, das Deck zum
Kampfe klar zu machen. Die vier Kanakas hatte er
allerdings an Land zurück lassen müssen — und den
Sandwichs=Insulanern schien diese Gelegenheit sehr
erwünscht gekommen zu sein —, dafür war aber seine
Mannschaft durch sechs tüchtige Matrosen verstärkt
worden, und mit den zwei kleinen Kanonen, die er am
Bord führte, hoffte er sich die Wilden schon vom
Leibe zu halten.

Mac Kringo that es freilich leid, daß er jetzt viel=
leicht genöthigt sein sollte, auf die zu schießen, die ihn
doch eigentlich freundlich aufgenommen. Dabei wußte
er aber recht gut, daß sie keine Gnade zu erwarten
hätten, wenn sie zum zweiten Male in die Hände der
Eingeborenen fielen, und der Selbsterhaltung mußte
jede andere Rücksicht weichen.

Ihre einzige Hoffnung war noch, daß die Brise
stärker werden sollte, wo sie den Canoes dann bald
entgangen wären. Im Gegentheil schien aber der
Wind fast ganz einzuschlafen, und mit der Ungewiß=
heit, nach welcher Richtung hin hier die Strömung

ging, donnerte ihnen die Brandung schon drohend in
das Ohr. Der Capitain ließ allerdings das Senk=
blei werfen, aber sie fanden, obgleich gar nicht mehr
so weit von den Riffen entfernt, keinen Grund.

Gerade vor ihnen lief eine Corallenspitze ziemlich
hoch nach Norden hinauf, und wenn sie diese um=
schiffen konnten, hofften sie an den dort mehr ablau=
senden Riffen eher hinunter zu können. Gerade dort
aber wurden jetzt die ersten Canoes sichtbar, während
die drei, die ihnen gefolgt waren, ihren Angriff nur
zu verzögern schienen, bis sie von ihren Freunden
unterstützt werden konnten.

Der Capitain des Schooners hatte nicht gern die
Feindseligkeiten eröffnen wollen, jetzt aber sah er ein,
daß ihm keine weitere Wahl blieb; denn einen Erfolg
konnte er sich nur, bei der großen Uebermacht der In=
sulaner, in dem Falle versprechen, wenn es ihm ge=
lang, sie etwas einzuschüchtern. Die vorn am Bug
stehende Kanone wurde deshalb gerichtet, Jacobs er=
griff selbst die Lunte, und die Kugel schlug gleich dar=
auf so glücklich ein, daß sie das geschnitzte Hintertheil
eines der Canoes wegriß und, wie es schien, den
Steuernden beschädigte.

Das ließen sich die Insulaner übrigens zur War=
nung dienen; denn während sie bis jetzt ihre Fahr=

zeuge auf einem Trupp zusammen gehalten hatten,
vertheilten sie dieselben, und es schien, daß sie einen
Angriff von allen Seiten und zu gleicher Zeit be=
absichtigten.

„Da kommt die Brise!" rief da plötzlich der
Steuermann des Schooners, der seinen Stand an der
hinteren Kanone bekommen hatte, und als sich alle
Blicke dorthin wandten, sahen sie, wie sich in der That
die Oberfläche der See nach Osten zu dunkel färbte
und kräuselte. Aber die Canoes mochten das eben=
falls bemerkt haben und wußten jetzt, daß sie ihren
Angriff keinen Augenblick mehr verzögern durften.
Die Ruderer strengten alle ihre Kräfte an, die ver=
schiedenen, ihnen angewiesenen Plätze so rasch als
möglich einzunehmen, und dies erreicht, glitten sie von
allen Seiten zugleich heran.

Die Mannschaft des Schooners erwartete sie mit
klopfenden Herzen, denn über das ganze Fahrzeug zer=
streut, konnten sie kaum mehr als einen Mann jedem
Canoe zur Abwehr entgegen stellen. Näher und nä=
her kam auch der dunkle Wasserstreifen geflogen.
Schon konnten sie erkennen, wie sich die kleinen Wel=
len tanzend hoben, und jetzt — jetzt schlugen die Se=
gel flappend gegen den Mast und — blähten aus.
Vorn unter dem Bug kräuselte und schäumte das

klare Wasser, und während sie sich den vorderen Ca=
noes rasch näherten, ließen sie die hinteren zurück.

„Alle nach vorn, Jungens!" jubelte da Jacobs'
Stimme über Deck. „Das kam zur rechten Zeit!
und Bill, du hältst den Schooner gerade auf das
größte Canoe da vorne mitten darauf!"

Immer stärker wurde die Brise, schon begann sich
das schlanke Fahrzeug ein wenig zu neigen, und die
hinter ihm befindlichen Canoes durften nicht mehr
hoffen zur rechten Zeit heran zu kommen. Trotzdem
gaben die vorderen den Angriff nicht auf. Sie wußten
wie wenig Leute ihnen die Papalangis entgegenstellen
konnten, und daß die erste Kanonenkugel keinen grö=
ßeren Schaden angerichtet, hatte ihren Muth noch
eher erhöht. Noch ging das Fahrzeug auch nicht
rasch genug durchs Wasser, daß sie nicht hätten an=
laufen und entern können; aber mit immer größerer
Anstrengung mußten die an der Seite Befindlichen
arbeiten, um nicht zurückgelassen zu werden. Vor
dem Schooner hatten sich jetzt vier Canoes gesammelt,
und als er heran kam, wichen sie eben genug aus, ihn
hindurch zu lassen. Gegen den Wind, wußten sie
recht gut, konnte er nicht weiter aufluven, und unter
dem Wind lagen die Corallen.

Jacobs kannte seinen Schooner, der nur aber bei

mittelmäßiger Brise mit vier und einem halben Strich
ganz vortrefflich segelte und dem Wind ordentlich in
die Zähne lief. So wie er deshalb die Absicht der
Eingeborenen merkte, war auch sein Plan gefaßt.
„Gebt Feuer," rief er, so wie ihr das Weiße von
ihren Augen sehen könnt!" und dann selber an sein
Steuer springend, ließ er sein Fahrzeug trotz der Co=
rallen wohl zwei Strich abfallen. Den von rechts
herbeikommenden Canoes wich er dadurch aus und
überraschte die beiden an der linken Seite so vollkom=
men, daß der Bug des Bonito das Hintertheil des
einen ergriff und übersegelte. Die Mannschaft des=
selben hielt sich allerdings zum Theil selbst an dem
vorderen Tauwerk des Schooners und suchte an Bord
zu klettern. Nachdem die Matrosen aber ihre Ge=
wehre in die nächsten Canoes abschossen und dort
Verwirrung verbreitet hatten, drehten sie die Mus=
keten um, und wo sich ein Kopf über der Schanz=
kleidung zeigte, traf ihn auch ein wohlgezielter Schlag.

Noch heulten und tobten die Eingeborenen in
wilder Wuth um sie her, als der Bug des Schooners
schon wieder scharf gegen den Wind aufluvte. Im
nächsten Moment schossen sie so dicht an der Corallen=
spitze vorüber, daß sie mit einem Steine hätten in die
Brandung werfen können, und ließen jetzt die letzten

Canoes, die dieser Gefahr selber entgehen mußten, zurück.. — Noch wenige Secunden, und sie waren gerettet, jede Gefahr lag hinter ihnen, und Bill, der Steuermann, sprang mit seiner Lunte an die hinterste Kanone, den Feinden noch eine Kugel zurück zu schicken. Das aber litt Jacobs nicht.

„Laß sie laufen, mein Junge," sagte er, indem er den Arm des Steuermannes zurückhielt. Sie werden Noth genug haben, von der Ecke dort weg zu kommen; vor u n s aber liegt die blaue weite See, und mit dem Bewußtsein, all jenen Gefahren so glücklich entgangen zu sein, mag ich kein Menschenleben mehr zerstören."

II.

Im Ostindischen Archipel.

~~~~~~

Der Balinese.

Oestlich von Java, und von dieser Insel nur durch einen schmalen Seearm getrennt, liegt das zwar kleine, aber wunderschöne, gebirgige Eiland Bali, von einem kriegerischen, kräftigen, arbeitsamen Volke bewohnt und bis in seine Berge hinauf vortrefflich cultivirt und angebaut.

Trotz seiner Nähe bei dem schon längst den Holländern unterworfenen Java hatte es sich dennoch bis zur neueren Zeit seine vollkommene Unabhängigkeit zu bewahren gewußt, und erst in den letzten Jahren gelang es den Holländern, theils durch Verrath unter den Eingeborenen, theils durch ihre Truppen unter dem Commando Sr. Hoheit des Herzogs Bernhard von Weimar, die Rajahs Balis wenigstens dahin zu bringen, daß sie ihre Oberherrschaft anerkannten.

Die Balinesen sind, was die Missionäre „blinde Heiden" nennen, d. h. sie haben ihre eigenen Götter

(Brachma, Schiwa und Wischnu) und ihren eigenen Glauben, den sie sich entschieden weigern abzulegen. Ihre Javanischen Nachbarn gingen ihnen darin allerdings schon seit längerer Zeit mit gutem Beispiel voran, indem sie zum Islam übertraten. Von den muhamedanischen Priestern besonders, aber auch dann und wann von christlichen Missionären sind schon verschiedene Versuche gemacht, sie das abschwören zu machen, was andere Nationen eine Irrlehre nennen. Bis jetzt war es jedoch vergeblich, und wenn es irgend noch eines Beweises bedürfte, daß die christliche Religion keineswegs unumgänglich nothwendig dazu ist, ein wildes Volk zu civilisiren, so liefern diese Balinesen als Heiden, und ihre Nachbarn, die Javanen, als Muhamedaner davon den schlagendsten Beweis.

Was die Cultur Balis' betrifft, so läßt diese nichts zu wünschen übrig. Jedes Plätzchen, das Frucht liefern kann, ist benutzt, und die Balinesen bauen sogar weit mehr, als sie zu ihrem eigenen Bedarf brauchen. Manches Schiff hat dort schon für den europäischen Markt seine Ladung von Reis, Zucker, Kaffee und anderen Produkten eingenommen, während hunderte von Prauen (die inländischen Fahrzeuge) der benachbarten Inseln, ja selbst bis von China herüber, in stetem und lebendigem Verkehr mit dem kleinen Reiche stehen. Die Balinesen haben dabei ihre eigenen Rajahs oder Fürsten, und die dem Lande dienlichen Gesetze werden mit unnachsichtlicher Strenge von ihren weltlichen und geistlichen Oberhäuptern in Kraft gehalten. Auf allen schweren Vergehen, selbst auf Diebstahl, steht Todesstrafe. — Außerdem sind sie aber auch noch in vielen Künsten geschickt und erfahren. Vorzüglich ihre Stahl- und Goldarbeiten, ihre Korbflechtereien und Webereien sind berühmt in der ganzen Inselgruppe des ostindischen Archipels. Ihre Landestracht ist dabei anständig und geschmackvoll, und dem Klima vollkommen angemessen.

So viel als kurze Einleitung für den Leser, der die kleine Insel bis jetzt vielleicht kaum dem Namen nach oder doch nur nach Beschreibungen kannte, welche ihre Bewohner beinah wie eine Räuber- und Piratenbande erscheinen ließ. Jede Sache hat freilich ihre zwei Seiten.

1.

Es war im September des Jahres 184—, als in dem südlichsten Rayat von Bali, in Badong, ein junger Bergbewohner rüstig aus der fruchtbaren Hochebene nieder der Süd-West-Küste der Insel und der Bai von Balikota zu stieg. Wohl führte eine breite, gut unterhaltene und fahrbare Straße von Badong zu dem kleinen Städtchen Kota an dieser Bai hinab. Der junge Balinese hätte aber, um auf sie zu gelangen, zu weit westlich aus dem Wege gehen müssen, und da er überdies auch nicht gewohnt war, einer breiten, bequemen Straße zu folgen, so suchte er sich lieber in gerader Richtung die nähere, wenn auch nicht eben so glatte Bahn.

Diese führte ihn durch weite mit Mais und Zuckerrohr bepflanzte Flächen und an den schmalen Dämmen bewässerter Reisfelder hin, zu den Rändern steiler, dichtbewaldeter Ravinen, die das Land durch= schnitten und mit ihrer wilden üppigen Vegetation in die urbar gemachten und in vollkommenster Cultur ge= haltenen Felder gar wunderlich hinein griffen.

Der Thau lag noch in voller funkelnder Pracht auf den Blättern und Blüthen, und hing in schweren Tropfen an den blitzenden Halmen, das saftige Grün der Hänge mit zauberhaftem Schimmer übergießend. Hoch und kühn daraus hervor ragte die stolze Cocos= palme, die Königin der Wälder, mit ihrer schwanken= den, zitternden Blattkrone, die der Südost=Monsoon hier nur in leichtem Säuseln erreichen konnte, und die Arecapalme streckte aus kleinen Fruchtdickichten

den schlanken, zierlichen, pfeilartigen Stamm. Tief und
schattig in den reizenden Hainen lagen die Bambus-
hütten der. Eingeborenen gar still versteckt, und die
dunklen Ränder derselben wurden nur hie und da durch
die purpurrothe Blüthenmasse des Tjanging *) unterbrochen, der mit seinen unregelmäßig und reich über
die Landschaft gestreuten Bäumen der ganzen Scenerie
eine eigene wunderbare Färbung gab.

Wo der junge Eingeborene seinen Pfad suchte,
war noch wenig Leben. Hie und da arbeiteten erst
einzelne Gruppen in den Feldern, meistens Frauen,
die mit der Hand den reifen Reis abschnitten und auf
die Ränder trugen. Der Sikup **) strich noch ein-
sam nach Beute über die stille Gegend. Hie und da
stand auch wohl ein einsiedlerischer Tjanga mit den
langen Beinen und riesigem, fast unverhältnißmäßig
großem Schnabel am Rande der Reisfelder und trat
dem rasch Heranschreitenden mehr, wie es schien, aus

---

*) Tjanging, der westindische Corallenbaum, der in der
letzten Hälfte des Jahres in Bali in Blüthe steht, und dann
gar keine Blätter trägt, so daß ihn nur die langen, purpur-
rothen und büschelartig zusammenstehenden Kelche seiner Blumen vollkommen bedecken.

**) Eine rothe Falkenart mit weißer Brust, welche die
Balinesen wahrscheinlich Sikup, den Soldaten, nennen, weil
ihre Krieger ein ähnliches Schild vorn tragen.

Höflichkeit, als aus besonderer Sorge für seine eigene
Sicherheit ein paar Fuß aus dem Weg. Oder eine
Schaar wilder Pfauen, die an dem Rand der Ravine
gesessen und sich gesonnt hatte, bäumte auf und schaute
mit den langen Hälsen neugierig nach dem einzelnen
Wanderer nieder.

Dieser aber war viel zu sehr mit sich selber und
seinen eigenen Gedanken beschäftigt, um solchen, über=
dies durchaus gewöhnlichen Gegenständen auch nur
einen Blick zu widmen. Rasch nur suchte er durch
manche sich ihm in den Weg stellende Hindernisse seine
Bahn, und hielt zum ersten Male an, als er eine
Art Absatz oder Terrasse des Hanges erreicht hatte,
von der aus sich eine weite Aussicht nach Süden und
Südwest über die Küste und das ferne Meer gewin=
nen ließ.

Ueber Gebüsch und Palmen hin, die den steilen,
tiefablaufenden Hang bedeckten, konnte er den breiten
Cocoshain überschauen, der das kleine Städtchen
Kota mit der ganzen dortigen Küste umgürtete, wäh=
rend das blaue freundliche Meer an dessen anderer
Seite den Strand beschäumte. Massen kleinerer Se=
gel, meist inländische Prauen, hie und da aber auch
chinesische Dschunken, kreuzten durch das stille, von
einer leichten Brise kaum bewegte Wasser, und nur

ein einziges europäisches Schiff lag gerade über der Corallenbank und durch die südlich auslaufende Spitze des Landes (von den Engländern Tafelhoek genannt) gegen den Südost=Monsoon geschützt, draußen vor Anker. Seine Segel waren zwar noch fest, aber es schien ziemlich schwer geladen und ging tief im Wasser, während einzelne Boote noch immer mehr Fracht hinüber brachten. Die holländische Flagge wehte von des Fremden Gaffel.

Der junge Balinese blieb hier stehen und schaute lange und sinnend in das freundliche Thal hinab, das sich seinen Blicken öffnete. Aber seine Gedanken waren nicht mehr freundlicher Art. So frisch und froh vorher sein Auge dem niederen Lande entgegengeleuchtet hatte, so zog sich jetzt seine Stirn in düstere, krause Falten, und mit untergeschlagenen Armen schaute er schweigend zu dem fremden, unwillkommenen Gast, zu der ihm verhaßten, feindlichen Flagge hinüber.

Es war eine edle, schöne, schlanke und doch so kräftige Gestalt, wie sie unter der einzelnen wehenden Palme stand. Und Hoheit und Schmerz lag in den Zügen, als ob der zürnende Gott der Berge selbst aus seines Waldes Schatten getreten sei und jetzt den Feind seines Landes, seines Volkes vor sich erblicke. Die Züge seines Gesichts konnten fast griechisch ge=

nannt werden. Die leicht gebogene Nase, die hohe Stirn, die schwellenden und doch zart geschnittenen Lippen schienen kaum einem indischen Stamme anzu= gehören; aber die dunkle Bronzefarbe der Haut, die dunklen feurigen Augen, das lange, rabenschwarze aber weichlockige Haar verriethen den Sohn dieser Küste, das Kind dieser Berge. Er ging ganz in die Lan= destracht gekleidet. Um den Kopf trug er fast turban= ähnlich ein dunkelfarbiges, mit rothen und gelben Streifen durchzogenes Tuch, nur daß oben die üppige Masse seines schwarzen, langen Haares herausquoll. Um seine Hüften, bis fast zu den Knieen nieder= reichend, schlang sich ein gleiches von ähnlicher Farbe, der sogenannte Kammen, und der Sappot, eine Art schottischer Plaid, aber auch aus inländischem Zeug gewebt, hing ihm in leichtem, malerischem Wurfe über die Schulter, mit dem einen langen Zipfel die rechte Brust bedeckend.

In dem Kammen stak vorn, wie bei allen Bali= nesen, die Kompec oder Sirihtasche (zum Betelkauen) aus feingeflochtenem und buntgefärbtem Bambus ver= fertigt, und hinten, wie bei den Südamerikanern, der lange Dolch oder Khris (im Balinesischen Rabotan) in hölzerner, wunderlich geformter und mit Gold= plättchen zierlich ausgelegter Scheide, während der

Griff aus einem dunklen fein gravirten Metall be=
stand und ebenfalls mit Gold eingelegt war. An den
Füßen trug er zierlich genähte Lederfandalen mit
einem schmalen, goldgestickten Band quer über den
Spann herüber. Sonst waren Arme und Beine nackt,
aber voll und kräftig geformt, und nur um das Ge=
lenk der linken Hand schlang sich ihm ein fast wei-
bischer Schmuck, ein schmales Armband aus den pur=
purrothen, steinharten und herzförmigen Beeren einer
Akazienart aufgereiht und zum schmalen Bande zu=
sammengeflochten.

Als einzige Waffe hielt die Hand dabei ein langes
dünnes Blasrohr, aus hartem schwerem Holz gebohrt,
von etwa fünf Fuß Länge, an das oben mit Streifen
Rattan (spanischem Rohr) eine eiserne Lanzenspitze
so an der Seite befestigt war, daß sie dem Schuß des
Pfeils oder Bolzens nicht hinderlich sein konnte. Der
Köcher, der die kleinen aus Bambus gefertigten, mit
einer Pflanzenmark = Mundspitze versehenen und mit
Gift bestrichenen Pfeile trug, stak ebenfalls in Kam=
men, an der linken Seite.

Die Waffe stemmte er jetzt auf einen Stein, und
mit dem linken Arm sich daran stützend, daß sein
Haupt sich sinnend an die Lanzenspitze legte, murmelte
er mit leiser, halbunterdrückter Stimme vor sich hin:

„Wieder so ein Schiff mit seiner stolzen dreifar=
bigen Fahne, wieder und wieder eins, in Handel und
Freundschaft scheinbar, und uns zum Nutzen, wie sie
sagen, heimlich aber nur sich und ihr räuberisches
Ziel im Auge. Halb sind wir ja schon besiegt," setzte
er mit finsterem Grimm hinzu, die Worte durch die
zusammengepreßten Zähne zischend, „und wenn nicht
noch der wackere Dewa Argo dem Treiben fest ent=
gegenstünde und mit aller ihm zu Gebote stehenden
Macht an unsern Sitten und Gesetzen hielte, den
Fremden keinen Fuß breit Boden weiter gönnend, wie
säh's um Bali aus! Hielt er die Hand nicht über
unser Land gestreckt, wie bald würden die Fremden,
die Brachma verdammen möge, das Land über=
schwemmen und den ganzen Fluch ihres Geschlechts
über uns bringen. In den Thälern wüthet schon die
furchtbare Rabjabja *), und die Leichen ihrer Opfer
verpesten die Luft."

---

*) Die Rabjabja ist nämlich die Blatternkrankheit, die
von den Europäern nach Bali gebracht wurde. Die Seuche
forderte dort ungeheure Opfer und trat mit seltener Bös=
artigkeit auf. Einem eigenthümlichen Aberglauben nach be=
erdigen die Balinesen die an dieser Krankheit Gestorbenen
nicht wie ihre anderen Todten, sondern bedecken nur die Kör=
per leicht mit Erde und lassen Kopf und Füße frei. Es ist
leicht begreiflich, wie in dem heißen Klima Bali's die Ver=

„Die alten Prophezeihungen werden wahr," fuhr der Einsame in seinem Selbstgespräch inzwischen fort. „Der weiße Jakal hat den schwarzen überliftet und wüthet in seinem Jagdgrund, während unsere Götter ihr Haupt abwenden, um die Schmach ihrer muth= losen Kinder nicht zu schauen. „Der weiße Tiger wird kommen und uns verschlingen, wenn wir ihm nicht gehorchen," sagt der Orakelspruch jenes weisen Rajah, der tausende von Armen schon entnervt und die Herzen mit Angst und Muthlosigkeit gefüllt hat. Ei, er möchte kommen und es versuchen, und unsere Lanzen und Pfeilspitzen würden sein Herz finden, daß sein Blut den Boden düngte. Aber nur zusammen müß= ten wir stehen, in innigem Bündniß, nicht jeder Rajah für sich selber aus kleinlicher, erbärmlicher Furcht das Bündniß des Feindes suchen, um von sich selber dessen Rache abzuwenden, für sich selber die Regierung zu erhalten. Das Wohl der Völker, lügen sie dabei, hätten sie im Auge, und nur ihr eigener Ehrgeiz macht sie blind gegen Ehre und Pflicht, und treibt sie, die Völker, die ihrem Schutz durch Brachma anvertraut, nichtswürdig zu verrathen."

---

wesung so vieler menschlicher Körper die Ansteckung der Seuche nur vermehren und die Luft im wahren Sinne des Wortes verpesten mußte.

„Wie stehen wir jetzt dem Feinde gegenüber? — Unsere Prauen liegen [...]g am Strande, unsere Arme werden durch gefährliche Unterhandlungen gefesselt gehalten, und die Flagge jener Fremden weht stolz unseren Tempeln entgegen, und schändet uns und unsere Götter. Fluch über solche Unthätigkeit, über das Zaudern und Zögern und Wählen und Fürchten. Wenn das so fort geht, wird der Name Balinese bald gleichbedeutend werden mit Sklave und Feigling. O mein schönes, armes Vaterland!"

Er stand noch lange da, seinen finsteren, schmerzlichen Gedanken sich überlassend, als sein Auge plötzlich auf das Armband fiel, das er am linken Handgelenke trug, und ein freundlicherer Ausdruck seine schönen und edlen Züge belebte.

„Kassiar," murmelte er leise, indem ein flüchtiges Lächeln über sein Antlitz glitt, „Kassiar, du Blume des Thales, dich wenigstens will ich dem giftigen Einfluß jener Fremden entreißen und mit mir in meine Berge führen. Dort bieten wir dem fremden Einfluß Trotz, und kommt einmal die Zeit, in der mein Vaterland den Fluch erkennt, den es sich selber muthwillig aufzuladen scheint, dann brechen wir hervor, und unser Schlachtschrei soll die Feinde zurück auf ihre Schiffe schrecken. — Kassiar!"

Und mit dem Namen der Geliebten auf den Lippen, griff er die Lanze auf, und sprang mit leichtem
Schritt den Hang hinab, der Richtung Kota's zu.
Hier mußte er freilich noch ein breites mit Zuckerrohr
bepflanztes Feld durchschneiden, das nördlich von
dem kleinen in die Tanjong-Bai ausmündenden Kali
oder Flusse lag. Eine Brücke gab es über den Strom
nicht, aber eine Cocospalme, die dicht am Uferrand
gestanden, war von dem angeschwellten Wasser unter-
wühlt hinübergestürzt, daß ihr Wipfel eben das jen-
seitige Ufer berührte. Auf dieser lief er hinüber,
drängte sich durch den morastigen, mit niedrigen
Büschen bedeckten Uferstrich, der die nördliche Seite
der von Tuban nach Kota führenden Straße und den
Palmenwald begrenzte, und fand sich bald im Schatten der wundervollen Punjannjo's, der Cocospalmen,
wo er auf glattem, ebenem Wege rüstig dahin schritt.

2.

Wie das über ihm rauschte und zitterte, in ein-
samer, wundervoller Waldespracht! — Wie das
flüsterte und raschelte, und mit den langen, herrlichen
Blättern wehte und ineinandergriff! — Hier war nichts
Fremdes, nichts Verhaßtes mehr; das war sein eigenes,
schönes Vaterland, die Cocospalme seines Stammes

Bild, und wie das Herz ihm wieder aufging in Stolz und Lust und die Sehnsucht nach der Geliebten es rascher schlagen machte, wurde sein Schritt auch leichter und elastischer, und freundlich nickte er den Leuten zu, die er am Wege traf, und die Reis und andere Feldfrüchte, oder Matten und Körbe in die Stadt zu Markte trugen.

Schon hatte er hier die Gärten erreicht, die theils mit der rothblühenden Butju (rosa sinensis), theils mit der Buntaja (einer sehr giftigen Rankenpflanze, welche durch bloße Berührung schon Entzündungen und Anschwellungen bewirkt) eingezäunt waren, und hie und da schaute aus dem dunklen Laub einzelner Kaffee= und Muskatnußbüsche, oder zwischen den hoch= gezogenen Sirih=Ranken die stille, lauschige Bambus= hütte der Eingeborenen hervor, während die Cocos= palmen in einem dichten Hain ihre Kronen in einan= der legten und kühlen Schatten auf den zwischen ihnen durchführenden Weg warfen.

Jetzt hatte er die ersten Wohnungen der Stadt erreicht; rechts am Wege leuchtete ihm schon das helle Dach des Gustis — des Dorfoberhauptes — ent= gegen, und von dort hinauf, der Cocosnußölmühle zu, die von den Weißen angelegt worden, gleich über dem breiten Platz, der sich dort ausdehnte — wie rasch

das Herz ihm an zu pochen fing — dort wohnte
Kaffiar, und mit faft kindifcher, jubelnder Luft malte
er fich fchon im Geifte die Ueberrafchung der Gelieb=
ten aus, die keine Ahnung von feiner Nähe hatte.

Mehrere junge Mädchen waren ihm begegnet;
manche aufgeputzt, wie zu einem ihrer Fefte, andere
in das einfach gewebte Zeug des Landes gekleidet.
Aber er achtete ihrer nicht; fein Auge fuchte zwifchen
den an ihm vorbeigleitenden Dächern hin, die wohl=
bekannte Gruppe fchlanker Arekapalmen, die das Haus
der Geliebten umftanden, und jetzt — fchon wollte er
um des Guftis Garten in die Straße einbiegen, denn
dort ragten die fchlanken Wipfel grüßend und freund=
lich nickend fchon hervor, — da fchritt ein junges
Mädchen die Straße herab, und fein Fuß haftete wie
angewurzelt an dem Boden feft.

Das war Kaffiar — und wieder war fie's nicht.
Die lieben dunklen Augen gehörten freilich ihr —
der fchlanke Wuchs, der leichte elaftifche Gang, dem
Riedgang ihrer Wälder gleich — und dennoch fchien
fie ihm vollkommen fremd, denn Tracht und Sitte,
wie er's bis jetzt an ihr gewohnt gewefen, glich fich
gar nicht mehr. Das dunkle volle Haar war mit
Blumen, rothen Beeren und kleinen farbigen Mufcheln
gefchmückt, wie den Putz ähnlich auch andere eingebo=

rene Mädchen trugen, aber in den Ohren hingen ihr
goldene Zierrathen, wie sie die verhaßten Weißen mit
herüber gebracht, den weichen runden Arm umschloß
ein goldenes, steinbesetztes Band, und um die Schul=
tern lag ihr ein himmelblau und roth gestreiftes sei=
denes Tuch und hing mit dem einen Zipfel vorn über
die linke Brust herab. Leichten Schrittes kam sie den
Weg herab, der nach dem Strande nieder führte, und
wenn ihr Blick auch auf den jungen Krieger über die
Straße herüber fiel, war sie doch zu sehr mit ihren
eigenen Gedanken beschäftigt, um viel auf ihn zu
achten. So wollte sie eben an ihm vorüber eilen, als
sein Ruf sie aufhielt und rasch nach ihm herüber sehen
machte.

„Kassiar!" — Der eine Blick genügte — zitternd
und erschreckt, die Hände vorgestreckt, ihre Farbe, die
selbst unter der zarten aber dunklen Haut sichtbar
wurde, kommend und schwindend, die Arme halb nach
dem geliebten Manne ausgestreckt, halb ihn damit ab=
wehrend, stand das junge Mädchen einer schönen
Statue gleich da.

„Glenteck!" hauchte sie dabei, „wo kommst du her,
oder liegt dein Körper oben in den Bergen, von schar=
fer Waffe oder Tigerzahn zerrissen, und nur dein
Geist hat mich hier aufgesucht?"

Glentek barg einen Augenblick die Stirne in der
Hand und strich sich die langen Haare dann zurück,
indem er seinen Blick dabei scheu und erstaunt auf die
Jungfrau heftete.

„Und das ist Kassiar?" sagte er endlich halblaut
und schüchtern, indem er langsam über die Straße
hinüber schritt und vor dem zitternden Mädchen stehen
blieb; „ist das das Weib, das ich mir in die Berge
holen wollte, um sie der Gefahr hier zu entziehen, die
ihr von Fremden und fremdem Glanz und Luxus
droht? — Es ist zu spät, wie ich sehe, und Kassiar
hat nicht allein Glentek vergessen, sondern auch ihr
Vaterland. Wie sie sich da aufgeputzt, mag sie wohl
einem der fremden Männer für kurze Zeit gefallen;
werden aber die jungen Leute von Bali ihr wieder
ihre Heldenlieder singen?"

„Glentek!" bat das Mädchen, ihm die Hand ent=
gegen streckend mit herzlichem, flehendem Ton, „ist
das dein Gruß, mit dem du mich nach so langer Zeit
der Trennung empfängst, und hast du in den Bergen
oben deine Kassiar so ganz vergessen — so ganz ver=
gessen und verlernt sie zu lieben?"

Glentek erwiderte nichts darauf, aber sein Blick
hing noch immer fest und vorwurfsvoll an dem bun=
ten, fremdländischen Staat, der die Geliebte schmückte,

an den goldenen Ringen im Ohr und um den Arm,
an dem seidenen Tuch, das ihre Schultern umschloß.
Endlich sagte er langsam und traurig:

„Dich vergessen, Kaffiar? — Mächtiger Brachma,
mein Herz vergäße ebenso leicht zu schlagen, mein Ohr
den Ruf des Vaterlandes zu hören! Dich vergessen,
Kaffiar? — Und bin ich deinetwegen nicht drei Tage
gewandert und die letzte Nacht, um nur recht bald
dein liebes Antlitz wieder zu schauen, deine Hand in
der meinen zu fühlen, dem Flüstern deiner Worte zu
lauschen? Die Sterne haben mir von dir gesprochen,
wenn sie vom dunklen Himmel niederfunkelten, der
Wasserfall rauschte mir deinen Namen Tage lang,
Nächte lang, und meiner Palmen Wipfel kannten keinen andern Laut. — Dich vergessen, Kaffiar? —
Jeder Vogel zwitscherte mir das liebe Wort, in jedem
Tropfen perlenden Thaues sah ich dein Bild, und nur
die Sehnsucht nach dir hielt Schritt mit der wachsenden Liebe — und jetzt —“

„Und jetzt, Glentek?“ sagte das Mädchen und
streckte ihm freundlich die Hand entgegen, „war das
nun der ganze Gruß, den du deiner Kaffiar bieten
konntest?“

„Ich weiß nicht,“ entgegnete der junge Krieger
leise und mit tief bewegter Stimme, „ich weiß ja gar

nicht, ob es noch meine Kassiar ist. Die Augen lachen mich noch so freundlich an, wie vordem, wenn auch nicht so offen, so treuherzig mehr. Die süße Stimme ist es immer noch, aber der äußere Tand, der sie umschlossen hält, der Schmuck des Fremden, der ihre schlanken Glieder entstellt, anstatt sie zu zieren — der ist mir fremd, der verhüllt mir Kassiar, daß mein Auge das alte Herz nicht mehr darunter finden kann. Und ich weiß nicht, wem es jetzt entgegenschlägt."

„Du böser Glentek," lächelte die Maid, seine Hand ergreifend und ihr Haupt an seine Schulter lehnend, „du weißt nicht, wem es schlägt?"

„Von wem ist denn der Putz — von wem das Tuch?" sagte der junge Balinese noch immer nicht beruhigt.

„Wenn es dich ärgert, nehm ich's ab und trag's im Leben nicht wieder," rief schnell Kassiar, das Tuch von ihren Schultern ziehend.

„Und wer gab es dir?" fragte Glentek finster.

„Kassiar ist nicht so reich, daß sie der Fremden kostbarste Stoffe mit Reis und Kaffee kaufen könnte."

„Du brauchst mich deshalb nicht so finster anzusehen, Glentek," sagte, mit einem halbscheuen Blick zu ihm empor, das junge Mädchen. „Du weißt,

daß — daß die Fremden jetzt alles thun, der Bali=
nesen guten Willen zu erkaufen und sie zu Freunden
sich zu machen — und da —"

„Und da?" wiederholte Glentek finster, aber seine
Frage wurde überhört.

Rasches, donnerndes Pferdegestampf schallte die
Straße nieder, die von Tuban herüber führte, und
als sich die beiden jungen Leute darnach umsahen, kam
ein kleiner Trupp Europäer, mit einer Dame an der
Spitze, an deren Seite ein paar eingeborene Rajahs
und auch der Gusti von Kota dahin sprengten. Sie
wollten quer über den mit Waringhis bewachsenen
Platz hinüber nach eines Holländers Wohnung, die
dort lag. Die Dame warf auch nur im Vorbei=
sprengen einen flüchtigen Blick auf das junge Paar,
als sie plötzlich ihrem Pferd rasch in die Zügel griff,
daß es aufbäumte und schäumend in sein Gebiß
knirschte und zurücklenkte, wo jene Beiden standen.

„Mein Tuch!" rief sie dabei; „beim Himmel, die
Dirne dort hält mein gestohlenes Tuch!"

„Aber, liebes Kind!" rief ihr Gatte, der Capitain
des auf der Rhede liegenden holländischen Schiffes,
„mach' hier keine Scene. Reite hinüber zum Haus,
ich werde das Tuch reclamiren und sehen, wie es sich
damit verhält."

Die Dame aber, taub gegen die Vorstellungen, rief gereizt:

„Daß mir die Diebin in die Hecken schlüpft und sich nicht wieder an der Küste sehen läßt, nicht wahr. Mich hat ein glücklicher Zufall hierher geführt, und den will ich benutzen."

„Was ist — was gibt's?" rief der Gusti, der ebenfalls sein Pferd rasch parirt hatte und gerade an ihre Seite sprengte, als sie vor dem trotzig zu ihnen aufschauenden Glentek und dem Mädchen hielten.

„Das Tuch ist, glaub' ich, gestohlen und Madame hat es wieder erkannt," dolmetschte ein anderer Euro= päer dem eingeborenen Richter in balinesischer Sprache.

„Gestohlen?" schrie Glentek, der die Worte ge= hört hatte, wild emporfahrend, und seine Hand zuckte wie unwillkürlich nach dem Rabotan.

„Ruhig, mein Bursche!" rief aber finster der Gusti; „die Sache wird sich finden. — Her das Tuch, Kassiar — zögerst du, Dirne?"

Kassiar hatte erbleichend die Beschuldigung ge= hört, und ihr Auge haftete eine Weile in Angst und Schrecken auf dem einen Fremden, dem Capitain des Schiffs, als ob sie von ihm Schutz und Entschuldi= gung erwarten dürfe. Der Gusti hatte ihr indeß das

Tuch aus der Hand genommen und der weißen Frau
hingereicht, damit sich diese überzeugen könne, ob es
wirklich das ihre sei.

„Gewiß — gewiß!" rief aber diese, als sie es auf
dem Pferd mit der einen Hand in die Höhe hob und
einen forschenden Blick darauf geworfen. „Das ist
mein Tuch, das ich seit Jahren nicht mehr getragen
und in meines Mannes Sekretär liegen hatte. Als
ich aber neulich zufällig einmal darnach fragte und es
zu sehen verlangte, war es verschwunden. Niemand
konnte sich erklären wie, und jetzt trägt es die Dirne
in der Hand."

„Und hast du keine Vertheidigung für dich,
Kassiar?" rief mit unterdrückter Stimme, aber in
Todesangst der junge Bergbewohner. „Läßt du die
Fremden dich eine Diebin nennen, und wirfst ihnen
die Lüge nicht zurück in ihr Gesicht?"

„Woher hast du das Tuch?" fragte jetzt der Gusti
das zitternde und mit niedergeschlagenen Augen vor
ihm stehende Mädchen. „Nun, wirst du deinem Rich=
ter antworten, Dirne?"

Wieder hob sich der Blick Kassiars scheu und
flüchtig zu dem Fremden empor, aber nur einen
Moment weilte er dort. Erbleichend wandte sie
ihr Haupt ab, dem Geliebten zu, und barg ihr

Antlitz kann, wie ihre Schuld bekennend, in den Händen.

„Man wird dich reden machen," sagte indessen ruhig der Gusti. „Eheh Lascie, Maras, führt sie in mein Haus und haltet sie dort bewacht, bis ich selbst hinüber komme."

Und seinem Pferd die Sporen gebend, winkte er der übrigen Gesellschaft freundlich, ihren Weg fort= zusetzen. Die kleine Cavalcade sprengte auch gleich darauf wieder dem Hause des Holländers zu, wo sie zahlreiche Diener empfingen, ihnen die Pferde ab= nahmen und sie in die Halle geleiteten. Sie waren alle dort zu Tische geladen, ebenso der Gusti von Kota, und es wurde neun Uhr Abends, ehe dieser wieder in seine Wohnung hinüber ging, um der Ver= hafteten für die Nacht in einem der Gefängnisse einen Platz anzuweisen. Das Hauptverhör sollte am näch= sten Morgen sein.

3.

Der nächste Morgen kam, und Maderai, der Gusti von Kota, hatte seinen Platz zwischen den übrigen Richtern eingenommen, während das Volk in neugierigem, dichtem Schwarm den weiten Raum der großen Bambushütte füllte. Jedes Schmuckes

baar, die Haare glatt und schlicht herabgekämmt, die
Schultern mit einem dunklen selbstgewebten Zeug be=
deckt, ohne Goldringe in den Ohren oder um die
Arme, stand das wunderschöne Mädchen seitwärts in
einer kleinen Einfriedigung von Bambusstäben und
harrte der Klägerin, die vorgefordert war, gegen das
des Diebstahls beschuldigte Mädchen aufzutreten.
Das verhängnißvolle Tuch hing an einem Stab neben
des Gusti Sitz. Immer aber noch erschien die Klä=
gerin nicht, und draußen das Schiff in der Bai, das
seine Segel heute Morgen schon gelöst, seine Flagge
aufgehißt und seine Boote an Bord genommen hatte,
war augenscheinlich im Begriff, ihre Küste zu ver=
lassen. Ließen die Weißen also die Klage gegen
das Mädchen fallen, so war sie frei. Von den
Eingeborenen konnte ihr Niemand die Schuld be=
weisen.

Da senkte sich wieder eins der Boote zum Wasser
nieder, deutlich konnte man, selbst von hier aus, er=
kennen, wie der Capitain mit seiner Frau hineinstieg,
die hellen Kleider der Europäerin, die noch einmal
an Land kam, um eins der eingeborenen Mädchen
verurtheilen zu lassen, schimmerten bis hier herüber,
und langsam und regelmäßig fielen die Ruder ein, das
scharfgebaute Boot zum Ufer treibend, das bald seinen

scharfen Bug an dem Corallenfand des Strandes
scheuerte.

Capitain Van Soefen fam aber nicht freiwillig
heute Morgen zum Gericht. Das Schiff lag zur
Abfahrt bereit mit Fracht und Wasser an Bord,
Wind und Strömung waren günstig, seine Papiere
in Ordnung und selbst den Anker hatte er schon früh
am Morgen heben lassen, um jeden Augenblick die
Segel loswerfen und in See gehen zu können.

„Was liegt denn an dem Tuch?" sagte er be=
schwichtigend, als seine Frau am frühen Morgen
darauf drang, hinüber zu rudern an Land und es
beim Gusti, mit Hinterlegung ihrer Klage, abzuholen.
„Du mochtest es so nicht mehr tragen, und kommen
wir nach Amsterdam zurück, so sollst du dir eins dafür
aussuchen, wie es dein Herz verlangt."

„Mir liegt nichts an dem Tuch," entgegnete aber,
den Blick fest und mißtrauisch auf den Gatten geheftet,
die Frau. „Mir ist's der Sache selber wegen, die
Diebin zu bestrafen. Drei= oder viermal hab' ich sie
schon hier an Bord gesehen; was hatte sie anders hier
zu thun, wenn nicht — Gelegenheit auszuspüren?"

„Sie kam mit den andern Mädchen," sagte kopf=
schüttelnd der Capitain, „lieber Gott, bei dem Volke
muß man der Neugierde auch etwas zu gut halten."

„Und wie kam sie in die Kajüte hinunter und in den Sekretär?" rief Madame, die Worte scharf betonend. „Van Soeken, hier liegt, wie ich fast fürchte, ein Geheimniß zu Grunde, das die Schuld der Dirne um ein gewaltiges vergrößert — und verringert. Ich gebe dir mein Wort —"

„Aber liebes, gutes Kind," bat sie der Capitain, „sei doch vernünftig, und setze dir nicht eine Menge thörichter Sachen muthwillig in den Kopf. Wenn wir hinüber könnten zum Verhör, würde ich dir rasch beweisen, wie das Ganze ein einfacher Diebstahl ist, wegen dem ich dich aber r e c h t h e r z l i c h bitte, kein großes Aufheben zu machen und die Sache lieber fallen zu lassen. Du weißt, wie furchtbar streng die Eingeborenen jeden Diebstahl unter sich strafen, wie die Frauen schwere jahrelange Gefängnißstrafe in niederen Bambuskäfigen und Verbannung, die Männer den Tod zu gewärtigen haben. Die Eingeborenen sind dabei so unendlich freundlich und gastfrei gegen uns gewesen; laß uns nicht mit einer solchen Erinnerung, einer solchen Kleinigkeit wegen, von ihnen scheiden."

„Wenn wir hinüber k ö n n t e n, sagst du?" rief die Frau. „So willst du n i c h t gehen?"

„Aber siehst du denn nicht, daß unser Fahrzeug segelfertig liegt und ich wahrhaftig vor meinen Leuten

nicht verantworten kann, die schöne Zeit zu ver=
säumen?"

„Das Schiff ist dein — ist unser Eigenthum, wir
können damit thun, was wir wollen. — Aber ich sehe
schon, wie es ist. — Rücksicht auf die Leute willst du
nehmen — auf dein Weib nicht. Und soll ich dir sa=
gen, weshalb du dich fürchtest, das Land wieder und
jenen Gerichtshof zu betreten?"

„Fürchten? — Aber, bestes Kind —"

„Soll ich's dir sagen, oder glaubst du gar, ich
sei blind und hätte den Blick nicht gesehen, den das
Mädchen gestern auf dich warf, als ich sie des Dieb=
stahls beschuldigte?"

„Auf mich?"

„Auf dich, hab' ich gesagt, und wagtest du
heute, der Dirne mit einer Klage gegenüber zu
treten, würfe sie dir entgegen, daß du ihr das Tuch
geschenkt."

„Aber liebe, beste Marie!"

„Das Tuch geschenkt, sag' ich!" rief die Frau,
mehr und mehr in eifersüchtigen Zorn gerathend, da
die augenscheinliche Verlegenheit des Mannes ihren
Verdacht nur mehr und mehr bestätigte. „Und wenn
du mir das Gegentheil jetzt nicht beweisest, so
schwör' ich dir, so wahr ich Marie heiße und das Un=

glück habe, dein Weib zu sein, das Schiff hier zu ver=
lassen und am Lande Schutz zu suchen."

„Aber Marie, so nimm doch nur Vernunft an!"
bat der Capitain.

„Und weigerst du dich, auch mich an Land zu
setzen, dann, bei dem ewigen Gott, spring ich über
Bord und mache diesem Leben, das doch von da an
nur Qual und Elend für mich haben müßte, ein
rasches Ende. — Verrathen und betrogen — lieber
nicht leben, als mit der Gewißheit dem Grabe lang=
samer aber ebenso sicher entgegen sehen."

„Aber so sprich doch nur vernünftig!" rief Van
Soeken, so gewissermaßen zur Verzweiflung getrieben.
„Wenn dir das Schiff selber so wenig am Herzen
liegt, einer solchen Bagatelle, einer wahnsinnigen
Idee wegen Wind und Strömung zu versäumen, gut,
so sag' mir wenigstens, was du verlangst und eile damit."

„Was ich verlange?" rief rasch triumphirend die
Frau, „augenblicklich mit dir an Land zu fahren und
Zeuge der Gerichtsverhandlung zu sein."

„Du mit mir? weshalb? — Einer genügt voll=
kommen, und wenn du es verlangst und wenn es dich
beruhigt, will ich hinüber fahren, die Klage einlegen
und dir das Tuch, an dem dein Herz so hängt, zurück=
bringen."

„Du allein? — Das glaub' ich dir!" lächelte die Frau den Gatten hämisch an. „Wenn du mich hier an Bord wüßtest, wär' das Geschäft da drüben wohl bald und glücklich abgemacht. Fort mit dir! Euch allen ist nicht zu trauen, und wo der Eine den Andern unterstützen kann, thut er's mit Freuden, gilt es ja doch nur, das arme, verrathene Weib zu täuschen."

„So komm denn, meinetwegen," sprach der Capitain, der keinen Ausweg weiter sah, der peinlichen Geschichte zu entgehen, „du bist auch im Stande, eher den Lügen der Dirne zu glauben, wenn sie sich irgend eine Ausflucht suchen sollte, als deinem Mann. Aber komm, du sollst wenigstens sehen, daß ich deine wahnsinnige Anklage nicht fürchte und mit gutem Gewissen dem Verhör entgegen gehe. Ist mein Boot noch unten, Steuermann?" rief er dann mit lauter Stimme dem vorn am Anker stehenden Offizier hinüber.

„Ja, Mynheer," lautete die Antwort zurück; „soll gleich aufgeholt werden. Alles fertig."

„Halt! — wir fahren noch einmal an Land."

„Noch einmal an Land?" brummte der Steuermann nicht wenig erstaunt, „na, da bitt' ich zu grüßen, Ebbe und Brise, wie sie im Buche stehen, alles klar, und noch einmal an Land? Wo so eine Schürze an

Bord ist, hört doch der ordentliche Dienst gleich auf. Hol's der Teufel, möchte nur wissen, was jetzt wieder im Wind ist."

Das Brummen half ihm aber nichts. Die Jölle wurde langseits gehalten, der Kajütsjunge hing die Treppe wieder aus, und wenige Minuten später schnitten die Ruder in die klare Fluth und trieben das schlanke Boot pfeilschnell dem Laube zu.

4.

Lautes Murmeln durchlief die Versammlung der Eingeborenen, zu denen sich auch jetzt der auf Bali wohnende Europäer eingefunden hatte, um Zeuge der Verhandlung zu sein.

„Dort kommt der Fremde mit der weißen Frau — arme Kassiar — wie viel lange Jahre wird sie in dem Käfig sitzen müssen, des bunten Lappens wegen — und wie bleich sie aussieht und geknickt! — Wie rachsüchtig die Fremden sind und wie habgierig — arme Kassiar!"

Zwischen den Eingeborenen lehnte ein junger Mann an einer der hölzernen Stützen des Hauses. Er ging in die Tracht der Bergbewohner gekleidet, mit dem Rabotan im Gürtel, und sein Blasrohr mit der Lanzenspitze im Arm. Aber er sprach mit Nie=

mand; kein Laut kam über seine Lippen, kein Ton des
Mitleidens mit dem Opfer, oder des Hasses gegen die
Kläger. Es war Glentek, und als Kassiars Blick ihn
dort erspäht, wo er stand, hatte ihr Auge den Boden
gesucht und sich noch nicht wieder von dort gehoben.

Jetzt traten die Fremden in den Saal. Der
Holländer war ihnen entgegen gegangen, die Dame
zu dem für sie bestimmten Sitz zu führen. Der Gusti
nickte ihnen freundlich zu, und als das Geräusch ver=
stummt war, das ihr Betreten des Raumes ver=
ursacht hatte, erhob sich der Gusti von seinem Sitz,
überflog mit flüchtigem, aber strengem Blick die Ver=
sammlung, und begann dann mit seiner lauten, klang=
vollen Stimme die Anrede.

„Männer von Bali! wir sind versammelt, die
Anklage einer weißen Frau zu hören gegen eine unse=
res Stammes, die des Diebstahls bezüchtigt wird.
Ihr wißt, wie streng unsere Gesetze sind, wie sie den
Diebstahl beim Mann mit dem Tode, bei der Frau
mit schwerem Kerker strafen, und ihr werdet Zeugen
sein, daß den Fremden Gerechtigkeit werde in unserm
Lande.“

Nach dieser Einleitung forderte er den der Bali=
Sprache vollkommen mächtigen Europäer, der sich
erboten hatte, für die Dame zu dollmetschen, auf,

seine Klage vorzubringen und hier, öffentlich vor Gericht, zu bestätigen, daß das Tuch der Europäerin und
von Bord des Schiffes entwendet sei. Sie habe dabei
anzugeben, ob es dort offen gelegen, oder aus einem
verschlossenen Raum genommen wurde, was die
Strafe für das Vergehen noch verschärfen würde.

Die Klage lautete jetzt, von dem Dollmetscher in
balinesischer Sprache vorgetragen, auf allerdings er-
schwerende Umstände, da das Tuch von Bord, und
zwar aus einem verschlossenen Kasten gestohlen sei.
Hiergegen trat aber der Capitain selber auf, indem
er erklärte, er habe mehrere jener Stücke Zeug vor
einiger Zeit aus seinem Kasten genommen und
draußen liegen lassen. Das Tuch könne darunter gewesen sein.

Kassiar wurde jetzt gefragt, wie sie zu dem Tuch
gekommen sei, ob sie es wirklich heimlich von Bord
genommen, oder irgend etwas vorzubringen habe, was
zu ihrer Entschuldigung in der Sache reden könne.
Zitternd stand das Mädchen von ihrem Sitze auf.
Mehrere Minuten gebrauchte sie, sich so weit zu sam-
meln, daß sie den Blick zu ihrer Klägerin erheben
konnte. Neben dieser stand der Capitain, und ihr
Auge schweifte kurze Zeit von Van Seefen zu dessen
Gattin und zurück, bis es sich endlich auf den See-

mann heftete. Dieser aber konnte dem Blick, so viel
Mühe er sich auch gab, nicht begegnen. Langsam er=
hob sich dabei ihr Arm, bis er auf den Kläger deutete,
und eine Weile stand sie so, einer wunderschönen
Statue gleich, kein Glied des Körpers regend, nicht
mit den Wimpern zuckend, dem Manne gegenüber.
Auch die Frau des Capitains war aufgesprungen, der
nächste Moment sollte vielleicht schon ihren längst ge=
faßten Verdacht bestätigen, und ihr Auge flog wild,
in fast peinlicher Spannung, von den Lippen des
Mädchens zu den unverkennbar bleichen Zügen des
Gatten.

„Ihr wollt wissen, woher das Tuch in meine
Hand gekommen?" sagte da endlich Kassiar mit leiser,
wunderbar ruhiger Stimme, ohne ihre Stellung auch
nur mit dem Zucken einer Muskel zu verändern, —
„und jene Frau dort klagt Kassiar des Diebstahls an
— so hört denn — ich habe jenes Tuch —"

Dicht hinter dem Holländer hob sich in diesem
Augenblick die schlanke Gestalt Glenteks still und
ruhig empor, und auch sein Blick hing in athemloser
Spannung an den Lippen der Angeschuldigten. Da
traf ihn Kassiars Auge, und plötzlich in sich zusam=
menbrechend, ihr Antlitz in den Händen bergend, rief
sie mit markdurchschneidender Stimme aus:

„Gestohlen!" und sank bewußtlos auf den Bo=
den nieder.

„Armes Kind — arme Kassiar!" klang es von
den Lippen der Eingeborenen, und einige der Frauen
drängten sich durch die Wachen, die Ohnmächtige zu
unterstützen und ins Leben zurückzurufen.

„Das Geständniß genügt," sagte da der Gusti
ernst, der sich ebenfalls von seinem Sitze erhoben
hatte, indem er das neben ihm hängende Tuch von
dem Stabe herunter nahm und einem seiner Diener
übergab, damit er es der Europäerin, als ihr Eigen=
thum, zurückbringe. — „Das unglückliche, junge
Mädchen mag indeß der Sorgfalt der Frauen über=
lassen bleiben, bis es sich erholt hat, dann aber der
Obhut der Gefängnißwärter übergeben werden. In
dem Krankeng büße sie fünf Jahre lang."

„Halt!" rief da eine ernste, klangvolle Stimme
in den Tumult von Tönen hinein, der diesem Ur=
theilsspruch folgte, „halt, hört erst mich. — Das
Mädchen ist unschuldig!"

Wunderbar war die Wirkung, die diese wenigen
Worte auf die Versammelten ausübten, und selbst die
Ohnmächtige schienen sie ins Leben zurückgerufen zu
haben. Zu gleicher Zeit sprang Glentek, der junge
Krieger aus den Bergen, die Ballustrade, die ihn von

dem innern Raume trennte, mit einem Satz über=
springend, in diesen hinein und ging mit leichtem
Schritt dem Gusti zu, vor dem er, auf seine kurze
Lanze gestützt und das Haupt vor ihm beugend, ehr=
erbietig, doch fest entschlossen stehen blieb.

„Wer bist du?" fragte dieser freundlich den ihm
fremden Krieger, indem sein Auge mit Wohlgefallen
auf den schlanken, kräftigen Gliedern, wie den offenen
Zügen des Jünglings hafteten. „Was weißt du von
der Schuld des Mädchens hier, das ihr Vergehen
schon offen eingestanden?"

„Ich selber bin der Dieb," sagte der Eingeborene,
und wenn auch seine Lippen bei der Lüge zitterten und
seine Wangen sich entfärbten, begegnete er fest und un=
erschüttert dabei dem Blick des erstaunt zu ihm nieder=
schauenden Richters.

„Du wärst der Dieb?" sagte da der alte Gusti nach
langer, peinlicher Pause, indeß er sorgfältiger als vorher
noch die edle Gestalt des jungen Eingebornen gemustert
hatte und ernst und zweifelnd dabei mit dem Kopfe
schüttelte; „wer bist du und woher stammst du?"

„Ich heiße Glentek und meines Vaters Haus
liegt in dem Hochland von Benoi."

„Bist du mit dem Rajah Glentek dort verwandt?"
rief rasch und erschreckt der Gusti.

„Er ist mein Vater," erwiderte mit kaum hörbarer
Stimme der junge Balinese.

„Unglücklicher!" rief der Gusti da, die Hand abwehrend vor sich ausstreckend, „wozu bekennst du
dich? Und weißt du, welche Strafe dir bevorstände?"

„Der Tod!" sagte Glentek ruhig und uner-
schüttert — „ich weiß es, Gusti; aber ein Glentek
kann nicht dulden, daß ein Weib seinetwegen unschuldig leide."

Ein wildes Gemurmel durchlief wieder die Schaar
der Eingeborenen, und der Holländer war zu seinen
Freunden hinüber getreten, diesen die Wendung mit-
zutheilen, welche die Sache zu nehmen schien.

„Wie kann der Bursche dort der Dieb sein?" rief
da Mevrouw Van Soeken rasch und zürnend, „ich
habe ihn noch nie an Bord gesehen. Er hat, so viel
ich weiß, das Schiff in seinem Leben nicht betreten."

„Das ist eine Liebesgeschichte," sagte der Holländer kopfschüttelnd, „ich glaube selbst nicht, daß der
junge Bursche mit der ganzen Geschichte etwas zu
thun gehabt, und will dem Gusti wenigstens meine
Meinung darüber sagen."

„Du siehst nun, liebes Kind," flüsterte der Capitain, dem sich bei dieser Wendung eine große Last von
der Seele wälzte, der Gattin zu, „daß dein Verdacht

vollkommen grundlos war. Der Bursche dort ist sehr
wahrscheinlich der Bräutigam, vielleicht der Mann
der Dirne, der jetzt bekennt, das Tuch entwandt zu
haben, um der Geliebten ein seiner Meinung nach
kostbares Geschenk damit zu machen."

„Wir wollen sehen, wir wollen sehen!" murmelte
Madame in fast fieberhafter Aufregung. „Aber —
sie können ihn doch nicht deshalb ermorden?"

„Der Balinesen Strafe auf Diebstahl ist der
Tod," sagte der Capitain gleichgültig. „Ich glaube
nicht, daß sie mit ihm eine Ausnahme machen werden.
Doch will ich sehen, was sich bei dem Gusti für ihn
thun läßt. Lieber Gott, wenn wir jetzt nur nicht
Wind und Strömung damit versäumten!"

Der Gusti hörte aufmerksam an, was ihm der
Weiße als Aussage der Klägerin mittheilte, und
wandte sich dann langsam und ernst an den Jüngling.

„Hast du das Schiff dort draußen je betreten,
Glentek?" fragte er ihn, und sein Auge haftete dabei
fest und prüfend auf den Zügen des jungen Mannes.

„Könnt' ich das Tuch sonst entwendet haben?"
entgegnete dieser finster.

„Zu welcher Zeit war das?"

„Bei Nacht."

„Bei Nacht, und die Wachen entdeckten dich nicht?"

„Die stumpfsinnigen Europäer sind nicht so schlau, daß sie ein Balinese nicht betrügen könnte," rief aber der Krieger zornig, „Glenteks Fuß berührt den Boden, wie des Nachtvogels Flügel die Luft. Nicht der Tiger hört ihn, wenn er im Teing Dickicht ihn beschleicht, nicht der scheue Hirsch im Alang Alang."

„Glentek!" rief da Kassiars Stimme mit herz= zerreißendem Ton ihn an. „O glaubt ihm nicht, meinetwegen will er dem ehrlosen Tode trotzen. So edel jeder Tropfen Blutes in ihm, er lügt, wenn er sich meinetwegen schuldig nennt."

„Hörst du das Mädchen?" sagte der Gusti auf die Jungfrau zeigend, die sich in angstvoller Hast jetzt vom Boden hob und, die Haare aus der Stirn streichend, auf den Jüngling zustürzte, vor ihm zu Boden sank, seine Knie umfaßte und bittend ausrief:

„O Glentek, Glentek, kannst du deiner Kassiar verzeihen?"

Starr und regungslos blieb der Krieger stehen, und nur ein eigener Ausdruck von Schmerz und Liebe durchzuckte seine Züge. Doch auch diese Schwäche, wenn es je etwas derartiges gewesen, schwand im Augenblick. Eisern wie vorher blieb das Antlitz der edlen, dunklen Gestalt, und er sagte finster:

„Hat das Wort einer Dirne hier Gewicht gegen

die Aussage Glentets von Benoi? — Ihr seid Män=
ner, und euch gegenüber erkläre ich, daß ich jenes
Tuch vom Bord des Schiffes heimlich entwendet habe.
Wie und weshalb, darauf weigere ich die Antwort.
Jetzt thut mit mir nach dem Gesetz."

„Darnach bleibt nichts mehr zu erfüllen als der
Richterspruch," sprach feierlich und ernst der Gusti.
„Glentek von Benoi, bereite dich zum Tode, denn du
hast keine Viertelstunde mehr zu leben."

„Ich bin bereit," erwiderte ruhig und mit fester
Stimme der junge Balinese.

„Halt — das geht nicht — das kann nicht sein!"
rief aber hier der Capitain, der ebenfalls hinzugetreten
war, und genug vom Balinesischen verstand, den Sinn
des eben hier Verhandelten zu begreifen.

„Weiß der Europäer etwas, das die Schuld von
den Händen des Verurtheilten nimmt?" sagte der
Gusti rasch.

„Nein, das nicht," versetzte halb scheu und doch
auch wieder entschlossen der Capitain; „aber — giebt es
nichts in euren Gesetzen, das im Stande ist, den Ur=
theilsspruch zu mildern? — Kann das Verbrechen
nicht durch irgend eine Buße — durch Geld vielleicht
— gesühnt werden? Ich mag die Küste hier nicht ver=
lassen und das Blut eines ihrer Kinder, die mich alle

so freundlich hier empfangen haben, mit hinaus neh=
men auf das blaue Wasser." —

Aus der Schaar der Eingeborenen war indessen
auf des Gusti Wink ein Einzelner, der sich sonst in
nichts von den Uebrigen unterschied, heraus und vor
den Verurtheilten getreten. Hier zog er langsam sein
Messer, den balinesischen Radotan, aus dem Gürtel
und wartete der weiteren Befehle seines Oberen.

„Unsere Gesetze," sagte der Gusti ernst, „ver=
langen für solchen Diebstahl den Tod des Misse=
thäters. Aber das Verbrechen ist an einem Fremden
verübt, und wenn er selbst auf Milderung besteht,
giebt es einen Ausweg."

„Gott sei Dank!" rief der Capitain, als er die
Worte vernahm. „Nennt mir die Summe. Ich will
lieber einen großen Verlust leiden, als Blut — dies
Blut auf meiner Seele wissen."

„Die Summe ist nicht so groß," erwiderte der
Gusti, „und ebenfalls durch unsere Gesetze vorge=
schrieben. Wenn der Fremde zwei Säcke Kupfer (der
Sack etwa dreißig Gulden) zahlt und sich verbindlich
macht, den Verurtheilten, der von da an sein Sklave
ist, mit fortzuführen und nie wieder an diese Küste
zurück zu bringen, von der er verbannt ist für immer=
dar, so ist sein Leben gerettet."

„Verbannt — ich von Bali, von meinem Vater=
land?" rief da Glentek, wild emporfahrend und die
Waffe, die er in seinen Händen trug, fester fassend —
„nie, nie im Leben! Ihr mögt mich tödten — ich habe
den Tod verdient und mag nicht länger leben, aber
verbannen könnt und dürft ihr mich nicht. Ein
Sklavenleben für Glentek, fern von der Heimath, fern
von meiner Palmen Wehen? — Nie — nie und
nimmer!"

„Ich zahle die zwei Säcke Kupfer!" rief aber rasch
der Capitain. — „Gebt mir einen eurer Leute mit an
Bord, Gusti, der mag sie zurückbringen, und mein
Freund dort bürgt euch indessen dafür. — Laßt den
Verklagten hier und seiner Wege gehen. Er hat
Strafe genug durch die Angst ausgestanden."

„Sein Urtheilsspruch ist gefällt," entgegnete finster
der Gusti. „Ließen wir um geringe Geldstrafe den
Diebstahl frei, ihr Weißen selber wäret die Ersten,
die Klage auf Klage häuften und uns am Ende zwän=
gen, unsere Gesetze zu ändern. Aber nicht allein das
Verbrechen," setzte er mit einem ernsten Blick auf den
jungen Mann hinzu, „nein auch der Wille der Men=
schen mag seine Geltung finden. Er, dessen Adern
noch junges, rasches Blut durchströmt, wollte den
Tod, und seines Vaters wegen freut es mich, daß ich

die Strafe in Verbannung mildern darf. Wer sich
aber einmal eines solchen Verbrechens selbst geziehen,
kann nicht in unserer Gemeinschaft lebend bleiben. Er
hat sich selbst gerichtet."

„Gusti!" rief der Gefangene, sich stolz, ja selbst
drohend gegen den Richter wendend.

Der alte Mann aber, ohne die Bewegung weiter
zu beachten, schüttelte nur langsam mit dem Kopf und
sagte wieder finster:

„Sendet das Geld an Land und nehmt dafür den
Gefangenen hier mit in See. Vielleicht macht ihr
noch einmal einen tüchtigen Matrosen aus ihm. —
Kein Wort weiter," setzte er rasch und fast ängstlich
hinzu, als sich der Verurtheilte noch einmal an ihn
wenden wollte; — „ich habe den Urtheilsspruch ge=
fällt; an meinen Leuten hier liegt es jetzt, ihn ausge=
führt zu sehen."

Und mit den Worten verließ er rasch das Haus.

Gegen den Spruch des Gusti gab es keine
Appellation. Wenn aber ein Wesen in dem weiten
dichtgedrängten Raum in steigendem Interesse, in
erwachender Hoffnung und endlich in jubelnder Lust
der Wendung gefolgt war, die das Todesurtheil
nahm, so war das Kassiar, die Angeklagte. Nur so
lange des Gusti Gegenwart ihr Herz mit Scheu und

Angst erfüllte, wagte sie nicht zu sprechen, wagte sie nicht, ihren Gefühlen Worte zu geben. Jetzt aber, als er den Rücken gewandt und in der zusammendrän= genden Masse der Uebrigen verschwunden war, hob sie sich vom Boden auf, flog auf Glentek zu und be= deckte seine Hände und Knie mit Küssen. Aber Glen= teks Geist war weit von da, in seinen Bergen, die er von nun an nie wieder betreten sollte. — Sein Auge blickte stier in die Leere und krampfhaft hielt indeß die Rechte das treue Rohr, die Linke seinen Rabotan gefaßt.

„Glentek, Glentek," bat da Kassiar, noch immer zu seinen Füßen hingeschmiegt, — „o sage, daß du mir nicht zürnst, sage, daß du mich nicht hassest und ich dir folgen darf, wohin dein Schritt sich wendet — weit über das Meer, an ferne, wüste Küsten, in nebelbedeckte Länder, in öde Steppen, wohin es ist, wenn nur dein Blick mir dort wieder freundlich lächelt, wenn nur dein Liebeslaut wie früher zu meinem Her= zen bringt."

Glentek hörte sie nicht. — Still und regungslos= stand er da und vor seinen Augen wehten die Farn= palmen seiner Berge, vor seinen Ohren rauschten die wilden plätschernden Quellen und tönte der schrille Ruf des wilden Huhns, der gellende Schrei des Tigers.

Da berührte eine Hand leicht seine Schulter, und als ob ihn ein elektrischer Schlag getroffen hätte, zuckte er empor und sah wild um sich her.

„Es wird Zeit, Glentek," sagte da die freundliche Stimme des Holländers, der gut genug mit den Sitten der Eingeborenen bekannt war, um zu wissen, daß den Meisten Verbannung viel fürchterlicher ist als der Tod, und der Mitleid mit dem jungen Bur= schen fühlte. — „Der Capitain will segeln, und du weißt, daß dir die Gesetze deines eigenen Landes nicht gestatten, länger — lebendig — auf diesem Boden zu weilen."

„Es ist gut," entgegnete Glentek, der sich rasch sammelte und jetzt wohl fühlte, daß er sich dem Un= vermeidlichen auch wie ein Mann fügen müsse. „Es ist gut — ich bin bereit."

„Und darf ich mit dir gehen, mein Glentek — darf ich dir folgen, wohin dein Fuß sich wendet?" bat das Mädchen, noch immer an seine Knie geschmiegt.

Der junge Bursche schüttelte langsam mit dem Kopf.

„Fahre wohl, Kassiar," sagte er ernst aber ohne Bitterkeit im Ton, indem er leise mit seiner Hand ihr Haupt berührte. „Unsere Wege trennen sich hier. Ich träumte einst von einem Glück an deiner Seite — das ist vorbei."

„Glentek!" klagte in herzzerreißendem Tone das arme Kind.

„Lebewohl!" sprach der Jüngling und schob leise die Hand, die sein Gewand noch immer fest gefaßt hielt, zurück. Kassiar gehorchte der Bewegung und ließ ihn los, während sie flehend die Arme zu ihm aufstreckte, aber er wandte sich langsam von ihr ab und schritt, dem Winken des Europäers folgend, ohne auch nur noch einmal den Blick zurückzuwerfen, dem Strande zu.

5.

Fünf Jahre waren nach den im vorigen Kapitel beschriebenen Vorgängen verflossen, und manches hatte sich indessen auf Bali verändert. Den Holländern war der kriegerische Geist des Nachbarvolkes, der auch oft in übermüthigen, seeräuberischen Thaten ausbrach, schon lange lästig geworden, und sie hatten gesucht die Rajahs von Bali für sich zu gewinnen, daß sie wenig= stens ihre Oberherrschaft anerkannten, wenn sie auch jetzt keine anderen Schritte weiter thaten. Dem entgegen stand aber stets der einflußreichste Mann von Bali, der alte Dewa Argo, der Oberpriester der Insel. Dieser trat mit allen Kräften für die Unab= hängigkeit der Insel in die Schranken, wollte von

keinen Verträgen mit den Fremden wissen und be=
hauptete, daß sie selbst noch so viel Gewalt wie
Fähigkeit hätten, ihre Insel zu regieren und in Ord=
nung zu halten. Allen versuchten Bestechungen blieb
er ebenfalls unzugänglich, bis ihn ein plötzlicher Tod
jählings hinwegraffte. Die allgemeine Stimmung
sagte, er sei durch Gift gestorben.

Schon vorher hatten die Holländer versucht, sich
die Insel durch die Gewalt der Waffen zu unterwer=
fen. In offener Schlacht und im niedern Küstenland
waren die Insulaner, obgleich sie sich mit wilder
Tapferkeit den überlegenen Waffen der Feinde ent=
gegenwarfen, auch besiegt worden, in ihren Bergen
hätten sie sich aber noch lange und für immer halten
können Die Holländer sahen das auch recht gut ein.
Um das Leben ihrer eigenen Leute zu schonen, die bei
einem fortgesetzten Kampf mit den zähen Bergvölkern
den Gefahren des Klimas nicht allein, sondern auch
den furchtbaren Strapazen und Entbehrungen aus=
gesetzt bleiben mußten, begannen sie nach des Dewa
Argo Tode friedliche Verhandlungen mit den Rajahs,
die ihnen jetzt nicht mehr so feindlich entgegen standen.
Diese wußten sie größtentheils für sich zu gewinnen,
brachen dadurch die Einigkeit derselben und rückten
ihrem Ziele, das sie mit ihren Geschützen und

Bajonetten vielleicht im Leben nicht, oder doch nur
mit furchtbaren und unverhältnißmäßigen Opfern
erreicht hätten, durch Geduld und Schlauheit näher
und näher.

Der Gusti von Rota, einer der den Holländern
am meisten geneigten Balinesen und der intime
Freund des jetzt dort installirten holländischen Consuls,
saß in dieser Zeit Morgens nach dem Frühstück, und
eben aus einer langen europäischen Pfeife rauchend, in
seinem Hause, als ein Eingeborener in schmutzigen,
zerrissenen Kammen, den Oberleib nothbürftig durch
den ebenfalls zerfetzten Sappot bedeckt, selbst ohne
Kopftuch, die wilden langen Haare nur durch Bast
auf seinem Scheitel zusammengebunden, die Veranda
betrat, und ohne sich vorher bei dem Richter anmel=
den zu lassen, ja ohne, wie es die Sitte gebot, auf
der Erde knieend seinen Befehl zu erwarten, rasch an
den Wachen vorüber in das Zimmer schritt, in dem
der Gusti sonst die kleineren Verhöre abzuhalten und
Bittende zu empfangen pflegte.

Der junge Eingeborene glich aber keinem Bitten=
den. Den Rabotan ausgenommen, der im Kammen
stak, war er allerdings völlig unbewaffnet, doch seine
ganze Haltung war trotz der zerrissenen Kleidung so
kühn und edel, daß selbst die Gerichtsdiener, die das

Haus umlagerten und den Hofstaat des Gusti bil=
deten, nicht wagten, ihn zurück zu halten. Nur an
die Thür drängten sie sich, um dem leisesten Ruf ihres
Gebieters rasche Folge leisten zu können, wenn der
Fremde, den Niemand von ihnen kannte, etwa gar
Unehrerbietiges oder Böses im Schilde führen sollte.
Daß er ein Recht hatte, aufgerichtet zu ihrem Gusti
hineinzutreten, konnten sie nicht bezweifeln, er hätte
es sonst nicht gewagt, da ihm die Strafe gleich auf
dem Fuße folgen müßte.

Der Gusti lehnte auf seinem mit weichen Kissen
der Dapatwolle belegten Bambussopha und hob sich
allerdings überrascht empor, als er die wilde Gestalt
so kühn und trotzig zu sich eintreten sah.

„Ist das Landessitte?" sagte er strafend, indem
er den Fremden dabei mit forschendem Blick musterte,
„in solcher Art den Gusti aufzusuchen? — Waren
keine Diener an der Thür, die dich melden konnten?
Bist du hier zu Hause, auf deiner eigenen Schwelle,
daß du die schuldige Ehrfurcht vergissest, die dem
Obern gebührt?"

„Verzeih den raschen Eintritt, Gusti!" rief mit
tiefbewegter aber unterdrückter Stimme, vielleicht um
nicht von den außenstehenden Dienern gehört zu wer=
den, der Fremde. „Aber der Zweck, um den ich

komme, mag mich entſchuldigen, mein Name dir bür=
gen, daß ich als Gleicher dir nahen darf. Kennſt du
mich noch?"

Der Guſti muſterte die edlen, aber wild verſtörten
Züge des Fremden, die fahlen Wangen und einge=
fallenen Augen, dann ſagte er kopfſchüttelnd:

„Nein. Zu viele Geſtalten ziehen an meinem Blick
vorüber. Dein Antlitz iſt mir bekannt, und doch weiß ich
nicht, wo ich zum letzten Mal dich ſah. Dein Name?"

„Glentek von Benoi."

„Glentek?" rief der Richter, erſchreckt von ſeinem
Sitz emporſpringend. „Unglücklicher; was treibt dich
wieder her zu uns? — Weißt du nicht, daß dein
Leben in dem Augenblick verfallen iſt, wo du des Lan=
des Küſte wieder betrittſt, das dich verb nnte und von
ſich ſtieß?"

„Ich weiß es," ſagte Glentek ruhig, „mein Leben
aber wäre von geringem Werth für das, was jetzt
mich herführt."

„Kaſſiar?" rief der Richter, und ein Zug des
Mitleidens zuckte über das ſonſt ſo ſtarre ſtrenge
Antlitz des Mannes. „Sie iſt todt, Glentek. Der
Gram um dich vielleicht, vielleicht die Reue hat ſie
das erſte Jahr hinweggerafft. Die kühle Erde deckt
ihr gebrochenes Herz."

„Arme Kassiar!" seufzte Glentek leise. — „Doch
ihr ist wohl — wohler als mir, der ich fünf Jahre
der Verzweiflung fern von meinem Vaterland gelebt.
Nein, Gusti, nicht die Liebe zu dem Mädchen führt
mich an diesen Strand zurück, — seit jenem Tag
schon war sie für mich begraben, und was ich seitdem
erlebt, hat mir bewiesen, daß Kassiar Glenteks von
Benoi doch nicht würdig war. Sie ruhe sanft; ich
habe ihr verziehen."

„Und was trieb sonst dich her?" fragte erstaunt
der Gusti.

„Mein Vaterland!" rief der Balinese mit vor
innerer Bewegung fast erstickter Stimme. „Ich habe
ertragen," fuhr er nach einer kleinen Pause, in der
er sich gewaltsam sammelte, ruhiger aber immer noch
in großer Aufregung fort, — „ertragen die langen
Jahre hindurch, was nur ein Mensch ertragen kann.
Die Feinde — denn unsere Feinde sind jene Männer,
deren Flaggen jetzt von vielen Schiffen im Hafen
draußen wehen, wenn sie auch freundlich und mit
gleißnerischer Zunge zu uns kommen — die Feinde
halten uns nun einmal für eine untergeordnete Raçe,
bestimmt zu gehorchen und ihnen Schätze anzusam=
meln, die sie weit überm Meere drüben dann ver=
prassen. Ich bin dort gewesen, ich habe ihre Macht

und Größe gesehen, ihre zahlreichen Schiffe, ihre
zahllosen Mannschaften, ihre künstlichen mörderischen
Waffen, die Wagen, die mit Blitzesschnelle das Land
durchfliegen, ihre Häuser, in denen sie tausende von
Menschen zu einem Zweck beschäftigen. — Aber ich
habe auch ihre Waarenplätze gesehen, in denen sie die
Produkte einer Welt aufhäufen, und dort begriffen,
wie ein Volk, das erst so weit gegangen, das solche
Bedürfnisse für sein Leben hat, nicht stehen bleiben
kann und wird, mehr und mehr zu gewinnen, mehr
und mehr an sich zu reißen. Die Holländer haben
das Geld und die Macht in Händen, und Freundschaft zwischen einem solchen Staat und uns ist nicht
mehr denkbar. Der Schwache wird und muß des
Stärkeren Beute werden."

„Aber was hat das alles mit dir zu thun?" sprach
der Gusti, erstaunt den Beredten anschauend. „Ich
weiß das alles," fügte er mit Stolz hinzu, „es ist ein
mächtiges Volk und unser Freund, — und um mir
das zu sagen, brauchtest du dein Leben nicht zu
wagen."

„Mein Leben!" rief der Balinese wieder, verächtlich mit dem Fuße den Boden stampfend. „Was
gilt mein Leben hier, wo Balis Heil das Losungswort
sein muß? Höre mich weiter. — Ich wanderte, lebte

fünf lange Jahre zwischen ihnen und lernte ihre
Sprache, lernte lesen und schreiben mit i h r e n Zeichen
und Worten und eine neue Welt eröffnete sich mir.
Nicht mehr auf Andere brauchte ich mich zu verlassen,
um Nachricht aus der Heimath zu vernehmen. — Mit
eigenen Augen konnte ich in all den Blättern, die täg=
lich dort im Volk verbreitet werden, selber lesen, wie
sich mein Volk hier wacker allen Eingriffen in seine
Rechte, die jene Fremden wagten, widersetzt. O wie
mir das Herz pochte, als ich die Kunde mit eigenen
Augen sah, daß meine Landsleute mit Lanze, Bogen
und Blasrohr herab ins flache Land gestiegen waren,
dem Feind die nackte Brust entgegenzuwerfen und ihn
zurück ins Meer zu treiben! O wie das da im Herzen
stach und brannte, daß ich nicht Theil nehmen durfte
an ihren Kämpfen, an ihren Siegen, daß ich ver=
bannt von Bali war, ein Ausgestoßener von meiner
Mutter Erde, und doch für sie die heiße, brennende
Liebe im Innern tragend! So war mir zu Muth, als
ich von Balis Siegen las. Wie aber, als ich von
unserer Niederlage hörte, von Vortheilen, die die
Holländer über uns gewonnen, von Bedingungen, die
uns vorgelegt wären, ihren Frieden anzunehmen und
ihre Oberherrschaft anzuerkennen!"

„Mich litt es nicht mehr in Europa. — Längst

schon hatt' ich die Summe, die jener Weiße für mich
gezahlt, abverdient —. mehr noch vielleicht, als er mir
dankte.   Ich rettete sein Weib bei einer Landung mit
dem Boot in einer Stadt im brittischen Indien, und
wenn ich das Verhältniß recht begreife, in dem die
beiden Gatten mit einander leben, so glaub' ich, hab'
ich mich für vergangenes Leid gerächt.   So, frei von
ihm, schiffte ich mich auf einem andern Fahrzeug ein,
das mich nach Socrabaja an der Javanischen Küste
brachte, und hier — Brachma versenge mich, wenn
mich die Nachricht nicht wie ein Todesstoß im Herzen
traf — hörte ich, daß das einzige Herz von Bali, das
voll Kraft und Vaterlandsliebe im Stande war, die
feindlichen und eifersüchtigen Rajahs mit starker
Hand zusammenzuhalten, daß das einzige Herz in
Bali, das, von reiner Liebe für die Heimath beseelt,
auch die Gefahr begriff, in der wir schwebten, daß
der Dewa Argo von feiger, verrätherischer Hand ver-
giftet und der Fremde im Begriff sei, mit vorgeschütz-
ter Freundschaft mein Vaterland zu unterwerfen.
Wohl hörte ich von tapferen Schaaren, die aus den
Bergen mit Radotan und Speer hernieder stiegen,
dem Feinde zu begegnen. Aber die Seele fehlt, die
jetzt die Massen im Zügel halten könnte. Mein Vater
selber ist alt; viele der anderen Rajahs standen schon

früher im Verdacht, mit fremdem Gelde, wenn nicht
gekauft, doch arg geblendet zu ſein. Dumpfe Gerüchte
gingen dabei umher, daß Bali Prieſter nach Indien
abgeſandt habe, die Lehre des Islam zu prüfen und
zu beſtimmen, ob wir ſelber den alten Göttern treu=
los werden ſollten. Da litt es mich nicht mehr in
Feindes Land; die Gefahr, die meinem Leben drohte,
durfte mich nicht ſchrecken. Mein Leben gehört ja
Bali, mein Arm, mein Herz. — Für das erſparte
Geld erhandelte ich mir ein kleines Boot, ſetzte meine
Segel und ſteuerte, ſelig in dem Gedanken, welchem
Ziel ich entgegenflog, der vaterländiſchen Küſte wieder
zu. In Tabannar wollt' ich landen und von dort
meine Heimat erreichen, als mich der Sturm erfaßte,
der vor wenigen Tagen dieſe Küſte peitſchte, und mich
herunter in die Bai warf. Mein Kahn füllte ſich und
ſank unfern von Serſek, und mit Schwimmen rettete
ich mich wieder an die Küſte, die mich vor ſo viel
Jahren einſt als Verbrecher von ſich ſtieß."

„Und was ſuchſt du hier, Verblendeter?" fragte
der Guſti, der der leidenſchaftlichen Erzählung des
Flüchtlings ernſt und kopfſchüttelnd gelauſcht hatte.

„Was ich ſuche?" rief aber Glentek ſtaunend aus.
„Ein Heer, dem Feind zu begegnen! — Die Schaaren
der Unſeren ſuche ich, die ſich um die wehenden Lan=

zen ihrer Rajahs gesammelt haben, die Pässe unserer
Berge zu besetzen und Tod und Verderben in die
Reihen der Feinde zu schleudern, wenn sie es wagen
sollten, uns da anzugreifen. — Dich hab' ich aufgesucht vor allen anderen, weil ich wohl wußte, Gusti,
du würdest den Sohn deines Freundes, wenn du ihn
einst auch zum Tode verurtheilen mußtest, nicht verrathen, und dich bitte ich jetzt, mir die Pässe zu
nennen, in denen die Unseren stehen, daß ich im
Stande bin, mich ihnen anzuschließen. Gram und
Leid haben mir so tiefe Furchen in die Haut gegraben,
daß ich nicht fürchte, dort erkannt zu werden, — nur
meinen Vater will ich sehen, und dann ja gern das
Leben, das doch dem Vaterland gehört, für dieses
opfern."

„Du träumst, Glentek," entgegnete ihm da ruhig
der Gusti. — „Was sprichst du von gerüsteten Schaaren, von Feinden und Gefahren, die dem Lande
drohen? Bali hat sich seit langer Zeit keines so un-
getrübten Friedens erfreut als grade jetzt. Nicht
geschlagen, wenn auch in kleinen Gefechten besiegt,
haben unsere Rajahs doch eingesehen, daß es für das
Volk besser sei, sich die Freundschaft des mächtigen
Nachbars zu erhalten. Dessen Truppen sind jetzt nach
Java zurückgezogen, die wenigen ausgenommen, die er

zum Schutz seines Handels hier zurückgelassen. Kein Blut wird mehr auf Bali vergossen werden, eingebildeter, thörichter Rechte oder Vorurtheile wegen."

„Kein Blut auf Bali vergossen?" rief Glentek, einen Schritt entsetzt zurücktretend, „und ist der Mord des Dewa Argo denn gerächt?"

„Der Mord des Dewa Argo? Wer sagt dir, daß ein Mord geschehen sei? Der Dewa Argo starb natürlichen Tod."

„Und Bali ist nicht in Aufruhr?" rief Glentek, kaum seinen Sinnen trauend; „die Krieger ziehen nicht in Schaaren, um endlich den letzten Feind von unserem Boden zu vertreiben?"

„Du träumst, sag' ich dir!" sprach kopfschüttelnd der Gusti. „Bali ist ruhig, und wenn du hier herüber kamst, die Hoffnung auf blutige Kämpfe im Herzen tragend, so hast du dich zu unserem Heil getäuscht. Es wäre dir besser gewesen, du hättest Bali nie wieder gesehen."

„Friede und Freundschaft mit den Mördern des Hohenpriesters!" schrie da Glentek, sich mit blitzenden Augen emporrichtend. „Ha, Gusti, da kennst du nicht die Stimme der Gebirge und ihren Geist! Hier im flachen Lande, unter Malayen und Chinesen magst du, an sklavische Sitten gewöhnt, dich auch dem Wil-

len fremder Eroberer haben fügen lernen, aber besser
kenne ich dort mein Volk. Mein Ruf soll durch die
Berge schallen, mein wohlbekanntes Flammenzeichen
die Brüder zusammenrufen und wenn sie in jubelnden
Schwärmen aus den Klüften und Schluchten unserer
bergigen Heimath niederbrechen —"

„Wahnsinniger, halt ein!" rief der Gusti, von seinem Lager emporspringend und den Arm in Zorn und
Abscheu gegen ihn ausstreckend. „Krieg und Verderben
willst du aufs Neue in diese Thäler bringen, in denen
der Schlachtenschrei kaum erstorben, das Blut kaum
aufgetrocknet und verdampft ist? Das Messer des
Richters hängt über dir, und du wagst es, uns mit
Meuterei zu drohen! — Weißt du, daß ein Wort von
mir dich den draußen nur darauf harrenden Dienern
in die Hände wirft?"

„Glaubst du, den Glentek fingen sie lebendig?"
lachte da der junge Balinese wild auf, „wenn er sich
nicht geben will? Denkst du, dieser Rabotan wäre
nicht im Stande, sich die Bahn zu brechen? Und zehn
Fuß Vorsprung dann, mit all deinem Schwarm von
Dienern auf den Fersen, brächte mich nicht in wenigen
Minuten in die Dickichte dieser Wälder und uner-
reichbar frei von euren Sclaven? Hältst du es mit
den, dann schlimm für dich, wenn wir als rächendes

Gericht wieder von den Bergen und über dich herein=
brechen! Kein Erbarmen hast du dann von uns zu
hoffen. Und nun thue dein Schlimmstes, denn in we=
nigen Minuten bin ich frei."

„Verblendeter!" sagte aber der Gusti, ohne seine
Stellung auch nur um eines Zolles Breite zu ver=
ändern. „Zum Glück für Bali kommt dein wilder
Schlachtenschrei zu spät. Schon vor zwei Monaten
ist der Handels= und Schutz und Trutz=Vertrag mit
Holland abgeschlossen, und während wir die Ober=
herrschaft der Fremden, die uns nun doch einmal in
den Waffen und an Macht überlegen sind, anerkennen
mußten, haben wir uns heilig verpflichtet, die Waffen
nicht mehr gegen sie zu ergreifen."

„Die Oberherrschaft der Fremden anerkannt? —
verpflichtet die Waffen nicht mehr aufzugreifen gegen
den Feind des Vaterlands?" rief Glentek entsetzt und
seinen Ohren kaum trauend — „das ist Landes=
verrath!"

„Ein Friedensbündniß ist geschlossen;" erwiderte
der Gusti, „und wer eine Waffe hebt, das zu brechen,
den trifft nach unserem Gesetze der Tod:"

„Der Tod!" wiederholte Glentek in hohlem
geisterhaftem Ton, und sein Schultertuch um das
Haupt ziehend, blieb er viele Minuten lang zerknirscht,

vernichtet stehen. Alles war verloren, worauf er
noch seine Hoffnung gesetzt — ihre Schwerter in die
Scheiden zurückgestoßen, ihre Hände selber durch das
Friedensbündniß gekettet.

Der Gusti fühlte Mitleid mit dem Jüngling, und
das eigene Mißtrauen vielleicht, ob jenes Bündniß
für Bali so segensreich wirken könne, wie er es einst
gehofft, mochte ihn mit antreiben, die junge Kraft
dem Vaterlande zu erhalten, sie nicht muthwillig zu
zerstören.

„Du warst im Irrthum, Glentek," sagte er, auf-
stehend und freundlich seine Schulter berührend, „als
du das Land in Waffen wähntest. Es ist tiefer Friede,
und wir können und wollen uns nicht länger mit dem
mächtigen Gegner messen, dessen Geschütze unsere
jungen Leute zu Hunderten niedermähten. Die alten
Gesetze dieses Landes sind aber noch in Kraft geblieben und denen wärst du verfallen, entdeckte außer mir
auch noch ein anderer deinen Namen — deine Schuld.
Tritt hier hinein und erfrische deinen Körper erst mit
den Speisen, die hier stehen, und dann geh' hinunter
zum Strand. — Gerade dem Wrack gegenüber, das
an der Küste liegt, findest du ein kleines grün gemal-
tes Boot. Es ist mein Eigenthum. Nimm es und
kehre damit nach Java zurück."

20 *

Glentek schwieg, und ohne seine Stellung zu verändern, barg er noch immer das Antlitz in dem
Sappot. Als er die Arme endlich sinken ließ, war
sein Gesicht fahl und todtenähnlich geworden, und er
sagte mit leiser, aber fest entschlossener Stimme: „Ich
bleibe hier!"

„Unglücklicher!" schrie aber der Gusti, „willst du
denn muthwillig in dein Verderben rennen? Täusche
dich nicht, ich selber, wenn ich es wollte, könnte dich
nicht schützen."

„Das sollst du auch nicht, Gusti!" sagte da der
Jüngling plötzlich, und ein eigenes wildes Feuer
glühte aus den rastlos umherblitzenden Augen. „Ich
sehe, wie es ist; mein Vaterland ist verrathen und
verkauft, unsere Tempel werden zerstört, unsere
Priester und Rajahs vertrieben, unser freier Boden
selbst wird unter das Joch gedrückt, und ehe ein Jahr-
zehnt vergeht, weht von diesen Bergen die verhaßte
dreifarbige Fahne. Stirb Glentek, stirb, du nicht
allein bist Sclave, dein ganzes Volk hat sich verkauft
— verrathen!"

„Wahnsinniger!" rief der Gusti, seinen Arm ergreifend. „Du wirst dich selbst den Häschern überliefern, die deinen Namen draußen vor der Thür
gehört."

„Zurück von mir!" schrie aber Glentek, aus dessen Augen ein rothes wildes Feuer zu glühen schien. — „Zurück! — Den Häschern überliefern? — Hahaha, sie sollen's wagen, den Tiger zu halten, wenn er im Ansprung ist! Ubi!" schrie er da plötzlich mit wildgellendem Ton, indem er mit der Rechten den Radotan aus der Scheide riß, während die Linke den Bast aus seinem Haar warf, daß die langen rabenschwarzen Locken ihm wild die Schultern und Stirn umflatterten. — „Ubi! Glentek ist frei, aus den Bergen stürzt sich der Strom ins flache Land, von Stein zu Stein den Abgrund niederspringend, aus dem Dickicht schnellt sich der Tiger seiner Beute zu. Die Anaconda liegt im Palmenwipfel und schießt, dem Pfeil gleich, von der Höhe nieder auf ihren Raub, und so bricht Glentek jetzt hinaus in's Freie — uhi! Dewa Argo, wo sind deine Mörder, wo die feigen Schurken, die dich verrathen haben? — Ich komme, ich komme dich zu rächen!"

Entsetzt war der Gusti zurückgesprungen und hatte die eigene Waffe von der Seite gerissen, um sich zu vertheidigen. Aber ihm galt der Angriff nicht, und mitten hinein zwischen die Häscher, die jetzt die Thür aufgerissen, den Rasenden zu fassen, sprang Glentek, den geflammten Radotan in der Faust. — „Da und da!" schrie er, nach links und rechts hinüberstoßend, „habt ihr Stahl — theilt euch drein, uhi!" Und wie die beiden zum Tod getroffen zusammenbrachen, flog der Rasende mit einem Satz über sie fort dem Aus= gang zu und auf die Straße hinaus.

Wunderbarer Weise kommt dieser Zustand, der in seinem ganzen Wesen die vollkommenste Aehnlich= keit mit der beschriebenen Berserkerwuth unserer Vor= fahren hat und im Norden jetzt ganz verschwunden scheint, sehr häufig auf den Inseln des indischen Ar= chipels vor. Das Volk schreit dann Amok, Amok (ein Wahnsinniger), und alles, was nicht bewaffnet ist, flieht scheu zur Seite, während die Bewaffneten den Wüthenden so rasch wie möglich zu tödten suchen — wie man bei uns einen tollen Hund unschädlich machen würde. Dieser Zustand von Raserei endet jedesmal mit dem Tode des Unglücklichen, den er erfaßt hat.

„Amok, Amok!" schrie das Volk draußen und stob auseinander. Die Fruchtverkäufer ließen ihre Körbe fallen und flohen in die Seitenstraßen hinein, die Reisträger ließen ihre zusammengedrehten Bündel im Stich, die Frauen rafften ihre Kinder auf und flohen in die nächsten Häuser, deren Thüren zugeschlossen wurden; einzelne junge Burschen flüchteten sogar vor der furchtbaren, den Weg niederrasenden Gestalt in

Areka- und Cocospalmen hinauf, um dem unmittel=
baren Anprall zu entgehen.

Vom Hause des Gusti sprang der Unglückliche
aber, unbekümmert um das ihm folgende Geschrei,
quer über den Marktplatz fort, mitten zwischen die
Chinesen hinein, die hier feil hielten und Tische und
Stände überstürzend zur Seite stoben. Fünf oder
sechs von ihnen verwundete oder tödtete der Rasende,
wild und rücksichtslos nur nach allem stoßend, was
ihm in den Weg kam, gerade wie ein toller Hund
schnappt und um sich beißt, und übersprang jetzt, ohne
Achtung auf Weg und Steg, einzelne der Butju und
giftigen Buntajahecken, deren stachliche Zweige ihn
blutig rissen.

Der Schrei Amok zuckte indessen wie ein Blitz
durch die Stadt, auch den Entferntesten Warnung
gebend, und von allen Seiten stürmten Bewaffnete
herbei, den Rasenden unschädlich zu machen und sich
selbst, wie Frauen und Kinder von der Gefahr zu be=
freien.

Glentek hatte unter der Zeit die einzelnen Hecken
übersprungen. — Er fühlte es nicht, daß ihm die
Glieder brannten von dem Gift, und mit gezücktem
Messer floh er jetzt gerade über den nächsten offenen
Zaun, in dem sich die Netzlegereien und Webereien

befanden. „Amok, Amok!" tönte der Schrei hinter ihm her, und die Weber und Netzstricker flohen ent-setzt zur Seite. Nur ein junger Bursche, ein Knabe von kaum mehr als zehn oder zwölf Jahren, faßte keck und rasch ein quer über den Platz liegendes Seil von Cocosbast, das an der andern Seite an einem Pflock befestigt war, und hob es in die Höhe. Der Rasende stürmte heran, die Haare hingen ihm wild über das Gesicht nieder, und mit der blanken Waffe stieß er blind in die Luft. Da blieb sein Fuß in dem ausge-spannten Seile hängen, und während er der Länge nach zu Boden schlug, entfiel seiner Hand die Waffe. Zwar raffte er sich im Augenblick wieder empor, aber ehe er den Rabotan wieder ergreifen konnte, fielen die Weber und Netzstricker mit ihren Bäumen und eige-nen Messern über ihn her. — „Amok, Amok!" schrie die Schaar. Glentek griff des einen Arm, brach ihn mit Gewalt ab im Gelenk und warf sich dann auf einen andern, um ihn mit den Zähnen zu fassen und zu zerfleischen. Aber ein furchtbarer Schlag, der ihn über die Stirn traf, warf ihn bewußtlos zurück und zu Boden, und im nächsten Augenblick suchten die Waffen Aller seinen Körper — wühlten in seiner Leiche.

Unten am Strand, zwischen diesem, dem Jahr-

weg, der von Kota nach dem Bankfal führt, und den
beiden malayischen Begräbnißplätzen, steht eine ein=
zelne, vom Wetter zerrissene, von unzähligen Orchi=
deen überwachsene und von Pandanus und wilden
Strandgewächsen dicht umgebene Cocoopalme. Unter
der ruht der Körper Glenteks von Benoi. Sein Land
ist allerdings in Frieden mit den Fremden, die Waffen
sind begraben und Friedenstraktate unterzeichnet wor=
den. Aber die Macht und der Einfluß der Holländer
wachsen dort von Tag zu Tag, ihre Flagge weht schon
am Strand, und nicht lange wird es dauern, so flattert
sie auch von den Bergen des einst freien Volkes.

Der Menschentiger.

1.

In den Preanger Regentschaften auf Java in
Tji=dasang, einem kleinen Dorf oder Kampong, hatte
sich schon seit einiger Zeit, und mit Bewilligung der
holländischen Behörden, ein chinesischer Kaufmann
niedergelassen, der mit den Eingeborenen in seiner
Nachbarschaft nicht allein einen einträglichen Tausch=
handel trieb, sondern auch ein ziemlich großes, dort
in der Nähe gelegenes Gut gepachtet hatte, und Kaffee,
Reis und andere Landesprodukte selber darauf zog.

Im Handel mit den Eingeborenen nahm er alles an, was ihm diese bringen konnten: eingekochten Arenzucker und geflochtene Matten, Hüte, ge„babek"te *) Tücher und Sarongs, gewebte Zeuge, Hühner, Wild, Cocosöl, kurz alles Mögliche. Er selber brachte ihnen dabei eine Masse Dinge von Batavia mit, die sie oft noch nicht einmal dem Namen nach kannten, lehrte sie Spiegel und Schmuck, bunte Kattune und andere Sachen kennen und that, als Vertreter der Civilisation in dieser Berggegend, sein Möglichstes, die einfachen Menschen mit so viel neuen Bedürfnissen bekannt zu machen, als irgend anging.

Die Chinesen sind im Ganzen, wie sonst auch nur zu häufig ihre Moralität beschaffen sein mag, ein ungemein fleißiges und unternehmendes Volk, und so geschah es denn auch hier, daß Schang-hai, wie er nach seinem Geburtsort hieß, obgleich er nur ein sehr

---

*) Babek heißt auf Java eine eigenthümliche Art, weißes Zeug in den verschiedenartigsten Mustern zu drucken und zu färben. Es wird nämlich zu dem Zweck die Zeichnung aus freier Hand mit einer kleinen Kupferröhre, aus der heißes Wachs sickert, auf das Tuch an beiden Seiten aufgetragen und dieses dann erst gefärbt, wonach die Stellen, auf denen kein Wachs liegt, die Farbe annehmen. Bei schwierigen und theuern Mustern geschieht dies mühsame Auftragen der Zeichnung verschiedene Male, um ebensoviele Farben herauszubringen.

kleines Kapital und einen geringen Waarenvorrath
mit in die Berge gebracht hatte, bald sein Vermögen
verzehn-, ja verhundertfachte und für einen der Reichsten in der dortigen Gegend, jedenfalls unter den Eingeborenen galt.

Die Javanen sind ziemlich abergläubischer Natur
und haben, wenn sie sich auch meist zum Islam bekennen, doch noch manches von ihren alten heidnischen
Ueberlieferungen beibehalten, an denen sie mit außer-
ordentlicher Hartnäckigkeit hängen. Es kommt dazu,
daß dergleichen Aberglauben meistens von der wilden,
sie umgebenden Natur nicht nur begünstigt, sondern
oft auch durch sie begründet wird. So schrieben sie
auch Schang-hai, dessen rasch wachsenden Reichthum
sie natürlich nicht allein von seinem Unternehmungs-
geist und seiner Schlauheit abhängig glaubten, ebenfalls bald geheime Kräfte und Künste zu. Daß er sich
gern im Wald aufhielt und oft Tage lang ausblieb
— wobei er in Wirklichkeit nur kleine geheeingehaltene
Geschäftsreisen machte — konnte sie nur noch mehr
darin bestärken. Ebenso schien er nicht die mindeste
Furcht vor den in jener Gegend noch in ziemlicher
Anzahl sich aufhaltenden Tigern zu haben, und das
war ihnen besonders verdächtig.

Der Tiger, wie die Gefahr, der sie von diesen

wilden Bestien stets ausgesetzt waren, spielte überhaupt in ihrem ganzen Leben eine sehr bedeutende Rolle,
und wunderliche Sagen über das geheimnißvolle
Treiben dieser Thiere, das sie nur aus seinen furchtbaren Angriffen und blutdürstigen Verheerungen, wie
aus seiner rücksichtslosen Grausamkeit kannten, waren
dort überall im Umlauf.

Eine der bekanntesten ist die vom Menschentiger, die in mancher Hinsicht unserer deutschen
Sage vom Wehrwolf entspricht.

Es soll nämlich im Wald, nur von wenigen Aus-
erwählten gekannt, ein Kraut wachsen, daß die wun-
derbarsten Kräfte besitzt. Der Genuß der Wurzel besonders verwandelt den Menschen in einen Tiger, und
zwar in der wörtlichen Bedeutung des Wortes, in
all seiner zähnefletschenden gestreiften Furchtbarkeit,
und nur der Genuß einer anderen heilwirkenden Wurzel ist im Stande, ihm seine menschliche Gestalt zu-
rückzugeben. Diese Menschentiger sind dann die
gierigsten, grausamsten Bestien in der ganzen Thier-
welt, und besonders dem Menschen gefährlich. Dabei
haben sie ihren Menschenverstand bewahrt und wissen jeder ihnen drohenden Gefahr auch auf das
Schlaueste und Geschickteste zu entgehen.

Auch in der Nähe von Tji-tasang hatten die Tiger,

troß der vom Staat ausgesetzten Prämien von fünf-
zehn Gulden, sehr überhand genommen, und besonders
in einzelnen Kampongs große Verwüstungen unter
den Heerden angerichtet, ja gar nicht selten sogar die
mit dem Auskochen von Arenzucker beschäftigten Arbeiter überfallen und zu Holz geschleppt. Wohl waren
die Eingeborenen außerordentlich thätig gewesen,
durch Fallen und Gruben einen Theil dieser gefährlichen Raubthiere in ihre Gewalt zu bekommen und
unschädlich zu machen; aber dies gelang ihnen bei nur
sehr wenigen, und Jäger sind die Malayen und Javanen überhaupt nicht. Sie wissen zum Beispiel gar
nicht mit Schießgewehren umzugehen, und wenn sie auch
dann und wann einmal in Begleitung der Holländer
eine solche Waffe führen, gefährden sie sich selbst und
ihre Nachbarn weit mehr damit, als das Wild.
Selbst Bogen und Pfeile führen sie nur zum Spiel,
und ihre eigentlichen Waffen sind die Lanze, eine auf
einen Bambus befestigte damascirte Stahlspitze, und
der stets an der Seite getragene Klewang, eine Art
kurzes Schwert, das ihnen hauptsächlich dazu dient,
sich in den Dickichten Bahn zu hauen. Dazu ist es
freilich auch dadurch vortrefflich geeignet, daß es vorn
an der Spitze am schwersten ist und daher zum Hiebe
die nöthige Wucht erhält. Den Khris oder Dolch

haben sie fast alle im Gürtel stecken; die Lanze tragen
sie dagegen nur ausnahmsweise, auf der Jagd und
bei besonders festlichen Gelegenheiten.

Die Chinesen auf Java sind indessen noch viel
weniger Jäger, und führen selbst nicht einmal eine
Waffe — es müßte denn hie und da einmal heimlich
geschehen, wozu sich aber wieder die leichte National=
kleidung nicht eignet, die sie nach einem Gesetz der
Holländer auf Java tragen müssen.

Schang=hai war unverheirathet. Wie sich indessen
seine Vermögensverhältnisse von Tag zu Tag besser=
ten, fühlte er auch das Bedürfniß, eine Lebensge=
fährtin zu wählen und sich damit endlich einmal eine
„häusliche Bequemlichkeit" zu schaffen. Es fing an
ihm ungenehm zu werden, in seinem Hause allein zu
sitzen, und als er alle seine übrigen Geschäfte besorgt
hatte, glaubte er sich auch diesen „Luxus" — wie er
es bis dahin genannt — gestatten zu dürfen.

Das wäre nun allerdings vortrefflich gewesen, wenn
er daran schon vor einer längeren Reihe von Jahren ge=
dacht und es ausgeführt hätte. Leider hatte aber der Chi=
nese seine besten Lebensjahre damit verschwendet, Reich=
thümer aufzuhäufen, und da er nie, selbst nicht in seiner
Jugend, auf Körperschönheit Anspruch machen durfte,
so konnte ihm das Alter in dieser Hinsicht noch weniger

günstig sein. Schang-hai war mit einem Wort ein kleiner, dicker, häßlicher, unansehnlicher Chinese, dessen Zopf
sich schon grau zu färben begann, und die kleinen, etwas
feuchten, brennend schwarzen Augen bekamen durch
einen schielenden Blick selbst einen widerwärtigen, ab-
stoßenden Ausdruck. Nichts desto weniger wußte er,
was ihm auch der Spiegel über seine eigene Persön-
lichkeit sagte, doch recht gut, daß in der Welt mit
Geld vieles, wenn nicht alles zu erreichen ist, und
vielleicht war dies auch die Ursache, daß er seine beste
Lebenszeit ebenso sorglos und unbekümmert hatte verstreichen lassen.

Da er dabei vernünftig genug war, bei einer Heirath nicht an die Vergrößerung seines Reichthums zu
denken, sondern sich bereits entschlossen hatte, ein
armes, aber hübsches junges Mädchen zu seiner Gattin zu erheben, so brauchte er, zumal da ihn die etwas
wunderlichen gesellschaftlichen Verhältnisse des Landes,
in dem er sich befand, darin begünstigten, an einem
Erfolg nicht einen Augenblick zu zweifeln. Die Eltern,
die eine unbeschränkte Gewalt über ihre Kinder, besonders über ihre Töchter besitzen, verkaufen dieselben
meist an gute „Particen", denn eine Heirath kann
man ein solches Ehebündniß kaum nennen. Der
Mißbrauch geht darin so weit, daß die Europäer auf

Java sich oft Mädchen auf eine bestimmte Reihe von
Jahren für eine zwischen beiden Theilen bestimmte
Summe ins Haus kaufen und dabei nicht einmal
eine Ceremonie für nöthig halten.

Das war übrigens Schang-hai's Absicht nicht.
Er wollte sich wirklich eine Frau nehmen, die ihm
dann nicht bei der ersten passenden oder unpassenden
Gelegenheit wieder davonlaufen und der Unbequem-
lichkeit der Wahl aufs Neue aussetzen konnte. Sein
Auge fiel dabei auf die Tochter eines armen Javanen,
den er sich in der letzten Zeit besonders verpflichtet
und ihn so in Händen hatte, daß er überhaupt gar
nicht seine Einwilligung hätte verweigern können —
wenn ihm das überhaupt in den Sinn gekommen.
Kelah, wie der Eingeborene hieß, dachte aber auch
nicht einmal an etwas derartiges, und wenn er den
kleinen dicken Chinesen mit dem „falschen Blick" auch
sicherlich mehr fürchtete als liebte, fühlte er sich doch
durch den eines Tages ganz unerwartet gestellten Antrag viel zu sehr geehrt, als daß er mit seiner Einwilligung als Vater auch nur einen Augenblick hätte
zögern können. Was Laykas, die Tochter, anbetraf,
so war es eine Sache, die sich ganz von selbst verstand,
daß sie weiter nichts zu thun hatte, als den ihr vom
Vater gegebenen Befehlen zu folgen. Hätte das

Mädchen denn auch ein größeres Glück, eine größere
Ehre träumen können? Daß Laykas den Chinesen
lieben sollte, verlangte kein Mensch von ihr — nicht
einmal ihr Bräutigam selber, und daß sie diesen jetzt,
wie alle Kinder und Mädchen des Kampongs, fürch=
tete, und ebenso gern einem Tiger als ihm in den
Weg gelaufen wäre, wenn er einmal die Straße herab
kam, war eine Sache, die sich jedenfalls — wenn sie
nur erst einmal seine Frau war — von selber gab.
Ihr Schicksal sollte ihr aber nicht lange verborgen, ja
nicht einmal Raum zum Ueberlegen bleiben.

Schang=hai hatte nämlich schon seit einer Woche,
ohne irgend Jemand zu sagen weshalb, die Vorberei=
tungen zu der Festlichkeit herrichten lassen, die er auf
das Glänzendste auszustatten gedachte. Der reiche
Chinese wollte den Eingeborenen einmal zeigen, was
er im Stande sei an Glanz und Pracht in diesen Ber=
gen zu leisten. Das Anhalten um die Braut selber
verschob er natürlich als eine Sache, die in wenigen
Minuten abgemacht werden konnte, bis zum letzten
Augenblick. Bedurfte es ja doch unter solchen Um=
ständen auch nur eigentlich des Befehls, sie in sein
Haus zu führen.

2.

Eines hatte er dabei übersehen oder, wenn es ihm je eingefallen, so gering angeschlagen, daß es eine weitere Beachtung nicht verdiente, — daß nämlich seine von ihm ausersehene Braut schon eine andere frühere Zuneigung haben könne. Das Herz eines jungen Mädchens fragt ja auch nicht immer erst die Eltern, ehe es sich zu einem andern Herzen hingezogen fühlt. Darauf kam hier aber gar nichts an; das Herz verlangte Schang-hai überhaupt nicht weiter, als es eben zu seiner bequemen Häuslichkeit unumgänglich nöthig war; er wollte die Hand des Mädchens, und die gehörte bis jetzt noch Niemand.

Laykas war eine wunderliebliche Maid, und der alte Chinese hatte keinen schlechten Geschmack in ihrer Wahl bewiesen. Schlank und voll von Körper, mit Reizen, die von der dunklen Bronzefarbe der Haut eher noch erhöht als vermindert wurden, mit einem Antlitz von fast griechischer Schönheit, wie man es da oben in den Bergen auch gar nicht so selten findet, die dunklen Wangen von so sanfter Frische, daß das steigende und schwindende Blut deutlich auf ihnen sichtbar ward, mit feurigen offenen Augen und Hän=den und Füßen, um die sie manche stolze Weiße be=

neibet haben würde, war sie die Zierde ihres Stammes, der Stolz ihrer Eltern, und selig wäre der Mann unter ihren Landsleute gewesen, den sie einst mit ihrer Liebe beglückt hätte.

Leichten und frohen Herzens hatte sie sich dabei willig und gern jeder noch so schweren Arbeit in ihrer Eltern Hause unterzogen. Nie kam eine Klage über ihre Lippen, und ein freundliches Wort, einen freund= lichen Blick hatte sie für alle — konnte sie den Sturm ahnen, der sich über ihrem Haupte zusammenzog?

So kam sie auch heute, singend und mit den Kin= dern lachend, die neben ihr herliefen, den Berg herauf, denn sie hatte unten im Thale, in den breiten, hohen Bambusstöcken *) Wasser heraufgeholt. Nur einen Sarong **) von blau und rothem, selbst ge„babek“tem Stoff, der ihr bis zur halben Wade niederhing und die zarten feingeformten Knöchel zeigte, trug sie um

---

*) In den Javanischen Bergen dient der schilfartige Bambus zu sehr verschiedenartigen Verrichtungen, und be= sonders benutzen die Frauen die stärksten, oft vier bis fünf Zoll im Durchmesser haltenden Stöcke, das Wasser darin zu tragen.

**) Ein rockähnliches Stück Tuch von vielleicht drei Fuß Breite, unten und oben gleich weit, das über den Hüften eng zusammengezogen und durch einen in das Zeug hineingesteckten Knoten gehalten wird. Es wird von beiden Geschlechtern ge= tragen.

die schlanke Hüfte festgesteckt; der Oberkörper, wie
das in den Preanger Regentschaften meist Sitte ist,
war vollkommen nackt, und die schwere Wucht des
rabenschwarzen Haares hielt sie mit einer großen
Schildplattnadel befestigt. Die beiden mit Wasser
gefüllten Bambusstöcke, die wohl bei drei Fuß Länge,
fünf Zoll und mehr im Durchmesser haben mochten,
trug sie an einem Querstock, an dem sie vorn und
hinten herunterhingen, auf der Schulter, und trotz
der gar nicht unbedeutenden Last war doch der Schritt
des jungen, frischen, kräftigen Mädchens leicht und
elastisch.

In der Thür der Hütte begegnete ihr aber schon
der Vater, der eben, noch freudestrahlend, von Tji-
basang zurückgekehrt war und den Augenblick nicht
erwarten zu können schien, wo er der Tochter die
Freudenbotschaft mittheilen sollte.

„Was hast du, Vater?" rief das Mädchen, dem
die fröhliche Bewegung in dem sonst ziemlich mür-
rischen, einsilbigen Alten nicht entgangen war, und
mitten im Gang hielt sie, die Hände zur Stütze auf
die Hüften stemmend, an, daß die beiden Bambus-
röhren langsam herüber und hinüber schwankten.
„Was hast du, Vater? Es ist doch nicht —" und das
Blut schoß ihr in diesem Augenblick vor freudigem

Schreck in Wangen und Schläfe, als sie daran dachte, daß vielleicht Maono, der brave arme Bursch, hier bei ihrem Vater gewesen wäre und — sie konnte keinen Gedanken ausdenken, so wirr und toll schwirrten ihr die Vermuthungen durch den Kopf. Und so treu und rein war dabei der Jungfrau Seele, daß kein schlimmer Verdacht, keine Furcht den Spiegel ihres Herzens trüben machte. Lachte doch ihr Vater, und das konnte ja nur Gutes für die Tochter deuten.

„Freu' dich mit mir, Laykas!" rief ihr dieser, als er sie halten sah, entgegen, „freu' dich mit deinen Eltern, denn dein und ihr Glück ist gemacht."

„Maono?" war alles, was Laykas herausbringen konnte, und sie fühlte dabei, wie roth sie wurde.

„Maono?" meinte der Alte, verächtlich mit den Schultern zuckend, während sich doch ein verschmitztes Lächeln über seine Züge stahl, „wer ist Maono? So viel für den! Hat er doch nicht Reis genug für den morgenden Tag und steckt nicht umsonst da mitten im Walde, um von Früchten und Waldfleisch sein Leben zu fristen! Laykas ist für etwas Besseres aufbewahrt."

„Für Besseres, Vater?" sagte das Mädchen leise, und die mit Wasser gefüllten Bambus wurden ihr in dem Augenblick so schwer, als ob sie sich in

Blei verwandelt hätten. Kaum konnte sie mit ihnen
den letzten Gang bis zur Hütte ersteigen. „Für was
Besseres, Vater?" wiederholte sie hier noch einmal.
„Ich verlange nichts Besseres von Allah — möge er
es mir gewähren."

„Nichts Besseres?" lachte aber der Alte und
konnte sich gar nicht wieder zufrieden geben. „Wenn
die Kinder nicht wissen, was ihnen gut ist, müssen's
die Alten soviel besser verstehen. Aber hör', Laykas
was ich dir sagen will, und fasse dich, denn solche
Freude und Ehre wirst du nicht erwartet haben."

„Freude? — Ehre?" rief das arme Mädchen er=
staunt und eingeschüchtert, denn bei all den Vorberei=
tungen begann ihr nichts Gutes zu ahnen.

„Nun, ich will dich nicht länger zappeln lassen,"
schmunzelte der Alte; „so höre denn, Schang=hai
hat dich von mir zum Weib begehrt."

„Schang=hai?" rief Laykas, und der Stab glitt
von ihrer Schulter nieder, daß die beiden Bambus
umfielen und das Wasser in sprudelndem Quell wieder
den Berg hinunterschickten.

„Ja — der reiche Schang=hai," erwiderte mit
selbstzufriedenem Lächeln der Javane, den Schreck der
Tochter natürlich der Freude und Ueberraschung zu=
schreibend. „Aber läßt du nicht das ganze Wasser

wieder den Berg hinunterlaufen, Laykas? Nun laß
nur sein, von jetzt an wirst du Diener haben, die das
für dich thun. Allah segne mich! Hätte ich doch nie
geglaubt, die Freude an meinem Kind — und nur
eine Tochter — zu erleben! Aber morgen mit dem
Frühsten gehst du zum Bach hinab und badest dich,
bindest dann deinen besten Sarong um, und wenn die
Sonne über die Palmen steigt, werde ich dich zu
deinem Bräutigam führen!"

„Bräutigam?" stöhnte Laykas, ihr Antlitz in den
Händen bergend und dann mit stierem, entsetztem Blick
zu dem Vater aufschauend; „Schang-hai — der
furchtbare, entsetzliche Mensch, mein — mein Bräutigam?"

„Nun ja, hübsch ist er gerade nicht," lachte der
Alte gutmüthig, „darauf kommt auch nicht viel an.
Aber reich ist er — steinreich, und dein Vater braucht
jetzt nicht Haus und Feld aufzugeben und wieder in
den Wald hineinzuziehen, wie ich es thun müßte,
wenn Schang-hai nur daran dächte, seine Forderung
einzutreiben. — Du bist ein braves Kind, mein Herz,
und machst deinen Eltern viele, viele Freude."

Laykas erwiderte kein Wort; wo sie stand, kauerte
sie sich auf den Boden nieder und legte den Kopf auf
ihren Arm. Sie wußte, ihr Schicksal war besiegelt,

ihres Vaters Wille Gesetz, und kannte den Alten zu
gut, um auch nur einen Augenblick daran zu zweifeln,
daß er Ernst, bittern Ernst aus seiner Drohung
machen würde. Sie war das Weib des gefürchteten
Schang=hai, dessen Nähe allein sie schon mit Entsetzen
erfüllte, und wenn die morgende Sonne über die
Wipfel ihrer Bäume schien, — ein Schauder über=
rieselte sie — führte sie ihr Vater in die Arme des
Schrecklichen, der von da an Macht und Gewalt über
sie haben sollte ihr Leben lang.

Kelah betrachtete die ineinandergeknickte Gestalt
der Tochter wenige Minuten schweigend. Er mochte
wohl ahnen, was in ihr vorging, kannte er doch den
Abscheu, den alle Kinder — ja fast alle Erwachsene
in den Bergen vor dem alten Chinesen hatten, und
fürchtete er ihn doch selbst weit mehr als er ihn liebte.
Die Sache war aber einmal abgemacht und nichts
weiter daran zu thun, und die Tochter mochte jetzt,
ehe er weiter mit ihr darüber sprach, mit dem Gedan=
ken ein wenig vertraut werden. Daß sie sich seinem
Willen nicht widersetzte, verstand sich von selbst. Er
ging deshalb in sein Haus zurück, um für sich selber
auf den morgenden Tag seinen besten Staat, Kopftuch
und Sarong, die rothe Kattunjacke und seinen schön=
sten Khris hervorzusuchen. Es war ja auch eigentlich

bei der ganzen Sache nichts weiter zu besprechen und
alles Nöthige so gut wie abgemacht.

Staunend sahen indeß Laykas' Geschwister die
Trauer der Schwester, über deren Ursache sie sich
nicht Rechenschaft zu geben wußten. Was es bedeute,
des Schang-hai Frau zu sein, wußten sie noch nicht,
und darum brauchte Laykas doch nicht das mühsam
heraufgetragene Wasser wieder den Berg hinunterlaufen und den Kopf hängen zu lassen. Nur ein un-
bestimmtes Gefühl sagte ihnen, daß mit der geliebten
Schwester doch eigentlich Alles wohl nicht so sei, wie
es sein solle, und wie der Vater nur erst einmal ins
Haus gegangen war, drängten sie sich ängstlich schüch=
tern um sie her, zupften sie am Sarong und baten sie
leise und schmeichelnd aufzustehen und sie wieder an=
zusehen wie vorher.

Das Zureden der Kinder aber weckte den bis da=
hin gewaltsam zurückgedrängten Schmerz der Jung=
frau. Alles, was sie bis dahin lieb gehabt, an dem
ihr Herz gehangen, sollte sie jetzt verlassen und dafür
das Furchtbarste eintauschen, was ihrer Seele nur in
Schrecken und Entsetzen vorschwebte — das Weib des
Mannes zu werden, von dem sie jetzt nicht einmal
wußte, ob sie ihn mehr fürchtete oder mehr verab=
scheute. Ihre Thränen flossen unaufhaltsam, und der

ganze zarte Körper zitterte in der furchtbaren, kaum
mehr gebändigten Bewegung.

Die Sonne sank, und sie saß noch immer auf der
Stelle — die Kinder waren zum Haus hinaufgelau=
fen, dem Vater zu sagen, daß Laykas krank wäre und
weinte. Dieser bedeutete sie aber, die Schwester zu=
frieden zu lassen, sie würde schon wieder von selber
froh und heiter werden.

Als es dunkelte, ging endlich die Mutter zu ihr
hinaus.

„Laykas,“ sagte sie freundlich, die Hand auf ihre
Schulter legend, „komm herein ins Haus — der
Vater wird sonst böse, und der Thau fällt auch
schon stark.“

„Mutter,“ stöhnte das arme Kind und faßte
die Hand der Frau; „ich kann nicht — ich kann nicht
das Weib Schang=hai’s werden.“

„Der Vater hat’s gesagt,“ seufzte die Frau leise
und mitleidig, das zu ihr gewendete, von Thränen
überströmte Gesicht des Mädchens streichelnd. „Du
weißt, was der sagt, müssen wir thun. Mir wär’s
auch lieber, ein armer Javane hätte sein Jawort er=
halten, als der alte reiche Sünder, aber — was ge=
schehen, ist nun einmal nicht zu ändern. So komm,
Laykas, komm mit ins Haus und fasse Muth.

Es wird vielleicht noch Alles besser gehen, als wir jetzt denken."

„Und Maono?" seufzte das Mädchen mit angst= gepreßter, zitternder Stimme.

„Wer kann's ändern?" meinte die Mutter, mit den Achseln zuckend. „Unser Geschlecht ist dazu be= stimmt, Leiden zu ertragen, und wir dürfen nicht murren. Es ist Allahs Wille. Der arme Bursch thut mir auch leid," setzte sie leise hinzu, „aber was kann er gegen den reichen Chinesen in die Wagschale werfen?"

„Und opfert er jetzt nicht sein Leben, die Nachbar= schaft von den gefährlichen Tigern zu befreien?" rief Laykas. „Haust er jetzt nicht allein und abgeschieden mitten im Wald in steter Gefahr, von den Bestien selber erfaßt zu werden, nur um eine kleine Summe zu erschwingen, daß wir zusammen den Hausstand be= ginnen könnten, gegen den selbst der Vater bis jetzt nichts einzuwenden gehabt?"

„Das ist alles wahr, mein Kind," sagte die Mutter, das aufgeregte Mädchen freundlich begü= tigend, „aber damals hatte Schang=hai noch nicht um dich gefreit, und du weißt selber, welche große Hülfe der für uns ist. Das einzige Reisfeld, von dem wir unsere Nahrung ziehen, ist in den Händen deines

künftigen Mannes, selbst die Arenpalmen um unsere
Hütte her gehörten nicht mehr unser, wenn es Schang=
hai gefiele, sie zu fordern. Die Büffel, die unser Feld
bearbeiten, haben wir von ihm geborgt, er kann sie
jeden Augenblick zurückfordern. Die Weide selbst, auf
die wir sie treiben, gehört dem Chinesen, und schon
lange habe ich mir gedacht, daß er nicht umsonst so
nachsichtig und gütig mit uns gewesen und seinen
Lohn wohl eines Tages einfordern würde. — Und
doch hab' ich ihm unrecht damit gethan, denn er hat
dich zum Weibe begehrt, und damit uns armen,
niederen Leuten, wie auch dir, die größte Ehre erwie=
sen, die ein so hochstehender Mann Jemand nur er=
weisen kann."

„Ehre — Ehre!" jammerte das arme Mädchen,
„mir bringt diese Ehre den Tod — und Maono, ar=
mer Maono!"

Sie stand langsam auf, schüttelte die Thränen
von ihren Wimpern und folgte der Mutter langsam in
das Haus, wo sie den Vater schon behaglich auf seiner
Matte ausgestreckt und seine Pfeife rauchend fanden.

3.

Laykas ging ruhig in die Ecke, in der ihr Lager
auf einem niederen Bambusgestell bereitet war, und

wenn sich der Alte auch ein paarmal nach ihr um=
brehte und sie augenscheinlich anzureden wünschte,
unterließ er es doch jedesmal wieder. Sie mochte sich
die Sache die Nacht über durchdenken, wenn sie nur
morgen dann ein fröhliches Gesicht zeigte — nur bis
die Feierlichkeit überstanden war. Nachher mochte
Schang=hai allein sehen, wie er mit ihr fertig wurde.

Nach und nach wurde es still in dem kleinen
dunklen Raum; draußen rauschten die Palmen ihr
flüsterndes Nachtlied durch den Wald und der unten
vorbeispringende Bergstrom sandte das Geräusch des
fallenden Wassers in leisem, dumpfem Murmeln bis
hierher. Dann und wann vielleicht unterbrach der
gellende Schrei eines Nachtvogels die heilige Stille,
und einmal tönte dumpf und hohl das gierige Gebrüll
eines Tigers vom Wald herüber. Dann war alles
wieder still. Laylas konnte ihr Herz schlagen hören,
wie es mit ängstlichem Klopfen ihr den Schlaf von
den Lidern trieb.

Und morgen? — Der Kopf brannte ihr im
Fieber, wenn sie an den morgenden Tag dachte! So
mußte dem unglücklichen Verbrecher zu Muthe sein,
der mit der nächsten Sonne zum Richtplatz geführt
werden sollte und jetzt, an Ketten, im festen, ver=
schlossenen Raum, des Henkers harrte, der ihn hinaus

zum Galgen führen sollte. — Und war sie denn eingeschlossen und gefesselt? — Als ob ein scharfer Khris
ihr Herz getroffen, so fuhr sie bei dem Gedanken
empor. — Flucht — Flucht vor der Gefahr war noch
möglich — aber wohin? —

Wohin? — Gleichviel, und wenn in den Tod!
Lieber die Glieder im tiefen Strom gebettet, als in
das Haus jenes furchtbaren Menschen! Lieber von
den Tatzen des gierigen Tigers zerrissen, als von den
Armen des Gefürchteten umschlungen! Und hatte sie
denn nicht des Vaters Spruch dem Tode schon ge-
weiht? War denn das Leben, wenn sie Tage, vielleicht gar Wochen, Jahre in jenem furchtbaren Elend
vergehen — sterben mußte?

In immer rascheren Schlägen pochte ihr Herz,
das die fest darauf gepreßte Hand nicht mehr zu bän-
digen vermochte, und der Athem stockte ihr, als sie
sich leise und geräuschlos auf ihrem Lager aufrichtete,
um auf den Schlaf der Ihrigen zu lauschen. — Sie
athmeten tief und ruhig — ihr Vater träumte wohl
gar von dem „Glück und Heil", das er mit der Tochter Opfer über seine Hütte gebracht, und sah im Geist
sich schon geachtet und geehrt — ja warum nicht auch
gefürchtet von den Nachbarn. — Fort! — Das
war der einzige Gedanke, der sie jetzt trieb. — Fort

aus der Heimath — aus der Eltern Haus, von dem
Herzen der Mutter fort, an der sie mit inniger Liebe
hing, von den Geschwistern, für die sie ihr Leben gern
geopfert hätte — denn das war mehr als Tod, was
man von ihr verlangte!

In der Hütte war es vollkommen dunkel; nur
durch einen Spalt der geflochtenen Bambuswand
schaute hell und blinkend ein Stern herein. Geräusch=
los glitt sie von ihrem Lager nieder und über den
Boden hin. Hätten sie selbst gewacht, sie würden die
Flucht des Mädchens nicht vernommen haben. Wie
sie die Thüre erreichte, richtete sie sich auf und blieb
an der Schwelle stehen. Ohne Abschied sollte sie
fort, von allen, die ihrem Herzen theuer waren —
ohne ein freundliches Wort von der Mutter, ohne
eine Umarmung von den Geschwistern? — Aber sie
durfte nicht zögern — der Vater regte sich auf seinem
Lager. Wenn sie jetzt entdeckt wurde, ehe sie das
Freie erreicht hatte, war sie verloren.

Sie öffnete den hölzernen Drücker der Thür so
leise als möglich, und stand im nächsten Augenblick
auf der Schwelle. Rasch fiel die Thür wieder hinter
ihr ins Schloß, und während sie im Haus drin Stim=
men zu hören glaubte, glitt sie über den kleinen freien
Platz, der ihre Wohnung umgab, hinweg und in den

Schatten eines dichten Manguftengebüsches hinein, das, mit anderen Fruchtbäumen wechselnd, bis zum Rand der Reisfelder lief. In dunkler Nacht brauchte sie hier keine Verfolgung mehr zu fürchten — sie war gerettet.

Gerettet? — Guter Gott — wie hatten noch gestern Abend diese Bäume, unter denen sie jetzt stand und die ihrer Eltern Haus umgaben, diese Pal= men und Pisang so traulich, so heimlich gerauscht, wie lieb war jedes Blatt ihr da gewesen, und jetzt! — Stand sie nicht so wenige Stunden später wie eine Fremde in dem trauten Hain, und lag die Welt, nur wenige Schritte von dem Vaterhaus entfernt, nicht plötzlich so kalt und öde um sie her, als ob sie, in= mitten all des Glückes und Segens, das Gottes Hand darüber hingestreut, doch weiter nichts als eine Aus= gestoßene wäre?

Wohin jetzt? — Wie sie zuerst den Gedanken an Flucht erfaßte, war es der Tod, den sie suchen wollte, um sich von aller Noth, von allem Elend zu befreien. Jetzt aber, wo der Himmel wieder hell und klar mit all seinen tausend und tausend Sternen über ihr blitzte, wie sie wieder das Flüstern der Bäume, das Murmeln des Baches hörte, da klammerte das jugend= liche Leben sich auch wieder fest und innig an die Welt,

und unwillkürlich fast, ehe sie sich nur selber eines be=
stimmten Ziels bewußt war, floh ihr Fuß jetzt von
der Richtung fort, in der der reißende und tiefe Berg=
strom lag. In der Flucht aber, mit der freien Be=
wegung ihrer Glieder den Körper von der frischen
Nachtluft gekühlt, mit dem Bewußtsein, jetzt zum
erstenmal in ihrem Leben selbstständig, unabhängig,
ja sogar der Willkür ihres Vaters entgegen zu han=
deln, kräftigte sich auch der Muth des armen flüch=
tigen Kindes. Ihr Auge blitzte kühner und ent=
schlossener, ihre kleine Hand ballte sich fast krampfhaft
und die fest zusammengepreßten Zähne, die keck und
trotzig aufgeworfenen Lippen verriethen das zu seinem
Selbstbewußtsein erwachte Weib.

Unschlüssig hatte sie allerdings noch einen Augen=
blick gestanden, als sie das nächste Thal erreichte.
Aber nicht mehr über das Ziel, dem sie zufliehen wollte,
war sie in Ungewißheit — das sollte Batavia sein,
so fern dasselbe auch lag, denn dort zwischen den Frem=
den, von denen sie schon soviel erzählen gehört, durfte
sie am leichtesten hoffen, unentdeckt zu bleiben.
Arbeiten wollte sie ja, was ihre Kräfte nur vermoch=
ten, und von früh bis spät; war sie das schwerste
Mühen doch von Kindesbeinen auf gewohnt! — Dort=
hin reichte auch nicht der Arm Schang=hai's, und ein=

mal nur aus dem Distrikt hinaus, in dem der Schreck-
liche zu herrschen schien, glaubte sie nichts mehr von
ihm fürchten zu dürfen.

Aber sollte sie ihre Berge verlassen, ohne ein Wort
des Abschieds von dem Geliebten? — Sollte er denn
nicht einmal wissen, wohin sie den Fuß gewandt? —
Schreiben, wie es die Weißen und Chinesen thaten,
konnte sie nicht, und wie hätte ihn je eine mündliche
Botschaft erreicht, die nicht zugleich ihren neuen
Aufenthalt zu verrathen drohte? Dort drüben, wo
der dunkle Waldesschatten, vom Mond nur schwach
beschienen, lag, oben am Hügelhang, mitten im wilden
Dickicht, hauste er, und durfte sie dorthin, allein, bei
Nacht den Fuß zu setzen wagen? — Jene Gegend war
ihrer Tiger wegen gefürchtet, und grade deshalb hatte
sich Maono dort niedergelassen, um desto eifriger den
Fang betreiben zu können und sein höchstes Ziel, den
Besitz seines treuen Mädchens, zu erreichen. Wohl
getraute sie sich den Pfad zu finden, der zu der ein-
samen Hütte führte — denn mit der Mutter war sie
vor noch gar nicht so langer Zeit einmal am Tage
dort gewesen, um Arekanüsse zu holen. Wie aber
durfte sie der Gefahr trotzen, von den lauernden Bestien überrascht zu werden? Nachts und im Dunkel,
ob der Mond am Himmel steht oder nicht, kommt der

Tiger aus seinen Dickichten, in denen er den Tag über
versteckt gelegen, hervor und schleicht ins Freie hinaus,
seine Beute zu erlegen. Ein Rind, das er trifft, ein
Pferd, ein Stück Wild, es ist ihm alles willkommen,
und gleich gierig stürzt er über alles her. Die Be=
stien aber, welche schon einmal in früherer Zeit
Menschenfleisch gekostet, und denen dasselbe wohl ge=
schmeckt haben mochte, ziehen von da an diese Beute
jeder andern vor. Das sind dann die gefährlichsten
Raubthiere, und dem Menschen mit ihrer furchtbaren
Kraft, ihrer List und Blutgier vor allen anderen
furchtbar. Der Javane nennt diese denn auch in
ganz besonderer Auszeichnung „die Menschenfresser.“

Laykas zögerte, aber es war nur ein Augenblick.
Wie klein schien ihr diese Gefahr gegen die andere,
der sie sich erst gewaltsam durch die Flucht entzogen!
Stieg nicht der Mond gerade in all seiner Pracht und
Klarheit, fast gefüllt, am östlichen Himmel empor?
Der leuchtete ihrem Pfad — er und die Liebe sollten
sie führen! Und hatte sie Maono von ihrem Plan in
Kenntniß gesetzt, wußte er, und nur er allein, wohin
sie sich gewandt, und weßhalb sie den verzweifelten
Schritt gethan, dann konnte sie auch mit fröhlichem
Muth, mit leichtem Herzen ihren weiten, mühseligen
Marsch durch fremde unbekannte Distrikte, zu fremden

Menschen, in eine ihr fremde Welt antreten, und das
arme hülflose Mädchen sah, trotz der Gefahren, die
überall ihre Bahn umlauerten, mit froher, ruhiger
Zuversicht der ungewissen Zukunft entgegen.

Wie sie freilich in dem fernen Batavia, wenn sie
es erst glücklich erreicht, ihr Leben fristen sollte, war
ihr jetzt selber noch nicht klar. Nur das fühlte sie,
daß sie arbeiten konnte und wollte, und aus ihrer Gegend selbst waren ja schon in früherer Zeit Einzelne
dorthin ausgewandert, und mit Geld und guten kostbaren Kleidern zurückgekehrt — warum sollte es ihr
dort fehlen?

Rüstig schritt sie, nur dann und wann einen scheuen
Blick zurückwerfend, ob sie nicht verfolgt würde, ihrem
schmalen Pfade entlang, der sie, sobald sie das Frucht-
dickicht ihrer eigenen Heimat verlassen, am Hügelhang hin, und zwischen einer Anzahl von Reisfeldern
hindurchführte. Es war ein beschwerlicher Weg, bei
dem unsicheren Licht des kaum aufgegangenen Mondes die schmalen schlüpfrigen Raine zwischen den unter
Wasser gesetzten Reisfeldern einzuhalten, aber sie
kannte hier jeden Fuß breit Boden und wußte, daß sie
rascher vorwärts eilen konnte, sobald sie nur einmal
die steinigen Hügelhänge, in denen ihr jetziges Ziel lag,
erreicht hatte.

Hier begann freilich auch das Gebüsch, wilder Pisang, prachtvolle Farn= und einzelne Arekapalmen, mit einem dichten Unterholz anderer Laubbäume — hier begann für sie die Gefahr in den Hinterhalt eines der furchtbaren Raubthiere, und der blutgierigen Bestie in den Rachen zu laufen, und als sie den düste= ren Waldesschatten erreichte, in den der Mond jetzt seine wunderlichen Lichter warf, blickte sie im Anfang scheu und rasch umher und hielt auch wohl den flüch= tigen Schritt plötzlich an, um irgend einem fremd= artigen Geräusch, einem Rascheln im Busch besser zu lauschen, das ihr Herz schneller klopfen machte. Das aber waren immer nur Momente; ihre Flucht hielt es nicht auf, und eine Ravine kreuzend, erreichte sie jetzt wieder, kaum noch tausend Schritt von der Hütte entfernt, in der Maono seine Wohnung aufge= schlagen, einen offenen Strich Landes, durch den die breite, gut in Stand gehaltene Straße am Rand der Ravine hin lief. Diese Straße führte von Tji=basang aus zuerst nach dem großen Gut eines Chinesen, und stand weiter unten mit der Javanischen Hauptpost= straße, die durch die ganze Insel läuft, in Verbindung. Diese Straße mußte sie ebenfalls kreuzen, der Pfad aber, den sie kannte, und der durch die ihr gegenüber= liegende Dickung führte, lag etwas weiter oben, gerade

an der Stelle, wo eine wohl dreißig Fuß hohe Farn=
palme ihren federnartigen Wipfel über dem Fuhrweg
schaukelte. Gerade durch den Wald zu brechen wäre
ihr, selbst am hellen Tag nicht möglich gewesen, so
dicht in einander flocht diese gewaltige Vegetation ihre
Zweige und Lianen, und rasch der Straße aufwärts
folgend, sah sie schon von weitem den Schatten der
Palme über die weiße Straße hinüber hängen, als sie,
dicht neben sich im Weg sich etwas regen sah.

Mit einem halben, kaum unterdrückten Aufschrei
flog sie zurück, und wie gelähmt erstarrten ihr in dem
Moment, vor dem entsetzlichen, jede Willenskraft ver=
nichtenden Schreck die Glieder, denn vor ihr stand,
halb scheu unter seinen großen Hut zurückgedrückt,
und doch auch wieder fast eben so überrascht, wie sie
selber, auf sie schauend, der furchtbare Schanghai.
Die kleine, breite, wie zum Sprung ineinandergepreßte
Gestalt war nicht zu verkennen, und seine Augen schie=
nen wie glühende Lichter nach ihr herüber zu funkeln.

„Allah schütze mich!" stöhnte die Jungfrau. Als
ob aber mit den herausgestoßenen Worten der Zauber
gebrochen wäre, der sie bis dahin gefangen gehalten,
so floh sie jetzt, einem aufgescheuchten Reh gleich, mit
Blitzesschnelle der Farnpalme zu, und dort mit einem
Sprung den weiten Graben überfliegend, in den Wald

hinein. Scheu drehte sie den Kopf zurück — sie hörte
Schritte hinter sich — das Laub raschelte, und kaum
ihrer Sinne noch mächtig, verfolgte sie ihre Flucht in
wilder Hast immer den Pfad entlang, bis sie sich end=
lich an der wohlbekannten Gruppe von Arekapalmen
fand. Wieder glaubte sie ein dumpfes Geräusch hin=
ter sich zu hören, aber durch die Palmen hin kannte
sie einen näheren Pfad zur Hütte, und glitt wie eine
Schlange in den dunklen Schatten des dichten Unter=
wuchses von Pisang= und Cacaobüschen hinein. Jetzt
hatte sie das Bambushaus erreicht — die hohen Stu=
fen flog sie hinan, preßte den Drücker nieder, und als
dieser dem Griff nachgab, und die Thür sich in ihren
Angeln drehte, brach sie, nicht mehr im Stande die
furchtbare Aufregung der letzten Stunden zu ertragen,
auf der Schwelle ohnmächtig zusammen.

4.

Mitten im wilden, dichten Wald auf Java, findet
der Wanderer oder Jäger, wenn er sich durch einen
halbverwachsenen alten Pfad Bahn gehauen, manch=
mal weite Gruppen schlanker hochstämmiger Cocos=
und Arekapalmen in der tiefsten Wildniß stehn. Sonst
sind dies stets, besonders die letzteren, sichere Zeichen
von der Nähe menschlicher Wohnungen, und noch

mehr bestätigen gewöhnlich schattige Fruchtdistrikte
von Manguften=, Romboutan=, Nangka= und Manga=
Bäumen, und wie die wundervollen Bäume alle heißen,
solche Vermuthung, und scheinen dem Fremden wie
bittend die beladenen Zweige entgegenzustrecken, daß
er sie nur in etwas von ihrem drückenden Reichthum
befreien möge. Und doch würde in den meisten Fäl=
len der mit dem Land Unbekannte kaum ein Merkmal
finden, daß solche Stelle je bewohnt gewesen und noch
andere Geschöpfe als Tiger und Rhinoceros hier dem
weichen Boden ihre Fährten eingedrückt.

Und dennoch standen dort früher die leichten
Hütten der Eingeborenen, deren Spur jetzt freilich
der Zahn der Zeit vom Boden vertilgt, und ihre letz=
ten Ueberreste unter der verwesenden dichten Laub=
decke dieser üppigen Vegetation begraben hat. Nur
die Natur selber blieb ewig jung, und höher und kräf=
tiger noch hoben die Palmen ihre wehenden Kronen
empor, und schauten stolz und kühn aus dem dichten
Laubmeer hervor, das sie ringsum überragten.

Unter diesen Palmen und dem wilden Gewirr von
Pisang, Farren, Lianen und andern Fruchtbüschen hat
in früherer Zeit einmal ein urbargemachtes Feld ge=
legen und des Menschen fleißige Hand dem Boden
Nahrung für sich abgezwungen. Kaum aber wurden

die Menschen wieder abgezogen, so forderte der Wald
sein Eigenthum mit herrischer Gewalt zurück, streute
seinen Saamen darüber hin, und trieb die alten, bis
dahin nur mit Noth und Mühe zurückgehaltenen
Wurzeln auf's neue in kräftigen Schößlingen empor.
Was dabei die Vegetation allein zu leisten vermag,
beweisen schon die Pisang oder Bananenstämme; denn
in sechs Monaten treiben diese einen Stamm von
Beinesdicke, um im nächsten Jahr den Boden damit
zu düngen, und fünf oder sechs ähnlichen Schößlingen
Saft und Nahrung zu geben.

Solche „todte Kampongs" sind fast immer, und
mit nur wenigen Ausnahmen, in früherer Zeit der
überhand nehmenden Tiger wegen von ihren Bewohnern geräumt worden, die lieber ihre Fruchtbäume
und das mühsam bestellte Feld im Stich ließen, um
nur der gefährlichen Gesellschaft zu entgehen. Weiter
dem bebauten Lande zogen sie dann zu, und wenn sie
da auch ihre Arbeit von vorn beginnen, und das
Wachsen neu gepflanzter Palmen und Fruchtbäume
erwarten mußten, waren doch ihre Familien auch mehr
gesichert, und Frau und Kinder brauchten nicht mehr,
selbst in der Thür der Hütte, wie das im Walde oft
der Fall gewesen, den Angriff des gierigen Räubers
zu fürchten. Von den verlassenen Plätzen aber nahm

der Fürst der Javanischen Waldung, der Königstiger,
Besitz, und in der neu und dicht aufschießenden Wild=
niß konnte er seine Tage sicher und ungestört verträu=
men, um dann erst Abends mit der Dämmerung seiner
Beute nachzugehn.

Auch diese Stelle, durch die der Fuß der armen
geängstigten Maid geflohen, war ein solcher „todter
Kampong," und die Tiger hatten sich in der Nachbar=
schaft so vermehrt, daß sie sogar von dort aus die dicht
besiedelten Nachbardörfer aufsuchten und Schrecken
und Entsetzen unter den Bewohnern verbreiteten.
Nicht allein sah sich die holländische Regierung da=
durch genöthigt, in der letzten Zeit einen erhöhten
Preis auf die Einbringung oder Tödtung dieser ge=
fährlichen Raubthiere zu setzen, sondern die Einge=
borenen selber waren zusammengetreten und sicherten
noch besonders dem glücklichen Erleger eines Tigers
reiche Belohnung zu. Konnten sie doch nur auf solche
Art hoffen, von ihnen befreit zu werden, und ihre
grimmen Reih'n gelichtet zu sehn.

Bei den Eingeborenen ging aber dabei nicht allein
das Gerücht, sondern war in ihrem angsterfüllten
Hirn, von abergläubischer Furcht gestachelt, zur festen
Ueberzeugung herangewachsen, daß zwischen ihnen ein
Menschentiger sein entsetzlich Wesen treibe. Zu

viele Menschen, und zwar lauter Javanen, waren ge=
rade in den letzten Monaten im Wald und selbst bei
ihrer Arbeit auf den dicht am Wald liegenden Feldern
zerrissen worden, von denen man viele unversehrt, nur
mit zerrissener Kehle wieder aufgefunden. Unter ihnen
hatte jedenfalls ein solches Ungeheuer gewüthet, und
der Preis, den die Eingeborenen unter sich auf den
Fang desselben gesetzt, wäre hoch genug gewesen, den
glücklichen Jäger zum reichsten Mann des Kampongs
zu machen, — nur daß sich der „Menschentiger" eben
nicht fangen ließ.

Diese hohen ausgesetzten Preise waren denn auch
die Ursache gewesen, daß sich Maeno, ein junger kräf=
tiger Sundanese — wie die Bewohner der östlichen
Gebirgshälfte von Java im Gegensatz zu den west=
lichen, den Javanen, eigentlich heißen — dem gefähr=
lichsten Handwerk, das seine Berge kennen, dem Tiger=
fang ausschließlich zugewandt. Er hatte es aber
nicht aus Gierde nach Schätzen gethan, denn der
wackere Bursch bedurfte deren für sich selber nicht;
sondern nur um sein Mädchen, seine Laykas, dem
drängenden Vater abzukaufen, und für sich selber
dann, an ihrer Seite, ein neues stilles Leben zu be=
ginnen, wählte er sein gefährliches Geschäft, durch
das allein er hoffen durfte, in kurzer Zeit ein kleines

Capital zurückzulegen — wenn ihn nicht die Tiger
selbst zerrissen. Ohne Latykas aber konnte er sich das
Leben doch nicht denken, und was galt ihm jetzt die
Gefahr, der er sich hier jede Stunde aussetzte, wenn
er damit die Hoffnung gewann, ihren Besitz zu erkaufen! Dieser Platz schien ihm dabei vor allen andern passend; sein Vorhaben auszuführen, und in dem
Dickicht selber, in dem er sich mit seinem Klevang
einen kleinen Raum freigeschlagen, errichtete er aus
Bambusstäben seine feste Hütte, deckte sie mit den
Fasern der Arekapalme und Bambuslaub zu festen
Matten geflochten, und stellte Fallen, legte Gruben
an und fing in rascher Reihenfolge fünf starke Tiger,
die er allein mit seiner Lanze in der Grube tödtete.

Maono war an dem Abend erst mit der Dämmerung nach Hause gekommen. Vor einigen Tagen fast
selber von einem riesigen Tiger überrascht, dessen
Wechsel er in dem Pfad, nahe bei seiner Hütte ge-
spürt, hatte er kurz vor Dunkelwerden eine neue Grube
beendet und mit der Lockspeise belegt, und sich jetzt,
müde und erschöpft vom schweren Graben und Balken-
schleppen, auf sein Lager geworfen. Aber sein Schlaf,
fortwährend von Gefahr umgeben, war nur leicht,
und wie der Griff seiner Thüre niederklappte, diese
sich öffnete und eine dunkle Gestalt auf seiner

Schwelle zusammenbrach, griff er die Lanze auf, die
immer dicht neben ihm an seinem Lager lehnte, und
fuhr, sprungfertig wie der Tiger selber, empor, dessen
Angriff er fast fürchtete.

Aber Alles blieb ruhig — draußen rauschte der
Wald, die Frösche quackten in dem nahen Sumpf,
und laut und donnernd schlug plötzlich ein wild dröh=
nendes Gebrüll an sein Ohr.

„Ha?" lachte der junge kecke Jäger vor sich hin,
„hast du das Weite wieder gesucht, mein Bursche,
wie du das Lager des Feinds gewittert? — Aber
nein — das konnte der Tiger nicht sein, denn der steckt
noch dort im Alang Alang*) draußen, und folgt viel=
leicht jetzt gerade meiner ihm gelegten Witterung.
Aber die Thür öffnete sich doch, und ich dächte, ich
hätte vorhin einen dunklen Schatten dort gesehen."
Vorsichtig, mit vorgehaltener, zur Vertheidigung oder
zum Angriff bereiter Lanze näherte er sich langsam
der Thür; der Mondenschein fiel hell und voll darauf,
und bald erkannte sein scharfes Auge eine da kauernde
menschliche Gestalt.

„Der Menschentiger!" knirschte er zwischen den

---

*) Alang Alang, das hohe schilfige Gras, das in der Wild-
niß fast alle offenen Stellen ausfüllt und der Lieblingsplatz
der Raubthiere ist.

Zähnen durch, und die krampfhaft gepackte Lanze drängte sich fast unwillkürlich zurück, zum Todesstoß ausholend. — Aber das sah nicht wie ein Angriff aus; die Arme fortgestreckt vom Körper lag die dunkle Gestalt still und regungslos zu seinen Füßen — in seiner Gewalt. So hätte sich ihm das Ungeheuer, das er mehr fürchtete als alle Tiger der Welt, im Leben nicht preis gegeben. Das war ein Mensch. Und als er endlich, noch immer scheu und vorsichtig und sprungbereit dem fremden Wesen näher trat, und sich langsam und scheu niederbog, um es mit der Hand zu berühren, da fühlte er unter den Fingern das weiche warme zarte Fleisch und wußte jetzt, daß es ein jedenfalls im Wald verirrtes Weib sein mußte, das vor den Tigern flüchtend, hier bei ihm Schutz gesucht.

Er stellte die Lanze neben die Thür, und beugte sich nieder, die Arme aufzuheben und in die Hütte zu tragen, als der bewußtlose Körper wieder Leben gewann. Die erste Bewegung aber war der scheu nach rückwärts gedrehte Kopf, ob der Entsetzliche ihr folge und — „Laykas!" schrie Maono, und schlang staunend und erschreckt den Arm um die Geliebte.

„Schütze mich, Maono!" war aber alles, was Laykas im Anfang über die bleichen Lippen bringen konnte, und zugleich drängte sie sich jetzt scheu von der Thür hinweg.

„Fürchte dich nicht, mein Herz," sagte Maono freundlich ihre Angst beschwichtigend. „Wenn ich auch nicht begreife, wie du in Nacht und Dunkel den Weg — Allah schütze mich!" rief er plötzlich, in Todes= schreck emporfahrend — „wie bist du denn zu dieser Hütte gekommen? Den Pfad entlang?"

„Den Pfad entlang, bis zum Pinangdickicht, und dann in wilder Flucht durch die Stämme und Dornen durch, die mir die Haut zerfleischten."

„Dich hat dein guter Geist beschirmt," sprach Maono, liebkosend ihr die Haare aus der feuchten Stirn streichend. „Aber um deiner Liebe willen, Laykas, was führt dich in der Nacht in dieses Dickicht, das selbst die Männer deines Kampongs nur am hellen Tag in Trupps betreten? Wenn du nun in die Klauen einer der gierigen Bestien gefallen wärst? Wie elend wäre ich gewesen, ob ich auch deinen Tod blutig an ihnen gerächt! Oder droht dir Gefahr von anderer Seite, als den wilden Thieren dieser Waldung?"

Das Mädchen hatte sprechen, hatte dem Geliebten die Vorgänge des letzten Abends erzählen, und dann ruhig von ihm Abschied nehmen wollen, um ins weite ferne Land hinaus zu ziehn. Das Schreckbild aber,

das in der letzten Stunde wie aus dem Boden heraus=
gewachsen, vom Mondlicht bleich beschienen, vor ihrem
entsetzten Blicke aufgetaucht war, hatte ihre Sinne
und Gedanken so betäubt, verwirrt, daß nur das eine
Wort Raum in ihnen fand: — „Schang=hai!"

„Ha! — was mit dem?" fuhr Maono auf,
„drängte der alte Sünder deinen Vater zum Aeußer=
sten? Den Tod über ihn! Aber nicht lange mehr, so
hat Maono Geld und wird —."

„Dort — dort — hinter mir!" stöhnte Laykas
und deutete mit zitterndem Arm durch die noch offene
Thür hinaus ins Freie, „er folgt mir — schütze mich!"

„Wer? — Schang=hai?" rief Maono mit weit
geöffneten stieren Augen, indem ein furchtbarer Ver=
dacht vor seiner mit all den Schreckbildern blinden
Aberglaubens gefüllten Seele emporstieg. „Schang=
hai — jetzt im Wald? — Auf deiner Fährte?" Und
rasch und unwillkürlich suchte die Hand die fort ge=
stellte Waffe.

Nur mit unendlicher Mühe bezwang sich das
arme, zum Tod erschöpfte Mädchen endlich soweit,
dem Jüngling zuerst die Vorgänge der letzten Viertel=
stunde, die plötzliche Erscheinung des Chinesen und
ihre wilde Flucht zu erzählen, denn in des Geliebten
Nähe fühlte sie sich wenigstens vor augenblicklicher

Verfolgung sicher. Dann aber, wie sie sich mehr und mehr erhohlte, und Maono jetzt die Thüre schloß, auf dem kleinen Herd ein prasselndes Feuer von dürren Bambusstäben entzündete, das Licht und Wärme verbreitete, und dann seine Matte zur Flamme zog, daß sie ihnen als Sitz diene, da ging sie auch auf die Vorgänge des letzten Abends zurück, sagte, was ihr mit der heutigen Sonne gedroht und sie zur Flucht getrieben, und bat den Geliebten jetzt mit leiser ängstlicher Stimme sie am nächsten Morgen nur wenigstens bis durch den Wald zu geleiten, damit sie nicht etwa nach ihr ausgeschickten Verfolgern in die Hände fiele, und vor allem — dem furchtbaren Schang-hai nicht wieder begegnete.

Maono hatte mit keinem Laut, keinem Wort ihre ganze leidenschaftliche Erzählung unterbrochen — nur seine Augen funkelten, seine Glieder zitterten, und wie unwillkürlich suchte oft die Rechte, während er mit der Linken die an ihm lehnende Geliebte umfaßt hielt, den im Gürtel steckenden Khris. Laykas für ihn verloren, einem Ungeheuer verkauft oder in die Fremde hinausgestoßen — es blieb sich fast gleich, und keine Hülfe — keine Rettung aus dieser furchtbaren Noth! Blieb Laykas hier, so wußte er recht gut, daß schon am nächsten Morgen, noch dazu, da

Schang-hai die Richtung ihrer Flucht wissen mußte,
Boten nach ihr ausgesendet würden, um sie zurück=
zufordern; und setzte die Unglückliche auch ihre Flucht
fort, was half es ihr — allein da draußen im Wald
— allein in der Welt? —

„Allein?" rief er da plötzlich, und richtete sich
rasch und hoch empor, „nein Laykas, nicht allein laß
ich dich mehr hinaus in die fremde Welt, nicht allein
selbst durch diese gefährdeten Waldungen mehr. Ich
fliehe mit dir — die Berge kenn' ich alle, von den
Reisfeldern, die an ihrem Fuße liegen, bis zu den
nackten Lavagipfeln ihrer glühenden Krater, und nicht
nach Batavia gehen wir dann, zu den fremden Wei=
ßen und ihren verdorbenen Sitten, wo dein Vater auch
unsere Spur wieder auffinden und uns zurückfordern
könnte in das alte Leid. Gerade Nord hinauf ziehen
wir; in Indramaju lebt mir ein Bruder, und von
dort führ' ich dich in dessen Prau hinauf nach den
„tausend Inseln." Dorthin wagen sie nicht uns —."
Er hielt plötzlich inne, denn gar nicht weit von der
Hütte entfernt tönte so dröhnend, daß das Laub auf
dem Dach zu zittern schien, das tiefe furchtbare Ge=
brüll eines Tigers herüber, dem sich ein wilder, gellen=
der Schrei, wie fast aus gequälter Menschenbrust
kommend, beimischte.

„Der ist in der Grube!" jubelte Maono, in seiner
Jagdlust fast die augenblickliche Gefahr der Geliebten
vergessend, und mit dem rasch aufgegriffenen Speer
sprang er der Thür der Hütte zu.

„Maono!" bat aber Laykas, ängstlich seinen Arm
ergreifend, „gehe nicht fort von mir. Laß mich nicht
hier allein, ich würde vor Angst vergehen. Und wenn
nun Schang-hai wirklich meinen Schritten gefolgt
wäre."

„Wäre er's nur!" zischte Maono, den Speer fester
packend, zwischen den Zähnen durch. „Aber horch,
Laykas — hörtest du nicht jetzt —?" — Er hatte die
Thür aufgestoßen und horchte, halb unschlüssig, ob er
gehen oder bleiben solle, in die Nacht hinaus.

„Ich höre nichts als das Rascheln des Windes im
Wipfel der Bäume," flüsterte die Jungfrau; „es ist
so furchtbar todt und still da draußen!"

5.

Maono stand noch lange und lauschte in den
Wald hinein. Es drängte ihn hinaus, um nachzusehen, ob er den grimmen Feind gefangen, und doch
konnte er die Maid hier nicht allein zurücklassen. So
verging die Nacht. Mehr aber befestigte sich auch
dabei in ihm der einmal gefaßte Entschluß, die Ge-

liebte nicht allein ziehen zu laſſen, ſondern mit ihr den
fernen, nicht unter Holländiſcher Botmäßigkeit ſtehen=
den Inſeln zuzufliehen.

„Und nun komm mein Lieb!“ ſagte der junge
Jäger, als das erſte dämmernde Licht im Oſten ſicht=
bar wurde und raſch wachſend ſeinen grauen Silber=
ſchein in die düſteren Waldesſchatten warf. Er band
ſich dabei ſein Kopftuch feſter um die langen ſchwar=
zen Haare, ſteckte ſeine Waffen in den Sarang, band
etwas Reis in ein Tuch, das ſich das Mädchen um
die Schulter knüpfte, und mit den unter den Fuß ge=
ſchnürten Sandalen trat er hinaus vor ſeine Thür,
Laylas an der Hand. Erſt freilich wollte er noch
ſeine Gruben unterſuchen, wenn er die gemachte
Beute auch einem Andern überlaſſen mußte, und raſch
ſchritt er jetzt den ſchmalen Pfad voran, der Stelle zu,
von wo, wie er glaubte, das letzte wüthende Gebrüll
herüber geſchallt.

Es war dies eben die letzte Grube, die er gegraben,
und ſchon von weitem, ſo viel es ihm das matte Licht
des jungen Morgens zu ſehen geſtattete, erkannte er
die eingebrochenen Zweige der Decke, das ſichere Zei=
chen einer gefangenen Beute.

„Ich hab’ ihn!“ flüſterte er halb zurückgewandt,
mit blitzenden Augen ſeinem Mädchen zu „ich hab’

ihn! — Da drinn wird er kauern scheu und tückisch und lauernd, die gluthrothen Augen in Furcht und Haß zu mir aufgedreht, wenn ich die Decke hebe. Warte, Gesell, das soll meine letzte Arbeit hier im Lande sein, dir den Speer noch in den Leib zu werfen — dann mag er verbluten da unten, und die Geier sich sein Fleisch zu Neste tragen."

Er bog sich nieder, den Hauptzweig der Decke von der Grube zurückzuwerfen, als Laylas schüchtern fragte:

„Und wird er nicht herausspringen können, wenn du die Decke wegnimmst?"

„Nicht von dort," lachte nun der junge Mann, „die Grube ist tief, und der Boden durch eingetriebene Stäbe in der Mitte der Art bedeckt, daß seine Hinter= tatzen nicht einmal einen festen Anhalt fassen können — siehst du dort?" —

„Hülfe!" tönte in demselben Augenblick eine Menschenstimme kläglich zu ihm herauf, „rettet mich!"

„Ein Menschentiger!" schrie der Sundanese in jubelnder Lust emporspringend, „ich hab' ihn, ich hab' ihn! — Nun Laylas, gehn wir nicht fort, nun braucht Maeno nicht zu fliehn, und wenn ich deinem Vater mit vollen Händen Geld in's Haus geschleppt, dann mag

der alte tückische Chinese nur heimziehen nach seinem
Zopf- und Opiumland."

„Aber Maono," bat Laykas in Todesangst, „da
unten in der Grube liegt ein Mensch."

„Ein Mensch? — Ein Tiger ist's, ich hab' ihn
selbst gesehn, seine funkelnden Augen, seine streifige
Haut, seine fletschenden Zähne! — Er hat die Wurzel nicht, daß er sich wieder verwandeln kann. Da —
sieh dort!" rief er, während er die übergelegten Zweige
mit der Hand bei Seite riß, „siehst du die lauernde,
lauernde Gestalt? — Siehst du, wie er sich sprungfertig hinein in die Ecke, und doch das breite boshafte
Gesicht scheu zu Boden drückt, weil er sich schämt im
Sonnenscheine ertappt zu sein?"

„Hülfe!" tönte da wieder leise und ängstlich, daß
sie gehört würde, dicht unter ihnen eine Menschenstimme, und wie Maono, jetzt selber erschreckt, die ihm
nächsten Zweige bei Seite riß, erkannte er in immer
steigendem Erstaunen erst eine menschliche Gestalt,
fest und ängstlich in eine Ecke gedrückt, die chinesische
Tracht derselben, und jetzt, als sich das Antlitz des da
unten in so furchtbarer Nachbarschaft Kauernden
langsam zu ihm aufdrehte, die scheuen, widerwärtigen
Züge seines Nebenbuhlers.

„Schang-hai!" jauchzte aber der junge Sunda-

nese, als er seinen Verdacht in solcher Weise gerecht=
fertigt und bewiesen sah, ohne daran zu denken, dem
also Gefangenen Hülfe zu leisten. „Hab' ich also
recht gehabt? — Bist du mir auf die Lockspeise ge=
sprungen und hast die Grube drunter nicht gemerkt?
— Deine Wurzel hilft dir jetzt nichts mehr, ob du da
unten auch noch so kläglich thust! Hat doch der ganze
Kampong schon die langen Jahre Verdacht auf dich
gehabt, und endlich, endlich halt' ich dich!"

„Schang=hai!" stöhnte auch Laykas und barg,
zusammenschaudernd vor dem furchtbaren Gedanken,
daß sie dem Entsetzlichen hatte sollen zu eigen sein,
ihr Antlitz in den Händen. Zu sehr theilte sie übri=
gens den Aberglauben ihres Volkes, um nicht aus
vollem Herzen alles zu glauben, was an dunklen Ge=
rüchten ihren Stamm durchlief. Und hätte der Mensch
da unten in der Grube auch neben dem Tiger aus=
halten können, wäre er nicht seines Gleichen gewesen?
— Nimmermehr! Das Raubthier würde ihn hundert=
mal zerrissen haben.

Wunderbar war es jetzt zu sehn, wie sich der Ti=
ger in der Ecke der Grube vor dem hellen Sonnen=
strahl, wie dem Laut der Menschenstimme immer mehr
und mehr zusammendrückte, und während Maono in
jubelnder Lust oben stand, den Triumph so glücklichen

Fanges feiernd, erhob jetzt der unglückliche Chinese
drunten mehr und mehr die Stimme und bat den Ein=
geborenen, ihn doch nur um Allahs Willen, wenn er
seine Götter nicht anerkenne, aus seiner furchtbaren
drohenden Lage zu befreien. Er versprach, ihn dabei
zum reichen angesehenen Mann zu machen — ver=
sprach auf Laykas, deren Stimme er ebenfalls er=
kannt, zu verzichten — er hätte seine eigene Selig=
keit verpfändet, wenn man es von ihm in diesem
Augenblick verlangt, um nur von der entsetzlichen
Todesgefahr befreit zu sein, nur seine Spanne Leben
zu retten.

Eine ebenso große Gefahr drohte ihm aber in die=
sem Augenblick gerade von daher, von wo er Rettung
erhoffte. Maono nämlich, in der festen Ueberzeugung,
daß der gefangene Chinese wirklich ein Menschen=
tiger sei, der nur, als er sich ertappt sah, seine
menschliche Gestalt wieder angenommen, beschloß
ohne Weiteres, die Gegend von diesem Ungeheuer zu
befreien. Während der Chinese deshalb unten bat
und flehte, befestigte Maono oben ganz ruhig und
unbefangen die lange feste Leine am oberen Theil sei=
ner Lanze, um diese nach dem Wurf wieder zurück=
ziehen zu können, und trat dann an den Rand der
Grube, die Waffe zum Todeswurf erhoben.

„Vorbereitung zum Tode," sagte er dabei ruhig, „brauchst du drunten wohl nicht, denn wer in Nacht und Finsterniß in solcher Verwandlung umher= schleicht, weiß genau, was ihm bevorsteht, wenn man ihn endlich einmal ertappt. So nimm denn —"

„Halt ein — halt ein!" schrie aber der Unglück= liche, der die drohende Bewegung bemerkt, in Todes= angst. „Ich schenke dir Hütte und Felder von Laykas' Vater, mit all den Thieren, die ihm zugehören. Ich schenke dir sechs meiner besten Büffel und die zwei großen Reisfelder, die hinter deinem neuen Hause liegen. — Ich schenke dir vier Säcke Deute außerdem und all die Arenpalmen, die auf dem Grundstück stehen, und du magst Laykas zur Frau nehmen, — aber wirf den Speer weg, um meines Lebens willen — wirf den Speer fort und reich' mir die Schnur herunter! Der Tiger dort in der Ecke wirft immer gierigere Blicke auf mich — ich bin verloren, wenn du mich nicht rettest."

Maono warf nicht; diese ungeheuern Ver= sprechungen, die ihm der Gefangene machte, brachten seinen Entschluß, ihn zu tödten und seinen Fangpreis dafür einzuziehen, doch zum Wanken. Er war damit reicher als er es je gehofft, und in der Gewalt behielt er den Chinesen ja noch immer.

„Und wirst du halten, was du da gelobt?" fragte er zögernd.

„Rette mich, und ich gebe dir mehr, als ich dir versprochen," winselte der Unglückliche.

„Du willst ihn nicht tödten?" fragte Laykas erstaunt, „wenn du ihn aufziehst, wird er seine Tigergestalt wieder annehmen und uns Beide vernichten."

„Dagegen giebt es ein Mittel," lachte der junge Sundanese, indem er jetzt, von einem neuen Plan ergriffen und rasch entschlossen, die starke Schnur von der Lanze warf, während er dem Mädchen die Waffe reichte. „Da, Laykas," sprach er dabei, „nimm du den Speer und faß' ihn fest, indessen ich den Burschen in die Höhe ziehe. Bleibt er, was er ist, so werd' ich schon allein mit ihm fertig, denkt er aber zu seiner alten List zu greifen, so bald er sich im Freien weiß, siehst du das geringste Zeichen der gelben Streifen an den Seiten, der vorgestreckten Tatzen — dann stößt du ihm die Lanze bis ans Heft ins Herz, und mit meinem Khris schick' ich ihn rasch wieder in die Grube zurück. Und jetzt faß' an da unten!" rief er, ohne sich weiter um den daneben liegenden Tiger zu bekümmern, dem Chinesen zu, indem er ihm die Leine niederwarf. „Schling' dir die Schnur um den Leib und ich ziehe dich herauf zu mir."

Schanghai befolgte mit zitternden Händen den gegebenen Befehl, scheu dabei den Blick fortwährend nach der kauernden, aber regungslosen Bestie gewandt. Stärker funkelten dabei die Augen des Tigers, als er seinen Mitgefangenen sich bewegen sah, fester drückte er sich zurück, auf die Hintertatzen zum Sprung zurückgebogen. Die tückischen Augen glänzten in einem grünen Feuer, die kurzen spitzen Ohren waren dicht an den Kopf zurückgelegt und die grimmen fletschenden blendendweißen Zähne zeigten sich in ihrer vollen furchtbaren Pracht. — Trotzdem wagte er den Sprung nicht und schien nur einen Angriff auf sich selber zu erwarten, dem er, so gerüstet, begegnen wollte.

Es war ein merkwürdiger Anblick, die Gruppe zu beobachten, die in diesem Augenblick oben an der Grube stand. Der Chinese, der sich die Schnur um den Leib geknüpft und mit Händen und Füßen, wenn auch noch immer scheu den Kopf nach der ihm nächsten Gefahr zurückdrehend, nachgeholfen, hatte eben mit den Händen den obern Rand erreicht. Maono lehnte, den linken Arm zum bessern Halt um eine schlanke dünne Arekapalme geschlagen, den Fuß gegen ihre Wurzel gestemmt, das Seil in der Hand dort und zog aus allen Kräften den schweren kleinen Chinesen

aufwärts, und neben ihm, die gefällte Lanze zum
Stoß bereit in der Hand, mit funkelnden und doch in
ängstlicher Scheu blitzenden Augen, halb Muth, halb
Furcht in den belebten Zügen, stand das wunderschöne
Mädchen, nackt bis zum Gürtel, die schwarzen langen
Locken ihre Schultern umflatternd, die Verwandlung
des Ungeheuers mit jedem Augenblick erwartend.

Aber von dem armen kleinen Chinesen brauchten
sie nichts zu fürchten, und kaum hatte er den obern
Rand vollständig erreicht und sich in scheuer Angst
einen Schritt davon hinweggeschleppt, als er, zum
Tode erschöpft und von dem Entsetzen der letzten
Stunden aufgerieben, bewußtlos neben der Grube zu
Boden brach und es ruhig geschehen ließ, daß ihm der
Sundanese Arme und Füße mit derselben Leine fest
zusammenschnürte, an der er ihn heraufgezogen.

6.

Unschlüssig, was nun zu beginnen und welcher
Weg am besten einzuschlagen, entschloß sich Maono
endlich dazu, Hülfe vom nächsten Kampong herbeizu=
holen. Die Männer dort sollten entscheiden, ob der
also ertappte und überführte Chinese als ein entdeckter
„Menschentiger" noch den Tod verdiene, wonach der
Kampong selber den auf solchen Fang gesetzten Lohn

gezahlt hätte, ober ob er mit dem versprochenen Löse=
gelb freikomme, die Gegend aber auf immer verlassen
solle. — Das schien ihm nach kurzer Ueberlegung das
Beste; hätten doch sonst die Nachbarn gar am Ende
glauben können, er habe den Mann aus Eifersucht
schuldlos ermordet. Laykas deshalb mit der Waffe
bei dem Gebundenen zurücklassend, damit sie ihm
dieselbe ins Herz stoße, sobald er den Geringsten Ver=
such mache, sich zu befreien, eilte er jetzt so rasch er
konnte, den schmalen Pfad entlang, der aus dem
Walde auf die Straße führte, um von dort aus dem
Kompang Tji=dasang zu erreichen.

Die Mühe wurde ihm übrigens erspart; denn da
er die Lichtung erreichte, fand er sich einer Schaar
von Männern, Laykas Vater, Kelah, an der Spitze,
gegenüber, die bis hierher der Spur des flüchtigen
Mädchens gefolgt waren, und jetzt eben unschlüssig
auf der stark betretenen Straße standen, welcher
Richtung sie von hier aus folgen sollten.

Maenos Ruf brachte sie bald an seine Seite, und
mit wenigen flüchtigen Worten schilderte er jetzt Kelah
die Vorgänge der letzten Nacht, den Fang des so ge=
fürchteten Menschentigers, mit einer mächtigen Tigerin
zusammen. Ohne weiter eine Antwort abzuwarten,
wandte er sich dann und schritt, von allen in schwei=

genber Scheu gefolgt, den Pfad zurück, den er gekom=
men, bis zu der Stelle, wo er den Gefangenen unter
Laykas Aufsicht zurückgelassen.

Schang=hai hatte sich indeß von seiner Ohnmacht
erholt, und das junge Mädchen, das neben ihm die
Wacht hielt, mit den flehendsten Worten gebeten, ihn
loszubinden. Laykas würde aber ebenso bald, ja viel=
leicht noch eher daran gedacht haben, den in der Grube
gefangenen Tiger als den Gebundenen an ihrer Seite
zu befreien, und der mit Haß und Furcht gemischte
Blick, mit dem sie der geringsten seiner Bewegungen
folgte, wie die oft drohend gehobene Lanze verrieth
ihm, daß er von ihr nichts zu hoffen hatte. Endlich
schlug das Geräusch von Stimmen an sein Ohr, und
mit einem leise, aber aus vollem Herzen gemurmelten
Dank erkannte er den alten Kelah neben Maono an
der Spitze des Zugs.

Hatte er übrigens gehofft, bei diesem unbedingten
Schutz zu finden, so war er dabei im Irrthum und
der alte Sundanese viel zu schlau, um nicht im Augen=
blick zu übersehen, wie die Sache stand. Einestheils
stak er selbst zu tief in dem Aberglauben seines Volkes,
um auch nur einen Augenblick zu zweifeln, daß der
Chinese das wirklich sei, dessen ihn Maono beschuldigt
hatte. Wenn er aber die Versprechungen hielt, die

er dem jungen Mann gethan und die ihm dieser unterwegs schon mitgetheilt, so stand er auch ganz anders neben dem Chinesen. Wie hätte er überhaupt nach der jetzt gemachten Entdeckung noch daran denken dürfen, ihm die Tochter zur Frau zu geben! Hierbei hatte er übrigens zwischen den anderen, weit mehr angesehenen Eingeborenen auch nur eine ganz unter= geordnete Stimme, und Schang=hai fand bald, daß er zuerst einem förmlichen Verhör Rede stehen mußte, ehe er hoffen durfte, selbst von diesen Leuten, die ihn sonst mit der höflichsten, oft kriechenden Artigkeit be= handelten, in Freiheit gesetzt zu werden.

Er erzählte jetzt — immer noch mit gebundenen Händen, obgleich seinen Füßen Freiheit gegeben war, daß er erst spät Abends von der Plantage seines Lands= mannes nach Tji=dasang hatte zurückkehren wollen, als er plötzlich eine Gestalt vor sich auf dem Weg ge= sehn, und wie er im Schatten eines Baumes stehn ge= blieben, beim hellen Licht des Mondes Layka8, seine Braut erkannt habe. Bei seinem Anblick sei sie in den Wald, und zwar den Fußpfad hinein geflohen, der nach Maonos Hütte zu führte; und nicht gesonnen, sie dort zu lassen, ohne seine, durch Einwilligung des Vaters gewonnenen Rechte auf sie geltend zu machen, sei er ihr dorthin gefolgt. Wie sie selber den Pfad

entlang gekommen, wisse er nicht, aber er sei, als er dem
dunklen Gang gefolgt, in die hier verborgene Grube
gestürzt. Um Hülfe zu rufen, habe er sich nicht getraut, aus Furcht, vielleicht eines der gefährlichen
Raubthiere herbeizulocken, bis gegen Morgen die Tigerin, wahrscheinlich auf seiner Spur folgend, zu ihm
hineingebrochen wäre. Jetzt habe er mit gellender
Stimme um Hülfe geschrieen und die Bestie, dadurch
vielleicht geängstigt, den entgegengesetzten Winkel behauptet, ohne ihm ein Leides zu thun. Erst am Morgen sei Maono gekommen, der aber hätte ihn für
einen Menschentiger gehalten und beinahe umgebracht,
wenn er sich nicht sein Leben mit schweren Versprechungen erkauft.

Schang-hai schien auch die ganze Sache wirklich
für abgemacht zu halten und nicht einmal daran zu
denken, die gegebenen Versprechungen zu erfüllen.
Er verlangte jetzt mit finsterer Miene losgebunden zu
werden, und drohte widrigenfalls das ganze Verfahren
dem holländischen Residenten (der obersten Gerichts-
person des Distrikts nach dem Gouverneur) anzuzeigen. Wenn er sich aber so weit sicher glaubte,
hatte er sich doch geirrt. Die Eingeborenen, die fast
sämmtlich in dem letzten Jahr einen näheren oder
entfernteren Verwandten durch die Raubthiere, und wie

sie fest glaubten, hauptsächlich durch einen „Menschen=
tiger" eingebüßt, gedachten alle der dunklen wilden
Erzählungen, die schon seit langen Jahren ihre Nach=
barschaft über den kleinen Chinesen durchlaufen, und
waren nicht gesonnen, den scheinbaren Beweis seiner
Schuld so leicht und rasch wieder aus den Händen zu
lassen. Der Vorschlag wurde deshalb auch ohne
Weiteres gemacht und ihm nicht einmal von Kelah
widersprochen, in einer Art Gottesurtheil den Ver=
dächtigen zu prüfen. Er sollte nämlich wieder in die
Grube hinunter, und zwar gerade auf die Tigerin ge=
worfen werden. Griff ihn die dann an, so wollten sie
suchen, ihn so rasch wie möglich wieder herauf zu zie=
hen und er durfte frei ausgehen, ließ sie ihn aber un=
belästigt, wie sie es die ganze Nacht gethan, so war
es ein sicheres Zeichen, daß er zu ihrem Geschlecht ge=
hörte, und dann sollte er, wie die wilde Bestie selber,
mit Lanzen getödtet werden. Seine Erzählung, wie
er in die Grube gekommen, glaubte ihm Niemand,
und selbst die jetzt darum befragte Lahlas erzählte,
daß er unter der Palme am Weg wie ein Tiger ge=
kauert, und sie seine Sprünge hinter sich her, wie die
des wilden Raubthiers, gehört und erkannt hätte.

Der alte Kelah selbst schämte sich, daß er einem
solchen Ungeheuer seine Tochter versprochen. Durfte

Schang-hai doch jetzt nie daran denken, seine Schuld von ihm einzufordern, und so stimmte er auf das eifrigste für dessen Tod. Ueberhaupt thaten das alle, die dem Chinesen eine bedeutende Summe schuldig waren.

Man band ihm jetzt die Hände los und die Schnur wieder um den Leib, wie ihn Maono vorher herauf- gezogen, und Laykas selber stand in sprachloser Er- wartung dabei, ob die Tigerin da unten den verkappten Gefährten erkennen oder in wilder Wuth über ihn herfallen würde. Schang-hai hatte aber keineswegs Lust, eins von beiden Resultaten, beide gleich schreck- lich für den Unglücklichen, abzuwarten. Mit Dro- hungen war indeß nichts auszurichten und sein Leben soweit gefährdet, daß der nächste Augenblick schon jeden zu spät kommenden Entschluß nutzlos gemacht hätte. Er lag auf der Folter — ein Leugnen hätte ihn zu der wilden Bestie hinunter geworfen, die schon bereit lag ihn, als einen vermutheten Angreifer, mit Klauen und Zähnen zu empfangen. Nur eine Rettung blieb für ihn — er kannte seine Leute, und mit bleichen, zitternden Lippen rief er: „Halt!"

„Hinunter mit ihm!" tönte Kehlahs heisere Stimme. —

„Laßt mich reden," bat aber der Chinese, „was

nützt euch mein Tod — was mein Geständniß, d a ß
ich ein Menschentiger sei —." —

„Er bekennt es!" rief jubelnd Maono, und die
Andern sahen mit scheuem, erschrecktem Blick auf den
Unglücklichen. Dieser aber, den augenblicklichen
Vortheil der wenigstens gestatteten Rede benutzend,
fuhr rasch und ängstlich fort. „Wenn ihr mich tödtet,
verfällt mein Hab und Gut dem Staat — den Hol=
ländern. Ich habe keine Kinder — keine Verwandte
— in meinen Büchern sind alle meine Schuldner an=
gegeben. Die weißen Männer werden sie einzutreiben
wissen. Schenkt mir das Leben und ich will nicht
allein Maono geben, was ich ihm versprochen habe
— ich erlasse auch euch, die ihr hier seid, was ich
noch sonst von euch zu fordern hätte, und will selber
in den nächsten Tagen dieses Land verlassen. — Seid
ihr das zufrieden?"

Ein Streit entstand jetzt unter den Sundanesen.
Ein Theil, und zwar die, die ihm bis dahin noch am
freundlichsten gewesen, riefen jetzt, da sie sein geglaub=
tes Geständniß gehört, daß er getödtet werden müsse,
denn er habe bekannt, daß er ein Menschentiger sei,
und in der nächsten Nacht werde er, wenn man ihn
freilasse, nur soviel wüthender über sie herfallen, um
die jetzige Mißhandlung zu rächen. Andere dagegen,

mit dem erlangten Gewinn zufrieden und doch auch
vielleicht nicht ganz sicher, wie die Weißen den Mord
ansehn würden, stimmten dafür, ihn unter der Be=
dingung, daß er binnen drei Tagen den Distrikt ver=
lasse, die drei Nächte aber den Fuß nicht über seine
Schwelle setze, frei zu geben.

Der Chinese versprach alles. Neben ihm lauerte
der nackte Tod, in den ihn der tolle Aberglauben die=
ser Menschen jauchzend hineingeworfen hätte — und
vor ihm lag das Leben!

Seine Banden wurden jetzt gelöst, und während
Kelah, etwas verlegen allerdings, aber doch auch außer
Stande, anders zu handeln, dem jungen wackeren
Maono in derselben Zeit etwa die Tochter zusagte,
als er sie, nach der Absicht des vorigen Abends, hatte
in das Haus des jetzt geächteten Chinesen führen
wollen, schlich dieser, in scheuer Angst, daß seine Frei=
lassung die hinter ihm her jauchzende und tobende
Schaar doch am Ende noch gereuen könne, den Wald
entlang, bis er die Straße erreichte, und eilte dann,
so rasch ihn seine Füße trugen, der eigenen Woh=
nung zu.

Das Jauchzen, das Schang=hai gehört, galt frei=
lich nicht ihm, sondern dem Tod des gefangenen Ti=
gers, auf den die jungen Bursche jetzt ihre Khrise und

Klewangs schleuderten, bis Maono das vor Wuth und Schmerzen schäumende, brüllende Thier mit dem sicheren Wurf seiner Lanze erlegte.

Mit Blitzesschnelle durchlief indeß die Kunde von dem gefangenen Menschentiger, und dem Versprechen, das Schang-hai, sein Leben zu retten, gegeben, den Kompang. Ein holländischer Unterbeamter, der sich gerade dort aufhielt, ging allerdings hierauf zu Schang-hai, forderte ihn auf, in seinem Besitzthum zu bleiben und sicherte ihm den vollen Schutz der holländischen Gesetze zu, nach denen selbst die abgezwungenen Versprechungen nicht bindend waren. Schang-hai aber, der dem Tod unter den Händen der Eingeborenen zu nahe gewesen, als daß er ihnen noch einmal hätte trauen mögen, und recht gut wußte, daß ihn auf den Verdacht hin, in dem er jetzt einmal unter den Sundanesen stand, alle Gesetze der Welt vor einem heimlichen Angriff nicht schützen konnten, zog es vor, mit einem kleinen Verlust seiner Güter sein gegebenes Versprechen zu halten. Ein anderer Chinese übernahm seinen Pacht und kaufte ihm auch sein Waarenlager ab, und am dritten Morgen — die Nächte hielt er sich in seinem Haus fest eingeschlossen, — verließ er unter einer erbetenen und erhaltenen Bedeckung malayischen, dort in der Nähe stationirten Militärs die Preanger Regentschaften, um in ihre Grenzen wahrscheinlich nie mehr zurückzukehren.

Der Khris *).

Am Kali Besaar **) in Batavia, dem großen Handels-Viertel des Ostens, wo die Ostindische Maatschappy ihre gewaltigen Niederlagen, und der Batavische Kaufmann sein Comtoir und Waarenlager hat, war heute ein regeres Gedränge als gewöhnlich. Die Menschenströmung, die sonst mehr an beiden Ufern des kleinen Flusses ziemlich gleich vertheilt auf- und abwogte, schien gerade heute auch mehr dem Mittelpunkt der Hauptstraße zuzupressen. Dort hatte sich unter den Bambus Schuppen und zwischen den aufgefahrenen Cabriolets und Cabs der Kaufleute, eine Masse Chinesischer und Javanischer Fruchtver-käufer angesammelt und hielt ihre duftigen saftigen Waaren, vor den glühenden Sonnenstrahlen durch das hölzerne Dach geschützt, feil.

---

*) Ein eigenthümlich geformter Javanischer Dolch.

**) Ein kleines Bergwasser, das eingedämmt durch Batavia fließt und von den Eingeborenen Kali Besaar, der große Strom, genannt wird.

Es war eine Auction in einem der großen, düsteren
Gebäude, und zwar nicht von importirten Europäischen
Waaren oder veralteten Gütern, oder von inländischen
Producten, wie sie die Maatschappy oft hält — oder
gar von spanischen Dollarn, wie sie vor noch gar nicht
so langer Zeit hier ebenfalls stattgefunden, sondern
nur von Naturalien, Waffen, Vogelbälgen, Geräthschaften, Anzügen, Instrumenten ꝛc. ꝛc. der benachbarten Inseln, die den Nachlaß eines verstorbenen Deutschen Naturforschers bildeten, und jetzt hier, da kein
Testament über die Sammlung selber disponirte,
öffentlich versteigert werden sollten. Alles das, woran
ein tüchtiger, wackerer, muthiger Mann seine ganze
Lebenszeit gesetzt, es zusammenzubringen und der Nach-
welt aufzubewahren, sollte hier, wie das eine Menschen-
herz zu schlagen aufgehört, in wenig Stunden wieder
in alle Winde zerstreut und verworfen werden, und
lachend und erzählend, zankend und schreiend, drängten
sich indeß die Fremden aus und ein, besahen die
Schätze, die ihren Augen preis gegeben waren und die
nur Wenige von ihnen zu würdigen wußten, und packten das Gekaufte gleichgültig in ihre Cabriolets, es
Abends mit nach Haus zu nehmen.

Hier standen ein Paar Holländer zusammen, die
einen Bogen spannten und einen der Pfeile in die

Luft hinaufschnellten, zu sehen, wie weit er tragen
würde, dort arbeitete sich ein Anderer, mit einem aus=
gestopften Affen unter dem Arm, aus dem Gedränge,
und wurde von seinen Bekannten jubelnd empfangen.
Inländische Diener schleppten Lasten von fremdartigen
Geräthschaften und Schilden und Speeren heran,
Andere trugen Schädel von Tigern und Krokodillen,
und an einen Bambusstab geschlungen, den sie auf den
Schultern trugen, keuchten zwei Javanen mit einem
Elephantenschädel herbei, ihn zum Zierrath in das
Landhaus des in Weltevreden oder Kramat wohnen=
den glücklichen Käufers hinaufzuschaffen.

Zwei Weiße, der Capitain eines vor einiger Zeit
eingelaufenen Holländischen Kauffahrers, und ein
Amerikanischer Kaufmann, der sich schon seit längeren
Jahren in Batavia niedergelassen, waren ebenfalls
durch das rege Leben und Treiben angelockt worden,
das Haus zu betreten und die ausgestellten Sachen
in Augenschein zu nehmen. Es kostete freilich Mühe,
bis sie sich durch das Gedränge von Chinesen, Javanen
und Europäern, die in allen Sprachen der Welt hier
durch einander schrieen, Bahn machten. Endlich aber
erreichten sie doch den weiten luftigen Raum, in dem
die Waaren, theils an den Wänden hängend, theils
auf den Seitentischen ausgelegt, wirr und unordent=

lich, wie man sie eben aus den Kisten gepackt, aufge=
schichtet und zerstreut lagen. Auf den Tischen herum
springende Chinesen schienen dabei das Ganze zu
überwachen, auf die Gebote zu horchen, das Erstan=
dene auszuliefern, und das Geld dafür in Empfang
zu nehmen, wobei sie noch außerdem auf die Finger
ihrer Landsleute zu passen hatten, die in dieser Hin=
sicht in eben keinem besondern Rufe stehen.

Die Auction selber fand, von einem Liplap *) ge=
führt, in Holländischer und Malayischer Sprache zu=
gleich statt, und ganze Bündel seltener Speere und
Pfeile, Bögen, Schilde, Schmuck von Muscheln und
Zähnen, geflochtene Geräthschaften, geschnittene Ge=
fäße und künstlich und sauber verfertigte Zierrathen,
wie Kasten mit ausgestopften Vogelbälgen und Thieren,
mit Schmetterlingen und Käfern, Sammlungen von
Früchten, Conchilien und Mineralien, wurden um
einen Spottpreis, oft gleich nach dem ersten flüchtigen
Gebot, den Käufern zugeschlagen.

Die beiden Männer hatten sich endlich mit nicht
geringer Mühe dorthin Bahn gemacht, wo eine An=
zahl sehr schöner Waffen, besonders Khrise, auf einem
kleinen Seitentische lagen, und eben, dem Wunsch eines

---

*) Mischling der Europäischen mit der indischen Race.

Franzosen nach, zum Kaufe ausgeboten wurden.
Manche davon waren sehr künstlich, ja kostbar gear=
beitet, und mit Gold und Steinen eingelegt, wie mit
herrlichen damascirten Klingen; andere wieder einfach
und derb gearbeitet, mit glatter hölzerner Scheide und
nicht selten mit dem Haarbüschel der erlegten Feinde
geziert, wie es auf Borneo die Sitte der Krieger ist.
Der Franzose erstand eine ziemliche Anzahl derselben
um einen ziemlich hohen Preis, während ein dicht ne=
ben ihm stehender Javane die einzelnen Waffen, jede
besonders, aus der Scheide zog und aufmerksam be=
trachtete, ohne jedoch darauf mit zu bieten.

Der Holländische Capitain hatte indessen dem gan=
zen Handel ziemlich gleichgültig zugeschaut, bis der
Franzose seine Einkäufe gemacht und den Platz mit
den Erstandenen Waffen geräumt hatte. Auch der
Javane schien genug von dem ganzen Treiben gesehn
zu haben, zog seinen Sarong fester um sich und ver=
ließ das Zimmer. Indessen entdeckte der Chinesische
Aufseher unter den übrigen Sachen noch einen zurück=
gebliebenen Khris und legte ihn auf den Tisch des
Verkäufers.

„Ach wahrhaftig, da ist noch einer!" rief dieser,
„nun, meine Herren, wer bietet darauf, denn unser
Khriskäufer ist fort — noch ein werthvolles Stück,

mit prächtigen Granaten besetzt und fein damascirter
Klinge — dreißig Gulden zum Ersten, dreißig
Gulden zum Ersten sag' ich, die Waffe ist hundert
werth" —

„Ein und dreißig Gulden," bot der Holländische
Capitain.

„Ein und dreißig Gulden, guter Gott, ein Spottpreis," sagte der Auctionator, — „ein und dreißig
Gulden zum Ersten."

„Vierzig!" bot ein daneben stehender Engländer.
Fünf und vierzig!" der Capitain wieder, und erstand
zuletzt die wirklich schöne und geschmackvoll, wenn auch
einfach gearbeitete Waffe, bis zu sieben und achtzig
Gulden hinaufgetrieben. Augenscheinlich lag ihm aber
sehr wenig daran, und sie in seine Tasche schiebend,
sah er dem Verkauf der übrigen Sachen noch eine
kurze Weile zu, ergriff dann den Arm des Amerikaners
wieder, und verließ den durch die zahlreiche Menschenmenge doch schwül und dumpfig gewordenen Raum,
die freie Luft zu erreichen.

„Man sollte doch wahrhaftig schon aus Grundsatz
nie eine Auction betreten," sagte er hier, als er
die Waffe wieder vorzog und betrachtete, „wenn man
nicht irgend etwas Bestimmtes kaufen will und wirklich braucht. So fest ich mir vorgenommen hatte,

mein gutes Geld nicht muthwillig an irgend einen
nutzlosen Gegenstand zu verschleudern, hab' ich mich
doch hier wieder mit dem Ding da anführen lassen,
und bin um ein Stück Eisen reicher, und um sieben
und achtzig Gulden ärmer geworden, als ich vorher
war."

Der Amerikaner hatte den Khris indessen aus
der Scheide gezogen und prüfend betrachtet und sagte
lachend:

„Lieber Freund, das geht uns oft so auf der Welt,
und wir vor allen Anderen können uns gratuliren,
daß die Menschen im Allgemeinen eben nicht das nur
kaufen, was sie gerade nothwendig brauchen, denn
unser ganzer Handelsstand beruht darauf, daß sie das
eben nicht thun. Der Mensch bedarf zu seinem
Leben wirklich nöthig entsetzlich wenig, und wollte er
sich darauf beschränken, wie sollte es dann mit Handel
und Wandel, um Schifffahrt und Verkehr aussehen.
Der Luxus gerade, für den wir civilisirte Menschen
gar keine Grenze mehr haben, weil er mit unserem
einfachsten Leben schon so fest verwachsen ist, hält die
Sache in Gang, und bleibt eben nur so lange wirklich
Luxus, als wir auch ihn nicht „nothwendig brauchen,"
wo er dann zum Bedürfniß und zu dem wird, was
wir eben zum Leben haben müssen."

„Nun aber der Khris hier ist doch wirklich Luxus",
lachte der Capitain.

„Für Sie in diesem Augenblick, ja, aber wie lange
vielleicht, und Sie brauchen ihn nicht allein nothwendig,
sondern müssen sogar noch eine Menge anderer ähn=
licher Sachen dazu haben, ein „Naturalien=
Cabinet" zu vervollständigen. Mit einer Sache
muß der Mensch anfangen, und das Eine zieht eben
das Andere nach. Sehn Sie zum Beispiel den Ja=
vanen an; mit einer Handvoll Reis hält er seine
Mahlzeit; eine Bambushütte, die ihn eben nothdürftig
gegen Thau und Regen schützt, genügt ihm zur Woh=
nung, ein Stück Baumwollenzeug und ein Strohhut
zur Kleidung, und was für einen Gefallen glauben
Sie wohl, daß Sie einem solchen Menschen mit einer
Astrallampen oder mit irgend einer Europäischen
Zimmer=Verzierung erweisen würden? Gehen Sie
aber zu einem der unter Holländischen Einfluß stehen=
den Häuptlinge, und Sie werden Astrallampen und
Zimmer=Verzierungen, Teppiche, Kronleuchter, Wand=
gemälde ꝛc. ꝛc. im wahren Ueberfluß als noth=
wendiges Bedürfniß finden. Die Khrise spielen
übrigens in dem Leben der Javanen eine sehr bedeu=
tende Rolle, und einzelne von ihnen erben von Vater
zum Sohn und Enkel herab, und dürfen nimmer ver=

tauft werden. Viele davon sind jedoch in den letzten
Kriegen in den Besitz der Weißen gekommen, und
öfters ist es vorgekommen, daß Javanische Häuptlinge,
die ihre Stammwaffe in fremden Händen fanden, bedeutende Summen gegeben haben, sie wieder zu er=
langen."

„Ich wollte, ein solcher Javanischer Häuptling
hätte Lust zu diesem Khris", lachte der Capitain, die
Waffe aus der Scheide ziehend und in der Sonne
blitzen lassend, „mit einigen Prozenten Gewinn könnte
er ungemein leicht wieder Eigenthümer derselben
werden."

„Dort steht gleich Einer," sagte der Yankee, „und
wenn ich nicht irre sogar derselbe, der da drüben im
Verkaufslokal die Waffen so genau betrachtete. Der
kann uns wenigstens sagen, was das Messer wirklich
werth ist, und wir erfahren dann gleich, ob Sie einen
guten Kauf gemacht haben. Heh, Freund, komm ein=
mal hier her, und sage, wie dir der Khris da gefällt."

Der also Angeredete, der unfern von ihnen mit
untergeschlagenen Armen an einem Pfeiler lehnte,
war ein schlanker, stattlicher Bursch von ungefähr
zwei bis drei und zwanzig Jahren, und die dunklere
Hautfarbe, wie die edelgeschnittenen Züge und blitzen=
den Augen verriethen allerdings den Javanen, der sich

von den Sunda'nern (wie die Bewohner der östlichen
Insel genannt werden) wesentlich unterscheidet. So
knechtisch diese aber den Holländern, ihren jetzigen
Herren, gegenüber sind, so wenig nahm der Bursche
hier Notiz von der Anrede, die er jedenfalls gehört
haben mußte. Mit eben nicht ganz freundlichem Blick
die Gestalten der beiden Männer nur flüchtig über=
fliegend, wandte er den Kopf halb zur Seite, und schien
keineswegs gesonnen, auch nur ein Glied zu rühren,
der Aufforderung Folge zu leisten.

„Hallo, der ist unabhängig," lachte der Amerikaner
vor sich hin, „und wir werden zu ihm gehen müssen,
wenn wir etwas von ihm wissen wollen. — Heda,
Freund!" setzte er dann in Malayischer Sprache
hinzu, die Waffe dabei aus des Capitains Hand neh=
mend und auf den Javanen zugehend, „kannst du mir
sagen, was das Messer hier einmal gekostet?"

Der Javane zog die Brauen finster zusammen,
richtete sich dann stolz und trotzig empor, und wollte
sich eben, ohne ein Wort auf die Anfrage zu erwidern,
von den ihm jedenfalls verhaßten Weißen abwenden,
als sein Auge auf den Khris fiel und er in demselben
Moment auch wie unwillkührlich den Arm danach
ausstreckte. Das Blut schoß ihm dabei in die Schläfe
und er suchte fest und forschend den Blick des Frem=

ten, als ob er dessen Absicht in seinem Antlitz lesen
wollte. Aber es war auch wirklich nur ein Moment,
der Arm glitt zurück in seine alte Stellung, ebenso
der Körper, der sich wieder nachlässig gegen den Pfei=
ler drückte; nur den Blick konnte er nicht losreißen
von der Waffe, und der Amerikaner mußte seine
Frage wiederholen, ehe er sie nur verstand.

„Weiß ich nicht,“ sagte er dann, finster den Kopf
zur Seite werfend, „ist ein alter Khris — wollt Ihr
ihn verkaufen?“

„Junge, Junge *),“ sagte der Yankee, der schon
lange im Ostindischen Archipel wohnte und die Sitten
und Gebräuche der Eingeborenen genau kannte, in
Holländischer Sprache zu dem Capitain, „der Bursche
da weiß mehr von dem Khris, als er uns jetzt ver=
rathen mag, und giebt sich umsonst die größte Mühe,
gleichgültig dabei zu bleiben. Außerdem ist das auch
gar kein gewöhnlicher Eingeborener, wie ich im Anfang
geglaubt. Was für einen kostbaren Sarong er trägt,
und welch’ ein prachtvolles golddurchwirktes Kopftuch
— hm, hm, wenn der ihn haben will, soll er tüchtig
dafür bezahlen.“

Des Javanen Auge war indessen bei den ihm

---

*) Eine gewöhnliche unter den Holländern gebräuchliche
gemüthliche Anrede zwischen vertrauten Bekannten.

unverständlichen Worten forschend von dem Antlitz
des einen der Fremden zu dem des anderen geflogen,
ohne daß er jedoch seine Stellung auch nur um eines
Haares Breite verändert hätte, nur als der Amerikaner
schwieg, öffnete er die Lippen wieder, als ob er die
letzte Frage wiederholen wolle, zwang aber das Wort
zurück, das Anerbieten lieber von Jenen zu erwarten.

„Fordert nur nicht z u viel," lachte der Capitain;
„wenn er wirklich Lust zum Kaufen hat, wollen wir
ihn wenigstens nicht kopfscheu machen."

„Nur nicht ängstlich," entgegnete ihm der Freund,
„entweder liegt ihm daran, den Khris zu bekommen,
dann ist kaum ein Preis zu hoch, den wir fordern
können, oder es liegt ihm Nichts daran, was ich aber
nach seinem ganzen Betragen kaum glaube, und dann
wissen wir wenigstens, woran wir sind — laßt mich
nur machen;" und sich dann an den Javanen wendend,
sagte er, indem er den Khris wieder aus der Scheide
zog und die grau damascirte Klinge in der Sonne
blitzen ließ, „könntet ihr uns nicht wenigstens sagen,
was so ein Ding in eurer Gegend kostet, wenn man
's machen ließ, und von welcher Insel es überhaupt
stammt, — von Java, oder vielleicht von Macassar
oder Sumatra?"

Der Javane streckte langsam die Hand nach dem

Khris aus, nahm die Waffe, betrachtete, ohne mehr
als einen flüchtigen Blick auf den Griff zu wenden,
die Damascirung des Stahls mit prüfendem Auge,
und gab ihn dann ruhig zurück—keine Muskel seines
Gesichts verrieth mehr, daß er irgend einen Antheil an
der Waffe nehme.

„Und was ist er werth?" sagte der Capitain ungeduldig.

„Mit funfzig Gulden ist Geld und Arbeit daran
bezahlt," brach jetzt der Eingeborene mit tiefer klang-
voller Stimme das Schweigen.

„Funfzig Gulden? Nun ja," fluchte der Capitain wieder in seiner eigenen Sprache, „da habe ich wenigstens
sieben und dreißig Gulden zum Fenster hinausgeworfen,
— hol' der Teufel die Auctionen. Und den Braunen habt
ihr auch mit seiner Kauflust in falschem Verdacht gehabt."

„Dann hat er den Khris jedenfalls im Anfang für
einen Anderen gehalten," sagte der Kaufmann, „aber
das schadet nichts; es ist immer ein schönes, sauber gear-
beitetes Stück, für das euch ein Naturalien-Cabinet
in der alten Welt leicht den vollen Preis wieder zahlt,
solltet ihr es doch einmal verkaufen wollen." Und sich
ohne weiteren Gruß oder fernere Notiz von dem Javanen zu nehmen, von diesem abwendend, faßte er den
Arm des Capitains, und wollte mit ihm an dem Kali

Besaar hinauf und der Brücke zugehn, die unter dem
Chinesischen Viertel nach dem andern Ufer hinüber=
führte, als der Eingeborene ruhig sagte:

„Wollt ihr den Khris verkaufen?"

„Ja, wenn wir einen guten Preis dafür bekommen,"
erwiderte ihm der Kaufmann, sich halb nach ihm
zurückwendend —

„Und was nennt ihr einen guten Preis?" frug
der Eingeborene wieder.

„Fordert hundert Gulden," sagte der Capitain,
der etwas vom Malayischen verstand, es aber nicht
soviel sprach, sich in einen Handel einzulassen.

„Nur langsam," entgegnete aber der vorsichtigere
Kaufmann, „der Bursche fängt an, wärmer zu wer=
den; schon daß er nach dem Preis des Khrises fragte,
wo er oben im Auctionszimmer die anderen wirklich
schönen Waffen keines Gebots gewürdigt hatte, ist ein
gutes Zeichen; wir wollen ihm da nicht vorgreifen
und uns selber die Hände binden — er mag sagen,
was er geben will, nachher steht es uns frei, sein Ge=
bot anzunehmen oder zu verweigern."

„Und was nennt ihr einen guten Preis?" wieder=
holte der Javane, der entweder ungeduldig wurde,
oder auch glauben mochte, die Weißen hätten seine
Frage nicht verstanden.

„Sag' du selber, was du geben willst," erwiderte ihm jetzt der Amerikaner, indem er den Khris noch einmal aus der Scheide zog, flüchtig betrachtete, zurückstieß und nachlässig in die Tasche schob, „ich habe ihn erst gekauft und möchte mich nicht gern gleich wieder von ihm trennen.".

„Dort unten?" frug der Javane, mit dem Arm nach dem Auctionshause deutend, „ich habe ihn dort nicht gefunden."

„Also hat er ihn gesucht —", lachte der Yankee still vor sich hin, „das steigert den Preis, Kamerad; die Bemerkung war dir nicht nützlich — nun, was willst du geben?" setzte er dann auf Malayisch hinzu.

„Der Khris ist funfzig Gulden werth," sagte der Javane gleichgültig, „ich gebe funfzig."

„Und ich habe sieben und achtzig dafür gezahlt," rief der Capitain rasch auf Holländisch.

„Nur ruhig," beschwichte ihn der Kaufmann, „wir fangen eben erst an. — Funfzig Gulden sind ein klei= ner Preis, Freund, dafür könntest du kaum die Scheide bekommen, und du wirst verschiedene Male funfzig Gulden neben einander legen müssen, wenn du die Waffe haben willst. Du mußt mehr bieten."

Der Javane schien keine besondere Lust dazu zu

haben, und erst, als sich die Männer wieder zum Ge=
hen wandten, sagte er langsam:

„Und was hast du dafür bezahlt?"

„Das kann dir gleichgültig sein," lautete die Ant=
wort, „mehr übrigens, als du zu glauben scheinst."

„So geb' ich dir fünf und siebenzig."

„Auch das reicht noch nicht," erwiderte der Yankee,
und der Javane zögerte augenscheinlich mehr zu bieten,
ließ sich aber die Waffe noch einmal zeigen, betrachtete
besonders die Damascirung wieder genau und prüfend,
und bot dann hundert. Der Kaufmann kannte übri=
gens seinen Vortheil, und trieb den Eingeborenen,
ohne sich darauf einzulassen, einen eigenen Preis zu
nennen, endlich bis zu zwei= und dann zu dreihundert
Gulden hinauf, und als ihn der Capitain jetzt selber
bat, doch nur um Gotteswillen zuzuschlagen, da er ein
weit besseres Geschäft damit gemacht habe, als er je
erwartet, erklärte er vollkommen ruhig, „der Einge=
borene müsse erst so viele tausend Gulden bieten,
wie er jetzt Hunderte genannt, und dann selbst würde
er sich noch besinnen."

„Aber das ist Wahnsinn," rief der Capitain.

„Und doch nicht ganz," lachte der Amerikaner,
„lehren Sie mich die Burschen kennen."

„Er wird zuletzt gar nichts weiter bieten," rief der

Capitain ungedulbig werdend, „und ich behalte den Khris."

„Wenn Sie das fürchten," sagte der Kaufmann, „so überlassen Sie mir die Waffe um den Preis, und den weiteren Handel mit dem Manne."

„Von Herzen gern," rief der Seemann, „ich möchte überdies nicht gern mehr damit zu thun haben."

„Also die Sache ist abgemacht? ich zahle Ihnen dreihundert Gulden und der Khris ist mein?"

„Mit dem größten Vergnügen!"

„Willst du dreihundert Gulden für den Khris?" frug der Javane jetzt wieder, der indessen ein unge= dulbiger Zuhörer der in einer ihm fremden Sprache geführten Verhandlung gewesen war, „es ist viel Geld für das Messer."

„Und doch lange nicht genug, Freund," sagte der jetzige Eigenthümer der Waffe, „du mußt höher, weit höher bieten, wenn du es in deinen Gürtel schieben willst — aber ich habe jetzt nicht länger Zeit, und be= halte auch am Ende lieber den Khris, als daß ich ihn um einen solchen Spottpreis verschleudere. Was liegt mir an den Paar hundert Gulden."

„So nenne deinen Preis," rief der Javane, die Lippen fest zusammengebissen und einen finsteren Blick auf den Europäer schießend, „ich kenne die Fa=

milie, aus der die Waffe stammt, und wenn es meine
Kräfte nicht übersteigt, möchte ich sie ihr wieder brin=
gen."

„Du giebst mir doch nicht was ich dafür fordere,"
sagte der Kaufmann kopfschüttelnd.

„Fordere," rief der Javane, in kaum zu mäßigender
Ungeduld mit dem Fuß den Boden stampfend.

„Gut — hast du Lust dreitausend Gulden an den
Stahl zu wenden?" frug jetzt der Amerikaner, und
der Capitain wandte sich von ihm ab, denn er schämte
sich selber der rasenden Forderung. Der Javane aber
knirschte die Zähne zusammen und sagte finster:

„Dreitausend Gulden für das Messer? — du
träumst, Weißer, aber ich gebe dir tausend, und du
hast den zwanzigfachen Werth."

„Ah bah," lachte der Kaufmann, „ob ich die habe
oder nicht, die machen mich nicht reich noch arm, und
ich sehe schon, du hast keine Lust zum Handel, so tabee
—" und sich abdrehend von ihm, ergriff er wieder den
Arm des Seemanns und schritt mit diesem langsam
die Straße hinauf.

„Und sie wollen die tausend Gulden nicht nehmen?"
frug ihn dieser, jetzt wirklich zum Aeußersten erstaunt,
„Wetter noch einmal, in fünf Minuten siebenhundert
Gulden zu verdienen —"

„Nicht wahr das ist nicht schlecht?" lachte der Amerikaner, „wenn man seine Zeit nur ein paar Jahr auf ähnliche Weise verwerthen könnte, ließe sich schon ein ganz hübsches Vermögen zusammen scharren. Aber, Scherz bei Seite, Freund, der Zufall hat uns hier einen glücklichen Streich gespielt, und der Javane muß den Khris kaufen, wir mögen fordern was wir wollen."

„Muß ihn kaufen?" frug der Capitain erstaunt, „wer soll ihn zwingen?"

„Seine eigene Sitte," rief der Yankee; „schon aus früherer Zeit weiß ich ähnliche Beispiele, und es giebt ein altes Gesetz unter diesen Stämmen, daß sie den Khris ihrer Vorfahren, den sie an eigenthümlichen, nur ihnen deutlichen Zeichen in der Damascirung ken= nen, wenn sie ihn verlieren und in fremden Händen wiederfinden, um jeden Preis wieder an sich bringen müssen. Ich war selber dabei, wie ein Javane einst für eine solche Klinge mit vollkommen werthlosem Heft zweitausend Gulden bezahlte, und viertausend gegeben haben würde, wenn er sie nicht anders be= kommen hätte. Dasselbe ist hier der Fall, und um= sonst bot der Bursche wahrhaftig nicht tausend Gul= den für den Stahl. Nein, um hundert, wenn er sich klug dabei anstellte, hätte er den Khris vielleicht kau= fen können, denn was kann man weiter damit thun,

als ihn an die Wand hängen, aber um tausend kauft
er ihn jetzt nicht, soviel ist sicher, und an mir soll's
nicht liegen, wenn ich ihn jetzt nicht so weit hinauf=
schraube, als das Gewinde reicht."

„Daß er Ihnen dann nur nicht abfällt," sagte
kopfschüttelnd der Capitain, „und überdies thut mir
der arme Teufel leid. Wenn der Khris nun einmal
in seine Familie gehört und sein Herz so daran hängt,
weshalb ihm den Wiedergewinn so entsetzlich, und auch
ungerecht erschweren."

„Oh, hol' die braunen Hallunken der Teufel,"
fluchte der Amerikaner, „ich kann schon die Farbe
nicht leiden, und das Gesindel trägt dabei noch die
Nase überhoch. Wo sie uns betrügen können, thun
sie es auch, und wenn wir aus ihnen den größtmöglichen
Nutzen herauspressen, üben wir nicht mehr als unser
Recht der Selbstvertheidigung. Außerdem füttert
und erhält die Holländische Regierung nicht allein diese
Faullenzer, sondern zahlt ihnen auch noch rasende
Gehalte, die sie doch in Schmuck, nutzlosen Juwelen
und Harems verschwenden. Es ist nicht mehr als
Christenpflicht, ihnen einen kleinen Theil derselben
wieder abzunehmen."

„Wenn er Sie aber jetzt mit dem Gebot gehen
läßt?" sagte der Capitain.

„Da hinten kommt er schon," lachte der Amerikaner still vor sich hin, „dessen sind wir sicher, und bis der Khris nicht in seinen Händen ist, verläßt der meine Spur nicht wieder."

Als sie die Biegung über die Brücke machten, und links wieder nach den Waarenhäusern des Kali Besaar einbogen, konnten sie auch wirklich, ohne den Kopf besonders nach ihm umzudrehen, den Javanen erkennen, der bis dahin regungslos an dem Pfeiler lehnen geblieben war, als ob er die Rückkehr der Männer erwarten wolle. Da sie aber nicht kamen, schien er jetzt selber zu fürchten, daß sie ihm entgehen könnten.

Der Amerikaner hatte auch in der That ganz recht vermuthet; der Khris, den der Capitain so zufällig in der Auction erstanden, gehörte wirklich der Familie jenes Javanen; die geheimnißvollen Zeichen der Damascirung ließen diesen nicht einen Augenblick darüber in Zweifel, und er mußte ihn wieder haben. Aber wie? Hatten die gierigen, ehrgeizigen Weißen ihn nicht Alles dessen beraubt, was er sein eigen nannte? war er nicht ein halber Bettler und Flüchtling fast auf demselben Boden, den er früher als Fürst beherrscht, und mußte er sich nicht dabei noch mißtrauisch überwacht, weil die Regierung recht gut sowohl den Einfluß, den er früher ausgeübt, wie auch den starren

Sinn kannte, der sich der fremden Herrschaft nicht gutwillig und geduldig beugen wollte? Sein Pferd, ein wackerer Macassar=Hengst, und eine Handvoll Ju= welen, die ihm sein Vater hinterlassen, war Alles, was er noch sein nannte; aber selbst das, wenn er es jetzt rasch verkaufen mußte, brachte ihm kaum die ganze, von dem gierigen Weißen geforderte Summe, und was blieb ihm zuletzt übrig? — In finsterem Brüten folgte er den beiden Männern, die, ohne an= scheinend weiter auf ihn Acht zu geben, vor einem der Geschäftslokale stehen geblieben waren und den Heran= kommenden den Rücken zukehrten. Der Amerikaner hatte dem holländischen Capitain eben die verabredeten dreihundert Gulden für die Waffe, für die er so viele Tausende zu gewinnen hoffte, ausgeliefert, und besah jetzt gerade wieder lächelnd den unscheinbaren Stahl, als der Javane zu ihm herantrat, die Hand auf seine Schulter legte und leise sagte:

„Ich gebe dir zweitausend Gulden für die Waffe, und einen besseren Khris als diesen hier. Laß ihn mir. Ich habe mein Herz einmal darauf gesetzt, und möchte ihn mein nennen, wenn es auch thöricht ist."

„Du bist ein wackerer Bieter," lachte der Ameri= kaner, „aber mein Herz hängt besonderer Weise auch daran, und wir müssen nun sehen, welches schwerer

ist, deines oder meines. Um zweitausend Gulden gebe
ich ihn her, hast du vielleicht Lust dreitausend dagegen zu wenden?"

Der Javane biß seine Unterlippe, daß der Ein-
druck der scharfen Zähne darin zurückblieb; er fühlte,
daß der Fremde die Beweggründe kannte, die ihn trieben,
wußte, daß er entschlossen sei seinen Vortheil zu wahren, und zögerte dennoch mit dem Gebot, daß ihn zum
Bettler machen mußte. Aber es blieb ihm keine andere
Wahl; der heilige Khris war eines Fremden Eigenthum, und die Geister der Verstorbenen hätten den Fre-
vel gerächt, wenn er die Waffe in jenes Händen ließ.

„Gut," sagte er endlich, während ein schwerer
Seufzer sich seiner Brust entrang, „sei hier an dieser
Stelle eine Stunde vor Sonnenuntergang, ich bringe
dir das Geld; und seinen Sarong fester um sich her-
ziehend, und ohne sich weiter nach den Männern um-
zusehen, schritt er die Straße rasch zurück.

Um die Lippen des Amerikaners zuckte ein
triumphirendes Lächeln, der holländische Capitain aber
theilte seine Gefühle nicht und sagte erst:

„Sie sind zu weit gegangen, Goodwin; dem armen Teufel wird es blutsauer werden, das Geld auf-
zubringen, und hätt' ich das vorher gewußt, würd' ich
es nicht geduldet haben.“

„Das kann ich mir denken," lachte der Kaufmann, „es thut Ihnen jetzt leid, daß Sie mir nicht geglaubt, und fürchteten, er liefe Ihnen mit dem Dreihundert= Gulden=Gebot davon. Hatt' ich Ihnen nicht vorher= gesagt, daß er so viele Tausende dafür geben würde?"

„Er bezahlt das Messer theuer genug damit," sagte der Holländer.

„Und bekommt es noch nicht einmal dafür," rief der Amerikaner lachend.

„Bekommt es nicht dafür?"

„Nein; er muß und wird mehr geben; hol's der Teufel, ich habe den Burschen jetzt einmal in Händen, und will ihn pressen, so lange noch ein Gulden aus ihm herauszubringen ist. Solche Gelegenheit kommt mir sobald nicht wieder, und wer sie nicht benutzte, wäre ein Thor."

„Lieber Goodwin," sagte der Holländer ernst, „ich verdiene auch gern Geld, und brauche es vielleicht so nöthig, wie jeder Andere, aber — auf solche Weise —!"

„Bah," rief der Amerikaner, sich von dem Hol= länder abwendend; „Sie haben mehr als 200 Pro= cent für den Khris genommen, ich gehe in die Tau= sende; der einzige Unterschied liegt in der Summe, und moralische Bedenklichkeiten wären Unsinn. Aber das ist Nebensache und abgemacht; wann gehen Sie an Bord, daß ich Ihnen noch das Nöthige besorgen kann?"

„Heute Abend vor Sonnenuntergang," erwiderte der Holländer, „soeben habe ich die Nachricht bekommen, daß die letzte Praue draußen löscht und das Wasser an Bord gekommen ist. Meine Papiere sind sämmtlich in Ordnung, also hindert mich Nichts, mit dem Landwind morgen früh unter Segel zu gehen."

„Apropos, Sie wollten mir ja noch eins von den Schachspielen verkaufen, die Sie von China mitgebracht haben," sagte der Amerikaner.

„Es steht Ihnen gern zu Diensten, aber ich habe keins an Land."

„Gut, dann begleite ich Sie heute Abend an Bord und hole es selber; und nun auf Wiedersehen, denn ich habe noch Manches zu besorgen."

Die beiden Männer trennten sich hier, ihren verschiedenen Beschäftigungen nachzugehen, und wir wollen indessen dem Javanen folgen, der, nur das eine Ziel vor Augen, in wilder Hast zurück in seine Wohnung eilte, sein Pferd, seine Juwelen zu verkaufen, um zur rechten Zeit an dem bezeichneten Platz zu sein.

Käufer fand er allerdings dafür; der schlaue

Chinese ist stets bereit, einen vortheilhaften Handel
einzugehen, und Geld auf Waaren als Pfand vorzu-
schießen, oder auch diese selber anzukaufen, wenn er
den sicheren Gewinn voraussehen kann. Aber die
zähen Gesellen wollten die Juwelen nicht nach ihrem
Werth, nur nach dem Drängen des Augenblicks bezahlen, und der Javane, dem es schon überdies die
Seele zerschnitt, um den Nachlaß seines Vaters mit
gierigen Mäklern zu feilschen, mußte von Einem derselben zum Andern laufen, die von dem Amerikaner
geforderte Summe endlich zusammenzubringen.

Als die Sonne noch eine Stunde hoch am Fir-
mamente stand, eilte er mit dem Rest seines Vermö-
gens, zu Fuß und mit triefender Stirne, dem bestimmten Platz an Kali Besaar zu, und fand den Amerikaner
dort schon seiner wartend, dicht am Flusse stehen.

„Hast du den Khris?" frug der Häuptling leise,
als er zu ihm trat, und die Rolle mit Holländischen
Banknoten aus seinem Gürtel nahm.

„Ah, taböé, mein brauner Freund," lachte der
Amerikaner, als er seiner ansichtig wurde, „bist du
wieder da? ein Paar Minuten später, und du hättest
mich nicht mehr getroffen."

„Hast du den Khris?" sagte der Javane, ohne
den Gruß weiter zu erwidern.

„Den Khris? — allerdings, hier ist er, mein brauner Tuwan."

„Und hier ist dein Geld dafür — gieb mir die Waffe," sagte der Javane, ihm mit der linken Hand die Banknoten reichend und die rechte nach dem Messer ausstreckend.

„Halt, nicht so schnell," entgegnete ihm aber ruhig der Kaufmann, „wie viel hast du in dem Bananenblatt da eingewickelt?"

„Was du verlangt hast — dreitausend Gulden," sagte der Eingeborene, mit finster zusammengezogenen Brauen, „es ist mir schwer genug geworden, es zu schaffen."

„Möglich," lachte der Amerikaner, „aber für dreitausend Gulden gebe ich den Khris nicht her."

„Hast du ihn mir nicht um den Preis verkauft?" rief der Javane, mit zornfunkelnden Augen emporfahrend, während die Rechte fast unwillkürlich nach dem Griff der eigenen Waffe fuhr, die er im Gürtel trug.

„Nur ruhig, Freund," entgegnete ihm aber mit einem verächtlichen Lächeln über die drohende Bewegung der kaltblütige Yankee, „ich habe dich bloß gefragt, ob du Lust hättest, dreitausend Gulden an den Stahl zu wenden, dir aber nicht gesagt,

mit keinem Worte, daß ich ihn dafür lassen würde —
Giebst du aber viertausend, soll er dein sein."

„Viertausend," rief der Javane, die Zähne zu=
sammenknirschend, „was ich an mir trage, ist mein
ganzes Vermögen, ich habe nicht tausend Deute mehr,
sie zuzulegen."

„Das thut mir leid," sagte der Amerikaner achsel=
zuckend, „dann fürcht' ich, werd' ich den Khris behalten
müssen."

„Der Khris ist mein!" zischte da der Javane
zwischen den zusammengebissenen Zähnen durch, „du
darfst ihn mir nicht vorenthalten. Hier ist dein Geld,
es ist mein Alles, und ich gönne es dir, verdank' ich
dir dann doch die Waffe meiner Ahnen, aber — wei=
gere mir sie nicht."

„Hm, ich dachte, du wolltest ihn nur für einen
Freund haben," lachte der Yankee, „hätte ich das ge=
wußt, wär' er mir nicht einmal um viertausend feil;
aber ein Mann ein Wort, und schaffst du mir die
Summe, magst du ihn haben, unter dem aber um
keinen Deut."

„Gib mir den Khris und nimm dein Geld,"
drängte der Eingeborene, „ich kann dir, bei Allah,
nicht mehr geben; treibe mich nicht zum Aeußersten."

„Wo du die Dreitausend aufgetrieben hast,"

spottete der Amerikaner, „wird dir auch wohl noch ein viertes zu Gebote stehen. Es ist mein letztes Wort, und jetzt laß mich zufrieden, denn ich muß an Bord eines der Schiffe auf der Rhede fahren. Wenn du das Geld zusammen hast, so komm' morgen früh in das Amsterdam-Hotel."

„Und du verweigerst mir ihn für dreitausend Gulden," frug der Javane mit leiser, von innerem Grimm fast erstickter Stimme; der Amerikaner aber, der an der ganzen Aufregung des Mannes wohl sah, daß er sein Spiel gewonnen habe, antwortete ihm gar nicht darauf, sondern schritt, sich von ihm abwendend, langsam am Ufer des Flusses nieder. — Er hätte vielleicht besser gethan, ihm den Dolch zu geben.

Etwas weiter unten stand sein Cabriolet, der braune Kutscher mit dem runden, backschüsselförmigen, vergoldeten Hut hatte ihn kommen sehen, und fuhr mitten in die Straße; Goodwin stieg langsam ein und einen flüchtigen Blick zurückwerfend, suchte sein Auge die Gestalt des eben verlassenen Eingeborenen. Dieser aber war nirgends mehr zu sehen und der Yankee, dem Kutscher in ein paar Malayischen Worten das Steueramt am Kali Besaar als Bestimmungsort nennend, lehnte sich nachlässig in dem kleinen

Fuhrwerk zurück, still vor sich hinlächelnd über den
vortheilhaften Handel.

Als sie den Ort erreichten, an dem sämmtliche
Boote anlegen müssen, bie den schmalen, zum Hafen
führenden Canal passiren, ob sie nun ein= ober aus=
wärts gehen, war die Zölle des Holländischen Capi=
tains noch nicht gekommen, und der Yankee ging eine
ziemlich lange Weile mit wachsender Ungebuld am
Strande auf und ab.

Den Canal herunter kam eine kleine Praue von
vier Malaysen gerubert. Ein fünfter lag lang aus=
gestreckt und in einen schmutzigen alten Sarong ge=
hüllt, im Spiegel des schlanken Fahrzeugs. Die Praue
glitt dicht und langsam am Steinbamm des Steuer=
amts hin, dem dort postirten Beamten—einem Liplap
—zu zeigen, daß sie nichts einer Abgabe Unterliegendes
im Boote hätten. In der That war sie auch vollkom=
men leer, und nur ein Paar Fruchtbündel Bananen
ober Pisang, ein Dutzend Cocosnüsse und ein Paar
Körbe mit Reis und anderen Früchten lagen im Vorder=
theil derselben. Ein weiteres Anhalten war deshalb nicht
nöthig und das Fahrzeug trieb langsam vorbei.

„Nun, kann der faule Bursche da hinten nicht
aufsitzen, wenn er die Steuer passirt?" rief der Liplap
mürrisch.

„Ist krank," sagte der eine Malaye, während
er sein Ruder einsetzte, und gleich darauf schoß das
scharf gebaute Boot, die Strömung der Ebbe wieder
erreichend, rasch das enge Fahrwasser hinab.

Der Amerikaner hatte die Leute halten sehen,
aber nicht weiter auf sie geachtet, denn das schon un=
geduldig erwartete Boot kam endlich den Canal nieder,
hielt einige Sekunden an dem Steinwerft, wo es den
Yankee an Bord nahm und passirte dann, da der Ca=
pitain nur Hühner, Früchte und einige andere Sachen
zur Verproviantirung seines Schiffes bei sich führte,
unbehindert nach außen.

Auf der Rhede überholten sie die Praue mit den
fünf Malayen — der eine Bursche lag noch immer
auf seiner Bank ausgestreckt, und die übrigen Ruderer
schienen es auch nicht besonders eilig zu haben, denn
sie trieben mit der ausgehenden Strömung langsam
zwischen die dort vor Anker liegenden Schiffe hinein.

Die Sonne war indessen untergegangen und
Goodwin blieb mehrere Stunden an Bord des Hol=
länders, theils die bald eintretende Fluth, theils den
Aufgang des Mondes abzuwarten, der Capitain frug
ihn einmal nach seinem Handel mit dem Javanen,
der Amerikaner aber gab eine ausweichende Antwort,
besorgte, was er noch an Bord zu besorgen hatte, und

verließ dann mit den Malayischen Bootsleuten, die
jedes Europäische Fahrzeug für die Dauer seines
Aufenthalts auf der Rhede von Batavia miethet, das
Schiff, an Land zurückzukehren.

Ein aufsteigendes Gewitter schickte eben eine frische
Brise vom Ufer herüber, und die Malayen mußten zu
den Rudern greifen, dieser entgegenzuarbeiten; die
See war aber noch vollkommen ruhig, und der Mond
schien hell und klar auf die leicht gekräuselte, blitzende
Fluth.

Die Lastprauen, die über Tag den Schiffen ihre
Ladung zuführen, waren schon sämmtlich in den Canal
zurückgekehrt; nur hie und da glitt noch ein einzelnes
verspätetes Boot, eigentlich gegen das Gesetz, und
dann und wann von dem Wachtschiff angerufen,
durch die dort ankernden gewaltigen Fahrzeuge, und
der regelmäßige Schlag der Ruder klang weit hin
durch die Nacht. — Ihnen gerade entgegen kam jetzt
ein solches und der Amerikaner, der hinten am Ruder
saß, sah es plötzlich so dicht vor sich auftauchen, daß
er kaum Zeit behielt, den Bug seines eigenen Bootes
herumzuwerfen, um nicht mit dem des fremden zu=
sammenzurennen.

„Holla, da vorn, zum Teufel, weshalb paßt ihr
nicht auf!" rief er auf Englisch ärgerlich den Begeg=

nenben zu. Das fremde Boot veränderte seinen
Cours aber nicht um eines Haares Breite, ja, folgte
eher noch etwas der abweichenden Bewegung des an=
deren, dessen Planken es jetzt berührte und scheuerte.
Die Malayen behielten in der That kaum Zeit, ihre
Ruder aus den Dollen zu werfen und in Sicherheit
zu bringen.

„Tabée Tuwan *)!" rief dabei zu gleicher Zeit
eine trotzige Stimme, die des Amerikaners Blut zu
Eis erstarren machte, und eine dunkle Gestalt sprang,
während zwei der fremden Bootsleute ihr folgten,
und die beiden Fahrzeuge fest zusammenhielten, mit
wildem Satz auf den Amerikaner zu.

„Hülfe! Mörder — Räuber!" schrie dieser und
riß den Khris, den er in seiner Tasche trug, heraus,
sich gegen den auf ihn einspringenden Feind zu ver=
theidigen. Ehe er aber den Stahl aus der hölzernen
Scheide bringen konnte, hatte des Javanen schmächtige
doch elastische Gestalt sich über ihn geworfen und den
Khris gefaßt.

„Hülfe, Mörder!" tönte wieder der gellende Ruf
des Ueberfallenen, der jetzt in wilder Wuth sich von
dem Griff des Feindes zu befreien suchte, und mit der

---

*) Ich grüße euch, Herr!

rechten Fauſt wohl gut gemeinte, aber erfolgloſe Stöße nach deſſen Kopf führte.

„Meinen Khris will ich,“ knirſchte der Javane dabei zwiſchen den zuſammengebiſſenen Zähnen durch, „gieb meinen Khris, oder du biſt ein Kind des Todes.“

„Verdammte braune Beſtie, eher mein Leben!“ ſchrie der Yankee, jetzt zu wilder Wuth entflammt, „warte Hallunke, d a s zahlſt du mir theuer. Hierher, Malayen, helft mir den Schurken binden.“

Auf den benachbarten Schiffen, die den Lärm und das Hülferufen gehört, wurde es laut, und das Knar= ren der Blöcke auf dem nächſten verrieth dem geübten Ohr des Eingeborenen, wie ein Boot niedergelaſſen wurde. Auch aus der Gegend, wo das Wachtſchiff lag, tönten raſche Ruderſchläge herüber, die das Ohr des Amerikaners ebenfalls trafen.

„Zu Hülfe hierher — hurrah meine Burſche, ich halte die Canaille!“ ſchrie dieſer jubelnd auf, „hier= her, ehoy.“

„So hab’ deinen Willen!“ ziſchte es in des Amerikaners Ohren, und ein gellender Angſtſchrei antwortete der ſchlangenähnlichen Bewegung des Javanen, der ſich im nächſten Augenblicke aus den Armen des Weißen wand, und zurück in ſein eigenes Fahrzeug ſprang.

„Her zu mir!" rief er dabei seiner Bootsmann=
schaft zu, „und nun fort!" und blitzschnell folgten die
braunen gewandten Gestalten dem Befehl, während
des Amerikaners Malayen starr und entsetzt zurück=
blieben, und kein Glied zur Vertheidigung des ange=
griffenen Weißen zu rühren wagten.

„Halt dort — was für ein Boot ist das?" rief
da eine tiefe Stimme über das Wasser, und die rasch
eingesetzten und wieder gehobenen Ruder blitzten im
Mondenlicht.

„Segel auf!" rief der Javane dagegen seinen Leu=
ten zu, denen er jetzt selber ganz kaltblütig half, das
Mattensegel zu setzen. Kaum aber hob sich dies mit
seiner breiten Fläche über Deck, als es der immer
schärfer einsetzende Wind auch schon faßte, und das
schlanke Boot vor sich hintrieb.

„Halt da, sag' ich!" schrie die näher und näher
kommende Stimme in malayischer Sprache, während
von der andern Seite ebenfalls ein Boot herüber
schoß, „euer Segel nieder, oder ich gebe Feuer."

„Feuert!" lachte der Javane trotzig zurück, „feuert
so viel ihr mögt!" und das Steuer ergreifend, lenkte
er den scharf gebauten Bug des kleinen Fahrzeugs ge=
rade vor den Wind, daß das riesige Segel weit aus=

blähte und die Fluth vorn wild und schäumend empor-
spritzte.

Drei, vier Schüsse fielen jetzt hinter ihm her, aber
sie erreichten das Boot nicht. Trotzdem gab das
Wachtboot die Verfolgung nicht auf, sondern setzte
jetzt ebenfalls ein Segel, den frischen Wind zu benutzen.
Der commandirende Offizier rief indessen dem zweiten
herbeieilenden Boote, das von einem englischen Kriegs-
schiffe abgeschickt worden, zu, das andere, auf dem
Wasser treibende Fahrzeug anzulaufen und zu untersuchen. — Es war das Boot des Amerikaners, in dem
die Malayen noch nicht wieder zu den Rudern gegriffen hatten, denn sie waren um die Leiche des
weißen Mannes beschäftigt. Hülfe konnten sie ihm
freilich nicht mehr bringen; der scharfe Kris hatte
sein Herz mit furchtbarer Sicherheit getroffen.

Ueber die See schäumte indessen, des Verfolgers
spottend, die flüchtige Praue des Javanen den „tausend Inseln" zu, in deren Bereich sich das Wachtboot
nicht einmal allein hineinwagen durfte, und wo auch
weitere Verfolgung zwischen den vielen kleinen Inseln
nutzlos gewesen wäre. Nach zweistündigem Rennen
mußte es die Jagd aufgeben und kehrte langsam und
unverrichteter Sache zu seinem Stationsschiff auf der
Rhede zurück.